霍松林先生学术评传

刘锋焘 著

西安出版社

敬祝霍松林同学、教授九十大庆
（代序）

老友松林教授将在西安荣受九十大庆，极为高兴。敬祝包括他的主佑夫人一起，阖家康健，更加快乐，百岁长寿，也在眼前。

我和同在这里任教的老友教授钱谷融先生都是当年抗战迁到重庆沙坪坝国立中央大学中文系学习，汪辟疆、胡小石、宗白华、方东美等老师的学生。松林只比我们两人稍晚，后在迁回南京的中央大学中文系毕业。我因开始读到松林所写的公开发表的文章，以及共同参加的一些学会的接触，得以相识而成为熟友，然后日益接近、相亲。我们工作虽不在一起，见面机会不多，但能在各自发表的文学观点上有所切磋、探讨。松林成绩显然比我进展得快。他早年就能写出不少文言诗词，令人赞赏不已。他比我早读许多古书，知他还读过不少外国文学知识。我曾有机会去西安开会数次，都会晤畅谈、欢聚，得益不少。有几次还同在北京和上海见面，感到他的文学知识、体验越来越广且深。他开始出版《文艺学概论》等著作，而且颇有影响，通俗易懂，引人入胜，得未曾有。此后他又在《新建设》等著名刊物上发过不少论文，观点鲜明、深刻，即引起读者注意，符合各大学师生教学的需要，很有吸引力。接着他又出版了《唐宋诗文鉴赏举隅》等更受欢迎的、文采斐然、非常适应教学需要的好书，影响全国。这些著作，均功底深厚，对作品感悟也特灵敏。须知要产生这样的效果，是极不容易的。枯燥乏味的教条空谈，是对教学无用，甚至只能起厌倦等反作用。坦率地讲，像松林这样的书文至今仍极少。深刻、优美的文学精品，必须要有松林教授这样的引导，才能达到教学的真正目的，起种种有益的作用。松林教授在这方面的贡献是非常难得的。

　　松林治学既有信心，又有决心。真的有把握，就有坚持真理的决心。在真理面前，能坚持己见，是学者的本分。松林在这方面也受到许多学者的敬佩，他决不是随波逐流的人物，乃是人格高尚、学问深刻的高人。

　　以上所说，我原应从他书文中举些实例，可更清楚。但我手头他的书文，多已被熟人借走了。他近年的书文，我未全见。不敢说我对他的成绩已完全了解。匆匆写上面这些文字，自知非常粗糙，只能说是对他九十大庆时的一点敬意，肯定他今后还能做出更多、更大的功业。谨再祝他和他全家健康、快乐！

徐中玉

2010 年 9 月 25 日在上海

目 录

序/001

一、少年时代/001

二、从重庆到南京/014

三、与于右任先生的忘年之交/026

四、讲学南泉/034

五、任教西安/041

六、"形象思维"二十年/048

七、专研古典文学/075

八、劳改中的低吟/081

九、招收研究生/088

十、友朋山水之乐/092

十一、首届唐诗研讨会的召开与唐代文学学会/100

十二、《唐宋诗文鉴赏举隅》及其影响/109

十三、博士点的建立与学科建设/144

十四、杜甫研究与中国杜甫研究会/159

十五、扶桑讲学/169

十六、写诗、评诗与中华诗词学会/176

十七、寻根祭祖/181

十八、香港回归赋/185

十九、八十大寿/193

二十、书法集的出版/211

二十一、终身成就奖/230

附：霍松林先生著作系年/250

后记/333

一、少年时代

公元 1921 年 9 月 29 日,甘肃,天水,霍家川。一声清脆的婴儿的啼哭,划破了黎明前的黑暗。于是,渐渐的有忙碌而喜悦的说话声传了出来。

天亮了,太阳出来了。清新的空气中,乡民们开始下地干活了。走在路上,互相在传说:天亮前霍家新添了个儿子。

说起这霍家,在当地也小有名气与影响。这一点,主要是因为他们家有两个读书人。几十年后,这个新生的婴儿已成了著名的学者。他这样回忆:

祖父是个不识字的庄稼汉。由于他个儿高,更由于他喜欢做好事,因而赢得一个具有双关意义的绰号:"霍长人"。他只要路见不平,就敢于拔刀相助,终于因此吃了大亏。那时候,清朝政府经常从渭水上游放"官筏"下来,运输木料。有一次,"官筏"在霍家川的上峡口被撞翻,全部木料都被湍急的浪涛冲走了,官府却硬要当地人赔。祖父出头"告皇状",被鞭打绳捆,下在牢里。他后来把告状失败的原因归结为家乡没有读书人,不会写状子,于是拼全力供我二伯父上学。二伯父刻苦攻读,总算考了个秀才,在家乡教私塾。据说从这时开始,霍家川一带才有了读书人。

父亲弟兄七人,他是老七;二伯父中秀才教书的时候,他正是该上学的年龄,就要求念书。但家里要他放羊,不准念。直到 13 岁,他硬缠住祖父,祈求说:"你老人家不是常说不识字就是睁眼瞎,受人欺侮吗?趁你还活着的时候,让我念几天书吧!"老人家回想起他自己的遭遇,激动地说:"你就去念,我放羊!"这一下,我父亲的几个哥哥都慌了,一同商量说:"出了一个念书的,全家人都挣断了脊梁骨,哪里还能再让他念?得想个法子啊!"二伯父想了想说:"老七准是认为念书轻松,才要上学的。就叫他来,我每天多教几行,逼他背,背不熟就打板子,要不了半个月,就自愿放羊去了。"这一招,似乎很高明,但并没有收到预期的效果。父亲一得到念书的机会,就抓住不放。每天认的生书虽多,但不到吃午饭的时候就念熟了,找二伯父去背,一背完就要求认新的。过了半个多月,二伯父只好改变主意,对他的几个兄弟说:"看来这还真是块料,能念出名堂来,就让他念吧!"并向祖父提出:"'师傅不高,教出的徒弟弯腰。'我文墨不多,怕耽误了他,不如送到我老师那里去学。"就这样,父亲在名师指点下读了三年,头次入场,就考中了前名秀才,在名进士任士言老先生做山长的陇南书院里。成了最年轻的高材生。①

　　这个新诞生的生命,就是霍家老七——霍众特先生的公子。他为这个新的生命取名为:霍松林。

　　转眼间,霍松林已经三四岁了。这个时候,老式的私塾已经没有了,霍众特就亲自教他《三字经》一类的启蒙读物。霍松林很聪明,一学就会。

　　村子里有一所初级小学。可是,霍松林到了六七岁,霍众特老先生还不让他去小学上学。有时霍松林走到外面,听到学校里孩子们朗朗的读书声,又看到他们唱歌、打球、游戏,更是向往,回到家里便缠着父亲要去上学。而父亲却坚决反对。原来,霍老先生早就观察了那所学校,知道小孩子们整天朗读的课文是"大狗跳,小狗叫。大狗跳一跳,小狗叫三叫,汪汪汪",诸如此类。他很不高兴地说:"童年时记性最好,应该熟读一些必读书,终生受用无穷;成天念'大狗叫,小狗跳',有啥用?"于

---

① 霍松林《自传》,载《中国现代社会科学家传略》,山西人民出版社1982年出版,《世纪学人自述》,十月文艺出版社2000年出版。

是,霍老先生还是留他心爱的小儿子在家里,由他亲自教他认为好的"必读书",先教着背诵《三字经》、《千字文》、《百家姓》,主要是认字;然后循序渐进,读《论语》、《孟子》、《大学》、《中庸》、《幼学故事琼林》、《诗经》、《子史精华》、《古文观止》、《千家诗》、《唐诗三百首》、《白香词谱》等等。此外还有其他功课,如写字、对对子、学诗词格律等等。农忙时,就带他下地干农活。

霍老先生的教学方法是这样的:

父亲的教学内容还是老一套,从《三字经》开始,由浅入深,无非是《论语》、《孟子》、《大学》、《中庸》、《诗经》、《子史精华》、《古文观止》、《千家诗》、《唐诗三百首》、《白香词谱》之类。但他的教学方法,却不无可取之处。认字,形、音、义都讲得很清楚。讲文章,不光说明大意,还从句到段到篇,讲清层次结构,理清作者的思路。讲诗词,则结合着说明如何调平仄、查韵书,掌握诗词格律。读诗词古文,都要求"眼到""心到""口到"(所谓"三到"),咬字清晰,反复吟诵,声出金石,以领会其格调声色、神理气味。他是非常强调熟读、背诵的,理由是:第一,幼年记忆力强,多熟读、背诵一些名篇佳作,一辈子都忘不了,受用无穷;第二,熟读可以提高理解能力,古人所说的"书读百遍,其义自见","好书不厌百回读,熟读深思理自知",都是经验之谈;第三,记忆力用进而废退,经常背诵一些东西,记忆力就不断提高,反之,它就衰退了。①

这种教学方法,产生了良好的效果。半个世纪以后,已成为著名学者的霍松林先生回想起来,仍然感触极深:

当我一个人被关在家里死记硬背那些不懂或不大懂的古书的时候,当然闷得慌,对父亲有埋怨情绪。但现在回想起来,那对我也的确有好

---

① 霍松林《谈一些学习经历》,载《沈阳师院学报》1982年第2期。

处。第一,养成了背书的习惯,也积累了背书的经验。进学校以后,所学的功课,不论是社会科学方面的,还是自然科学方面的,都容易记熟;所以从小学到大学,都有充裕的时间阅读课外书。第二,童年背诵的东西当时虽然不懂或不大懂,但在以后的学习中重复出现,或遇到有关联的问题,就逐渐懂了。由于那些东西记得牢,懂了以后,就可以信手拈来,灵活运用。第三,那些经过反复背诵、后来逐渐弄懂了的东西,涉及文、史、哲等许多方面,这就在不知不觉之中给我培育了广泛的学习兴趣。①

同时,霍老先生还重视书法教学:

父亲很重视书法,因为他曾经走过一段弯路,吃过亏。他开始"描红"的时候,老师没有认真地教他如何摆正姿势、如何执笔运笔、如何分析每一个字的间架结构,只要"描"得惟妙惟肖,便给双圈。他为了多"吃圈",就着意"描"。下腿没有垂直,双脚没有踏稳,上身倾斜,笔管歪在右侧,头低得几乎接近桌面,看一画,"描"一画;每一画都不是一笔写出的,而是反复"描"成的。由于方法错了,所以虽然在练字上花费了不少时间,但字还是没有写好,考试时文好字劣,文章受到字的拖累。后来得到一位书法家的指正,才有了进步。他从自己的经历中总结了教训,用来指导我练字,从"描红"到看帖、临帖,进行了严格地训练,所以进步比较快。大约十来岁的时候,邻居们就要我为他们写春联了。②

很快,霍松林已经 13 岁了。这一年,父亲才送他去离家 15 里路的新阳镇高级小学上学。因为父亲经过调查,知道这所学校的老师水平高,不至于误人子弟。霍松林一到小学,便直接上四年级。刚一入学,对

---

① 霍松林《自传》,载《中国现代社会科学家传略》,山西人民出版社 1982 年出版,《世纪学人自述》,十月文艺出版社 2000 年出版。

② 霍松林《谈一些学习经历》,载《沈阳师院学报》1982 年第 2 期。

学校开设的课程很不习惯，尤其是算术等课，觉得很陌生很吃力，不到一周就逃学回家了。父亲问明了情况，带他到学校找校长。校长便安排了几名高才生帮他补课，很快便熟悉了各门课程，成绩也赶了上来，后来又都超过了那几名帮着补课的高才生，最后以各门功课都优异的成绩，通过全县会考，以第一名毕业，考入了离家80多里地的省立天水中学。

上了初中以后，霍众特老先生送给儿子一本他一直珍藏的书《先正读书诀》：

父亲有一本讲治学方法的书，叫《先正读书诀》，是陇南书院山长任士言老先生特意赠他的，他看得很珍贵。等我上初中以后，才交给我，并把他最得益的东西概括成几个要点，反复讲述，要我照办。那几个要点是：

一、要循序渐进，切忌"躐等"；要"日知其所亡（无），月无忘其所能"，切忌"一暴十寒"。

二、既要精读，又要博览。精读的书，要能背诵，最好是背得滚瓜烂熟。背诵的好处很多，其中之一是可以利用一切时间思考。例如在走路的时候，干活的时候，吃饭的时候，休息的时候，夜间睡觉醒来的时候，穿衣的时候，上厕所的时候……都可以"默诵其文，深思其义"，并和有关的问题联系起来，"触类旁通"或"融会贯通"。如果不能背诵，那么一合上书本，就"无所用心"，学问也就难得长进。博览的书，当然不可能读得很熟，但也要记住大意或要点。为了帮助记忆，必须写读书札记。

三、读书、阅世、作文相辅相行。读书有所得，阅世有所感，就构思属词，写出文章。这样做，就能使三者互相促进。宋代有些理学家把作文看成"末技"，不加重视，是错误的。要作文，就得认真思考。想得清楚，才能写得清楚；思路畅达，文章才能畅达。因此，勤于写作，就能把读书所得和阅世所感推向新的境界，而运用语言文字叙事、说理、抒情的能力，也就同时得到了提高。治学而轻视作文，懒得动笔，其结果是：一方面,学问很难长进;另一方面,即使有些心得体会,也由于缺乏写作锻炼而无法很好地表达出来,于世于人,又有什么益处?①

在中学里,在父亲家教的基础上,霍松林接触到了更多的老师,眼界开阔了,学习的东西也更多样了。

初中一年级的第一学期,第一次作文课,老师出了一道题目《给抗日将士的慰问信》。霍松林写的作文,老师非常赞赏,当即送到《陇南日报》发表。由于有幼年时在家学习的基础,霍松林不仅很早就会写文章,而且会写诗词。少年人丰富的情感和充沛的激情,总能通过诗作自然地表达。由于自身出身农家、深知稼穑艰难,又想到父母兄嫂都在家中辛勤劳作而自己却在"凉房底下读书享福",时感愧疚。不仅节假日回家都坚持下地干农活,而且总是关注着农业收成。久遇天旱,他作《苦旱》诗:

吃饭穿衣总靠天,天公亦自擅威权。
火云六月无甘雨,枯叶纷纷落旱田。

而当久旱逢雨,他又高兴地作喜雨诗:

骄阳灼万卉,四野遍伤痕。
老圃肌将烂,小农发已鬈。
云头出河汉,雨脚下昆仑。
蛙鼓催檐马,欢声闹远村。
——《久旱喜雨》

---

① 霍松林《自传》,载《中国现代社会科学家传略》,山西人民出版社1982年出版,《世纪学人自述》,十月文艺出版社2000年出版。

> 陇山重叠大麦黄,收谷争如布谷忙。
> 万户欢腾一夜雨,叱牛牵马趁朝阳。
>
> ——《夏日喜雨》

在天水中学上了三年初中,霍松林因成绩优异,被免试直升高中。当时的天水中学是陇南十四县中惟一一所有高中部的省立学校,师资、设备、图书资料等方面条件都很好,是当地学子向往的学校。可就在高中刚开学,出了件意外的事情。学校的训导员认为霍松林"读书太杂"、"思想不纯",屡次训诫。年少气盛的霍松林很不服气。于是发生了争吵。训导员告到了校长跟前。校长考虑霍松林是出了名的好学生,希望他去向训导员检讨。而霍松林却不愿检讨,而且扬言:"天中在地球上,地球不在天中内。天中开除我,我便到更好的学校去!"校长一直等到下午快放学的时候,依然不见霍松林检讨,于是贴出了布告:"学生霍松林侮慢师长,不堪造就。开除学籍,以儆效尤。"

对于这一事件,60年以后,霍松林当时的同学、好友王无怠的公子,兰州大学历史系教授王劲则是这样记述的:"初中毕业后,霍伯伯以成绩优异直升高中,但个性正直倔强,竟引起训导主任、三青团头子的忌恨,肆意报复,迫使霍伯伯离开天中。"①

离开了天水中学,霍松林不敢回家,就坐汽车到了兰州,想再考一所学校。而这时兰州的高中早已开学数周,不再招生。他想投笔从戎,也未能如愿,就在一所免费的职业学校学了两个月。不想却生了一场病,只得回了老家。

这时,天水还有一所更好的国立中学——国立五中。抗日战争开始后,大批的教师和学生流亡西北,国民政府教育部便在天水的玉泉观办起了这所学校,专收沦陷区来的学生。由于办学数年,受到地方各界的

---

① 王劲《"半亩园"里的读书声》,收入《霍松林先生八十寿辰纪念文集》,陕西人民出版社2000年8月出版。

大力支持,所以这时要招的春季始业班就给了天水地方3%的名额。霍松林赶去投考,名登金榜,真是因祸得福。这个学校因为是国立学校,学生享受公费待遇,吃饭不花钱,每年还发一套衣服;老师大半都是流亡来的大学教师,或是从西南联大毕业的新秀,水平很高;另外管理宽松,学术思想活跃,便于发挥学生自己的特长。这些,都很合霍松林的胃口,他自然是十分高兴了。而且学校位于山上,环境清幽,风景优美,没有尘世的喧闹和骚扰,很适宜静心学习。清晨可以在林下读书,夜晚可以享受明亮而轻柔的月光,听着地下各种昆虫的鸣叫,更给年轻人以许多的遐想。50多年以后,霍松林还这样深情地回忆道:

玉泉观在天水城北,依天靖山修建。攀曲径入山门,过通仙桥,历三十五台阶至人间天上坊,达玉泉阁,抵三清殿。而北斗台、玉泉亭、地母宫、八角亭、草堂院、神仙洞、碑亭等棋布星罗,掩映于苍松翠柏之间,与辐射建筑群关帝庙、药王洞、向家庵等联为一体,蔚为壮观,为国立五中提供了足够的教室、办公室、图书室和学生宿舍。我和好友许强华住在雕梁画栋的无量殿,窗外古柏参天,廊下丁香扑鼻。夜读稍倦,出殿步月,俯瞰秦城,万家灯火俱在眼底,顿觉心旷神怡,诗意盎然。①

在国立五中,从高二开始,分文组、理组,霍松林学的是文组。有两位老师,对他影响极大,一位是薄坚石先生,讲国学概论。薄先生早年是吴梅、黄侃诸大师的高足,若干年后去了山西大学任教。另一位是陈前三先生。陈先生学问也十分渊博。霍松林在二位先生的指导下博览文史哲著作,开始撰写学术论文。有一篇论《周易》的文章深受二位先生的赞赏。

当时,文组的学生不少人都搞文艺创作。若干年后的著名诗人牛汉这时也在五中,以"谷风"的笔名发表了不少诗歌和诗剧。霍松林的创

---

① 《霍松林影记·佛殿书声》,河北教育出版社2001年10月出版。

作也很活跃,并为《陇南日报》主编文艺副刊《风铎》。

在天水上中学(包括天水中学和国立五中)期间,霍松林发表了大量的诗词作品。其中数量最多、也最有价值的是为数不少的抗日诗。当时正值抗日战争爆发,天水地区抗日救亡的气氛很浓烈。霍松林少年气盛,热血沸腾,经常和同学们一起上街宣传抗日,还写了不少抗日的诗词作品。兹录数首如下:

卢沟桥战歌

侵华日寇愈骄矜,救亡大计误和亲。东北已陷热河失,倭骑三面围平津。燕台西南三十里,宛平城外起妖氛。卢沟桥上石狮子,饱阅兴亡又惊心。"七七"深宵巨炮吼,永定河畔贪狼奔。攻城夺桥势何猛,欲将城桥一口吞。阴谋控制平汉路,南北从此断车轮。伟哉我守军,爱国不顾身。寸步不让寸土争,直冲弹雨摧枪林。守桥健儿力战死,守城壮士分兵出西门。挥刀横扫犬羊群,左砍右杀血染襟。以一当十十当百,有我无敌志凌云。征尘暗,晓月昏。屡仆屡起战方殷。天已亮,炮声喑。城未毁,桥尚存。守军有多少?区区只一营。竟使强虏心胆裂,一夕丢尽大和魂。朝阳仍照汉乾坤,谁谓堂堂华夏真无人!

哀平津,哭佟赵二将军

失桥夺桥战正酣,撤军军令重如山。妄说和平未绝望,欲将仁义化凶顽。元戎已订约,将士仍喋血。敌首暗指挥,贼兵大集结。一夜鼙鼓渔阳震,虏骑长驱风雷迅。疲兵再战勇绝伦,十荡十决挥白刃。滚滚贼头落如驶,纷纷贼众来不止。孤军力尽可奈何,白虹贯日将军死!将军战死举国哭,平津沦陷何时复?玉池金水污虾腥,琼殿瑶宫变贼窟!将军者谁赵与佟,名悬日月警愚蒙。呜呼,安得军民四亿尽学将军勇,一举歼敌清亚东!

闻平型关大捷,喜赋

平津既陷寇氛张,欲使中国三月亡。速战速决纵侵略,虏骑所致烧杀奸淫抢掠何疯狂!夺我南口复夺张家口,长城防线大半落敌手。板垣率兵掠晋北,千村万落无鸡狗。直闯横冲扑太原,中途入我伏击圈。平型关上军号响,健儿突起搏魍魉。机关枪扫炸弹飞,杀声震天地摇晃。人仰车翻敌阵乱,我军乃做白刃战。追奔逐北若迅风,刀起刀落如闪电。一举歼敌过一千,捷报传来万众欢。转败为胜时已到,地无南北人无老幼奋起杀敌还我好河山!

八百壮士颂

"中国不会亡",歌声传四方。八百壮士守沪渎,七层楼上布严防。倭贼冲锋怒潮涌,壮士杀贼如杀羊。倭贼轰楼开万炮,壮士凭窗发神枪。倭贼凌空掷巨弹,壮士穿云射天狼。倭贼围困断给养,市民隔岸投干粮。倭贼纵火火焰张,壮士举旗旗飘扬。激战四昼夜,愈战愈坚强。热血洒尽不投降,以身许国何慷慨!堂堂壮士,壮士堂堂。四夷望汝正冠裳,中华赖汝扬国光。士气为之振,民气为之张。"八百壮士作榜样",一曲颂歌传四方。颂歌传四方:"中国不会亡"。

惊闻南京沦陷,日寇屠城

虎踞龙盘地,仓皇竟撤兵。
元戎方媚敌,狂寇已屠城。
血染长江赤,尸填南埭平。
此仇如不报,公理更难明!

嘉定三回戮,扬州十日屠。
暴行污汗简,公论谴狂胡。
忍见人文薮,又成地狱图!
死伤盈百万,挥泪望南都。

喜闻台儿庄大捷

大明湖畔角声死,千佛山上佛亦耻。"长腿将军"丢济南,望风逃窜急如驶。倭贼乘虚南下夺徐州,烧杀掳掠鬼神愁。岂料未到徐州先遇阻,中华健儿誓死守国土。倭酋咆哮驱三军,天上地下齐动武。台儿庄上阵云黄,贼机结队如飞蝗。台儿庄前尘土扬,百门贼炮巨口张。更驰坦克作掩护,贼众狼奔豕突冲进庄。守庄将士目炯炯,满腔热血怒潮涌。再接再厉胆更豪,屡仆屡起气愈勇。白日巷战短兵接,黑夜奇袭捣贼穴。粮将尽兮弹将绝,伤亡过半不退却。觥觥李将军,指挥何英明!十万火急调援兵,违令者斩不留情。守军忽闻友军到,震天吹响冲锋号。内外夹击山海摇,蠢尔倭贼何处逃?弃甲遗尸抛辎重,嚣张气焰一时消。举国闻捷齐欢忭,海外纷纷来贺电。稍洗南京屠城冤,喜作台庄歼敌赞。

偕同学跑警报

警报何凄厉!千家尽熄灯。
防空无好洞,作伴有良朋。
避地寻幽谷,藏身觅古藤。
饿鸦声渐远,归路日东升。

这些作品,均是有感而发,充满了作者真实的感受,洋溢着真实而充沛的激情。

值得一提的是,霍松林当时不仅写格律诗,对新兴的新诗也尝试为之而且写得很好。1941年11月27日《甘肃民国日报·学生园地》上发表了一首他的新诗《打更声》:

是寒夜的打更声,
敲击着我记忆的窗门。
我辗转在薄衾里,
从三更到五更。

往事似一只轻快的帆船,
荡入我记忆的湖心。
儿时,静寂的冬夜里,
曾惯听清晰的打更声。

你轻快的帆船哟!
是这样的飘渺、迷蒙。

在澄明的湖波里,依稀望见帆影,
却晃晃悠悠,捉摸不定。

那儿时游乐的场所——故乡,
静穆而安恬的小村庄,
飘泊者久违了你的音容!
冬之夜,
还有否清晰的打更声?

让暮霭朝雾隐没这只帆船吧!
但我无力摒绝对它的惦念。
彻夜的打更声震碎了我的心扉,
已经五更了,
绚丽的早霞,将映红黯淡的长天。①

  这首诗,含蓄优美而又有着浓郁的象征意蕴,很能引发国土沦陷后流亡者的共鸣。
  正因为这些充满自己的真情实感而又真实地反映了时代脉搏的作

---

① 霍松林《青春集》,西安出版社 2007 年 8 月出版。

品,半个世纪以后的 1995 年,为纪念抗战胜利 50 周年,中国作家协会表彰一批抗战时期的杰出作家,特将霍松林列名其中,颁赠"以笔为枪,投身抗战"的奖牌。

　　1944 年冬天,霍松林从国立五中毕业。寒假后在天水玉泉小学教书,积攒路费,准备去兰州参加高考了。

二、从重庆到南京

中央大学中文系师生春游合影

1945年7月,霍松林赶到兰州参加高考,报考了中央大学中文系和政治大学法政系。为了省钱,未等发榜,考完便回了家。到了8月下旬,先后收到在兰州等待看榜的几位同学的信,恭贺他"在全国高考中名列第一"。一看他们寄来的报纸才知道,原来各高校兰州考区的录取名单中,中央大学排在最前;中央大学的录取名单,中文系排在最前;而中文系录取的新生中,霍松林的名字又排在最前面。所以,"名列第一"。他所报考的政治大学也录取了。报考政治大学,是父亲的愿望。父亲坚持儒家传统,希望他"学而优则仕","治国平天下"。但霍松林喜爱文学,既然同时考上了中文系,便决意去上中央大学。

从天水出发,乘坐汽车,走了十几天才到重庆。在沙坪坝的中央大学校本部办完入学手续,又乘船上溯嘉陵江三四十里,再上岸爬山,才到了各系一年级学生上课的柏溪。

中央大学柏溪分校建在地势很高的山窝里,低平处有一道清澈的溪水流过。学生的宿舍就靠近溪边,用竹竿稻草搭建。宿舍里是架子床,没有桌椅,每人发一块拴有绳子的木板,将绳子套在脖子上,怀抱木板,可以绘图或是写作。对此情形,霍松林觉得很新奇,便做诗一首,诗题为《中央大学柏溪宿舍,以竹竿稻草为主要建筑材料,共四座,每座容三四百人,其少陵所谓"广厦"者非欤?戏为一律》:

突然见此屋,矗立蜀江隈。
烽火燃不到,烟尘锁又开。
宏嵌百页户,大庇万国才。
秋雨秋风夜,鼾声起众雷。

一年级的课程有国文、英文、《史记》研究、《尚书》研究、中国通史、哲学概论、体育等。其中基本国文和《史记》研究两门课由朱东润先生讲授,霍松林经常在课堂上受到表扬,所以课后也就常去请教,关系密切。有一次,霍松林特意把他写的诗带去向朱东润先生请教。朱先生看了,高兴地说:"我教不了你了,你的诗写得很好,感情厚!"这给了霍松林很大的鼓励。另一门课程《尚书》研究是由王达津先生讲授。王达津先生当时还年轻,正在谈恋爱。因为年纪相近,共同话语就更多,霍松林和另外几位同学常去王达津先生的宿舍聊天,抽他的香烟,无话不谈,建立了深厚的师生情谊。

在重庆上了一年学。因为日本已于1945年投降,抗战结束,中央大学便于1946年暑假迁回南京。

在南京中央大学,名师云集。当时,胡小石先生讲《楚辞》,汪辟疆先生讲宋诗、目录学和李义山诗,陈匪石先生讲唐宋词,卢冀野先生讲元曲,吕叔湘先生讲欧洲文艺思潮,伍俶傥先生讲《文心雕龙》,张世禄先生讲文字学和音韵学,朱东润先生讲中国文学史,罗根泽先生讲中国文学批评史,徐澄宇先生讲《庄子》。各位先生的讲授都各有特点,霍松林都认真学习,受益匪浅。

汪辟疆先生是一位学问十分渊博的大学者。他讲课不怎么认真,喜欢在课堂上骂人,无所顾忌。中央大学迁回南京后,他先给中文系学生开设的是《诗选及习作》。第一节课上,他让会写诗的学生在黑板上各写一首近作。霍松林上去写了一首,受到了汪先生的称赞。从此,师生二人的接触就多了起来。

从平日的交往中,汪辟疆先生发现霍松林对唐诗用功较多而对宋诗用力较少,便让他抄宋诗。汪先生选宋诗,用各家别集善本,在入选的诗题上用朱笔加圈,让霍松林用毛笔小楷抄在特制的格纸上,以此来强化他对宋诗的学习。

平时,汪辟疆先生还总让霍松林当邮差,把他自己的新作抄下来,让霍松林去送给其他的专家学者,如柳翼谋、李证刚等先生。霍松林也因此有机会和更多的专家接触,向他们学习。

霍松林常在《泱泱》、《人文》、《陇铎》等刊物上发表学术论文。汪辟疆见了,说:年轻人不宜过早发表诗文,以免晚年"悔其少作"。但当霍松林将自己已发表过的论文剪贴在本上子请他审阅时,他还是很高兴,并为之题签:"霍松林论文集"。

为了让霍松林能更有效的学习,汪辟疆经常赠霍松林一些书,每赠一册,皆有题记。数十年后,在陕西师范大学中文系的资料室发现了一本书,上面就有这样的题字:"学诗宜从韩杜入,方为正法眼藏。余与李拔可先生皆曾为松林言之。松林诗已到沉着境地,此最不易得。今举旧庋黔中家刻本《巢经巢诗集》赠松林,即此求之以到杜韩境界,有俟师矣。戊子十一月方湖。"

当霍松林拿着自己的书前去请教时,汪辟疆先生往往也要在上面写一些指导性的意见。1988年12月上海古籍出版社出版的《汪辟疆文集》中就有这样一则:

题霍松林藏《杜诗镜铨》

诗三百篇

庄子　用郭庆藩集释本

屈原赋　楚辞　用山带阁本

太史公书　用张文虎金陵官局校本

水经注　用武英殿戴校本

杜工部诗　用九家集注校本

上六书,为治文学者必须熟诵而详说者。首训诂,次语法,次考证,最后通义旨,不可放过一字,不可滑诵一句,不可忽略一事物,寝馈勿失,终身以之,有馀师矣。《文选》、《通鉴》,纂辑之书,取供浏览,抑其次焉。方湖为霍松林题记。

当时,霍松林在《和平日报》有专栏《敏求斋随笔》,屡屡涉及与汪辟疆先生的请益交流。摘几条如下:

1948年4月17日《和平日报》第八版《敏求斋随笔》第一则云:

辟疆师在李拔可先生座上,谓:近五十年中,为诗者以广雅、湘绮为南北两大宗,言唐宋者祖张,言八代者祖王,今一流将尽,前之不满于张王者,今则并张王而无之矣。风雅道丧。盖以后生喜谤前辈,更谁肯下涪翁之拜乎?各为太息。故寄汪老师诗云:"人从东南来,知子屋尚在。今朝忽觌面,顿挫弥自态。论诗半鬼录,岂必强分派?祖张与抑王,所见等一隘。惟忧玉石烬,遑问衣冠拜!清言虽无多,至味深可耐。吾衰百事懒,越境罢同载。待当踵前诺,酌茗鸡鸣埭。"李翁现住沪上。汪老师约与同车来宁不果,故末四句云然也。

第二则云:

于辟疆师处，得读夏剑丞先生《题太华图赠右老》诗云："翁昔议喷室，驶笔如挽强。鹄在图疵病，射鹄鹄既亡。翁来自田间，疾苦身所尝。言出犯忌嫉，险历若太行。至今读翁文，字字挟风霜。成功岂戈矛？兹史吾能详。迩者念馀载，风宪开宏纲。愿翁行所志，立使斯民康。太华竿神秀，列之翁坐旁。何气耀崇高？文字腾光芒。"夏翁所著《呋庵诗》已刊行。平生于梅都官诗致力甚劬，有《宛陵先生集注》，削稿盈箧，尚未刊布。

1948年4月21日《和平日报》第八版《敏求斋随笔》第二则云：

辟疆师见示近作数首，其《元辰一首呈右公院长》云："元辰集簪裾，淑气盈户牖。堂堂开济英，对兹开笑口。平生饥溺心，三民坚自守。百折忍不移，此事望已久。今朝宪法颁，欢声动九有。恢疏慎所持，是赖调元手。更念持风宪，即政当岁首。屈指十五年，守正自不苟。有目疲文移，有耳纷听受。尤于毫发间，精爽见裁剖。忆昔诵公文，神交在癸丑。著论准过秦，执讯期获丑。徘徊宋墓间，题字大如斗。中有浩气存，扣之辨谁某。岁月自推移，勋名压朝右。藉曰如其仁，不负平生友。方今大难夷，国势日康阜。纳民于正轨，肆予大化诱。我公万人望，秉钧孰敢偶。嘉献辰入告，行见民生厚。杯酒照须眉，江春动梅柳。万汇方昌昌，持以为公寿。"师于髯翁为文字交，相知最深，故能言之亲切如此。

1948年4月10日《和平日报》第八版《敏求斋随笔》云：

尝以治目录学次第询辟疆师，师谓宜先习汉隋二志以植其基，继则利用二志以兼及辑佚与校勘之学。因为条举唐宋类书、书钞、旧注、总集及字书之最博大、最切要，而引书又详载出处者，凡十馀种，期能识其大辂，然后依类以及其他。其略目如次：

甲、二书钞

一曰《群书治要》五十卷，唐魏征等撰，有日本刊本。

二曰《意林》五卷，唐马总撰。此本庚仲容《子钞》，有周广业校本，甚合用。

乙、二类书

一曰《艺文类聚》一百卷，唐欧阳询撰。存古经典甚多，而六朝诗文佚篇尤富。明嘉靖徐焞仿宋本尤佳。

二曰《太平御览》一千卷，宋李昉等撰。此书以北齐《修文御览》为蓝本，而增益隋唐及修文殿所遗古经传子史杂书，极为宏博，季刚先生推为类书之王。清乾隆、嘉庆间，考订家最宝之。别有《太平广记》五百卷，专收小说笔记及异闻仙佛等，与此书同为学者所珍视。《御览》以张海鹏照旷阁大字本、日本喜多本为佳。近商务影印本亦好，惜多描写失真。鲍刻最下。《广记》以明嘉靖谈恺刊及万历许自昌刊为佳，黄晟小字本差可。

丙、五旧注

一曰《三国志》裴松之注。多收魏晋间杂史，明嘉靖蔡宙刊佳。

二曰《世说新语》刘孝标注。日本有全注残卷，中土刻本略有删节，然所删亦不多。明嘉靖袁褧佳趣堂刊佳。

三曰《水经》郦道元注。原本四十卷，北宋初已缺五卷。今本乃何圣从就仅存之三十五卷析为四十卷，以足旧数。

四曰《汉书》颜师古注。四史皆唐前旧注，如裴骃《史记集解》、司马贞《史记索隐》、张守节《史记正义》、章怀太子《后汉书注》，并佳。兹举颜注以概其馀。

五曰《文选》李善注。善注极博洽，可以证经，可以订史，可以校子、集、字书，可谓一字千金矣。宋尤延之、元张伯颜本皆佳，明成化唐藩翻张本、清胡克家翻尤本亦不苟，何焯评点本亦好，海录轩本最劣。

丁、二字书

一曰《一切经音义》有二本：一为唐释元应二十五卷本，乾隆丙午庄炘刊；一为唐释慧琳一百卷本，有日本元文二岁刊。所引群籍，多不传之秘册。

二曰《大方广佛华严经音义》唐释慧苑撰,四卷,征引广博。

戊、四总集

一曰《玉台新咏》明崇祯赵均小宛堂本。

二曰《古文苑》守山阁刊本。

三曰《文馆词林》原一千卷,久佚。今日本尚存残卷,适园丛书刊二十八卷。

四曰《文苑英华》宋李昉等编。一千卷,收唐人文为多。明万历刊本。

师言清学以辑佚、校勘二事为有功后学,元明二代,瞠乎后矣。其法:先从事汉隋二志以识唐以前古籍崖略,然后蒐求佚书之仅存者,从事校勘。遇有异文,乃应用文字声音训诂之学辨其讹误与夫声音转变之由,再取古本类书及唐以前注家所引用与书钞之仅存者,取证其说,如云"某书正作某字",使人读之,怡然理顺,涣然冰释。其足以益人神智、举一反三者,皆有藉上列诸书也。若辑佚之功,如孙冯翼(有《问经堂丛书》)、茅泮林(有《梅瑞轩十种》)、黄奭(《佚书考》)、马国翰(《玉函山房辑佚书》)、严可均(辑古子及汉魏间子书甚多,又严氏《全上古三代秦汉三国六朝文》亦辑佚)诸家(乾嘉间有金溪王谟之《汉魏佚书钞》、《魏晋地理书钞》,虽为辑佚,但疏略无家法)左右采撷,端在乎是。尝闻章宗源之撰《〈隋书·经籍志〉考证》也,其草创方法,即先将隋志佚书分条辑出,各成小册,纳诸竹笥,于是按册疏记书中大略及其出处,各草一提要。佚书面目,不难复识。孙星衍尝谓之曰:"君考证若成,甚愿以此底册畀余,真所谓起死人而肉白骨也。"章甚靳之。后为历城马国翰所得,玉函山房之巨册垂二百年沾溉靡尽,则辑佚之功也。

与汪辟疆先生的交往是愉快的。几位要好的同学时常去汪先生所住的晒布厂5号请教。学问之外,也常有些文字游戏。一次,汪先生和大家对对子,因为他家住晒布厂5号,所以随口说出:"晒布厂"。霍松林应声答道:"曝书亭。"以清代词人朱彝尊的书斋对汪先生的住宅晒布厂,既出人意外,又工稳恰切,引得大家哈哈大笑,十分高兴。

霍松林常常把自己的诗作交给汪辟疆先生批改。汪先生一般也不改,而是低吟一遍,随手圈点。有些地方则指出缺点,让自己推敲。这种时候,如果他没有什么急事,一般兴致都很高,告诉霍松林自己最近有什么新作,什么朋友又寄来了什么新作。霍松林就借回宿舍去抄。抄完了,汪辟疆先生就提笔在诗后写上"松林仁弟存之",下署"方湖"。

一天,霍松林与汪辟疆先生偶然谈到宋词。汪先生从书橱里找出他用蝇头小楷抄写的《宋词举》,一边翻一边说:"这是陈匪石先生的著作,非常精当,你应该精读。"于是,汪辟疆先生介绍霍松林去见陈匪石先生。

陈匪石先生当时也是中央大学中文系的教授。霍松林抄了自己作的几首词去陈先生家里请教。陈先生看了汪辟疆先生的推介信,又看了霍松林的词,很高兴。谈词,留饭。临别,又赠一册修订版的《宋词举》。不久,陈匪石应系主任胡小石先生之聘,为中文系学生开设《词选及习作》。霍松林与陈先生的来往就更多了。

陈匪石先生讲宋词,用的课本就是他自己编的《宋词举》。关于这本书的撰著经过及主要特点,他在1927年5月写的《叙》中讲得很清楚:

词之为物,深者入黄泉,高者出苍天,大者含元气,细者入无间。虽应手之妙,难以辞逮,而先民有作,轨迹可寻。若境、若气、若笔、若意、若辞,视诗与文,同一科条。惟隐而难见,微而难知,曲而难状。向之词人,或惩夫雨粟鬼哭而不肯泄其秘,或鄙夫寻章摘句而不屑笔之书。否则驰恍惚之辞,若玄妙而莫测;摭肤浅之说,每浑沦而无纪。学者们扪叩槃,莫窥奥窔,知句而不知遍,知遍而不知篇,不独游词、鄙词、淫词为金应珪所讥也。至张玉田、沈义父、陆辅之及近代之周止庵、陈亦峰、谭复堂、冯蒿庵、况蕙风,论词之著,咸有伦脊矣;然始学之时,仍体会匪易。余曩者尝苦之,乃久而有得焉,久而有进焉。高曾之矩矱,固时闻于师友;康庄之途径,乏可览之图经。盖由能读而能解、而能作、而知所抉择,冥行擿埴，不知其几由旬矣。比年以来，黉序之中强以讲授，而晷日限之，收千里于尺幅，吐滂沛乎寸心，既不易为；蹊径任其塞茅，寸阴掷诸虚牝，又非所忍。然余平日读词，偶得善本，校理异文，有读宋元词之记；心所向往，取则伐柯，有宋十二家词之选；师刘《略》、阮《录》之例，仿经义小学之考，又拟辑《唐五代宋元词略》；万氏《词律》经王敬文、戈顺卿、丁杏舲之攻错，杜小舫之校勘，徐诚庵之拾遗，而一二疏漏，尚堪掊拾，偶有所获，亦时缀记简端。卒业未遑，徐俟研讨。乃先就所选之宋十二家各举数首，附著其所校理者、辑录者，并申卮见，以与诸生讲习，命之曰《宋词举》。一隅虽隘，或能反三；滥觞虽微，终于汇海。盖欲学者触类旁通，由是而能读、能解，驯致于能作，悉衷大雅，毋入歧途。过而从之，此物此志，非敢窃比张、周也。若核其取舍而訾所未当，因其解说而嗤为短书，余诚愿拜受嘉赐。

既讲了自己的治词经历，又写出了这本词选的特点，那就是："举一反三"、"触类旁通"。

1941年，陈匪石先生又对《宋词举》做过一次较大的修改，《再记》中这样记述：

丁卯写定，徐仲可见之，怂恿问世，余谢未遑，委之敝箧十馀年矣。避寇巴山，与乔大壮窟室相逢，辄共商讨，爰理而董之。云炮隆隆，若弗闻也。校记、考律而外，论玉田、碧山作法者增订尤多，岂两家心事，今日体会倍切乎？

陈匪石先生认为，学词当用逆溯法，先南宋，后北宋，而终以五代与唐。这样做，便于沿委溯源，由博返约。

陈先生授课，每讲一词，先讲明词律，然后根据词律特点和词的意境放声吟诵。其声音之抑扬抗坠，词句之转折跌荡，情感之欢愉悲戚，文气之开阖舒敛，一一从吟诵中体现出来，极富感染力。吟诵一过，学生们已经被吸引到全词的意境之中,紧接着便逐字逐句地讲析,时常有精辟的发挥,而又目的明确、要言不烦。其实,对作品的解析论述,在他的《宋词举》中就已经很透彻了,但在课堂上仍有更充分的发挥。如张炎的《解连环·孤雁》一词,《宋词举》中说"此为咏物之作,南宋人最讲寄托,于小中见大",而对于"寄托",却全无解释。在课堂讲授中,陈先生先引周济"词非寄托不入,专寄托不出"的议论,又结合六义中的比兴加以发挥,最后归结到必须"缘情造端",而不应"刻楮为叶"。作者必先有无穷感触蓄积胸中,不能自抑,则偶感于物,便如箭在弦,不得不发。名以"寄托",便流于迹象,其实是不尽妥当的。在作了如此发挥以后,又简述张炎生当宋末,入元曾游燕蓟,其后久寓临安的遭遇,说明他胸中积蓄的独特感触不能自抑,偶遇"孤雁"而发为此词。接下去,这才讲词。而这些,都是《宋词举》中所未写出来的。使学生们领悟到:一部精粹的学术著作,并不是把著者所掌握的全部有关的东西都罗列出来,而是反复筛选、反复提炼出来的精华,因而往往有几倍乃至十几倍的材料作它的后盾。

  这门课程既然叫做《词选及习作》,自然是有写作的。每次学生交上自己的习作,陈匪石先生都认真批改,大大地提高了学生学词的兴趣。

  陈匪石先生的家在南京长乐路附近一个幽静的巷子里,霍松林常去请教。从宿舍所在的文昌桥出发,经过夫子庙和秦淮河,再向前走,不久便到了。陈先生告诉霍松林,学词也应按他《宋词举》的顺序,由南宋上溯北宋,着重由梦窗上溯清真。两家的名篇,特别是四声长调,都应该和作,从而研练揣摩。学其他各家,也应该先和名篇。这功夫似乎很笨,其实最易入门。入乎其里,才能出乎其外,有所新创。每谈到词陈先生便兴会淋漓,滔滔不绝,直到吃饭时间到了,就坚留霍松林在家中吃饭。

  陈匪石说,句句四声有定,还要和韵,这当然很难、很苦。但正因为难,就不至于像填二声词那样由于感到容易而掉以轻心。深思熟虑,灵感忽来,往往能得佳句。这样,便又得到极大的快乐。陈先生不仅要求填四声词严守词律,就是填二声词,对特定该讲四声的字句,也从不马虎。有一次，霍松林填《八声甘州》，按柳永词的格式调平仄，填好后请陈先生指正。陈先生指出，上下片倒数第三句的倒数第三字，都要用入声字，柳词"苒苒物华休"、"天际识归舟"可证。连类而及，还讲了句首、句中或句尾限用去上的几个例子及其他例子。

陈匪石先生自己精心创作的词，许多人都劝他出版。劝的人多了，他就说："那就先油印几十本征求意见吧。"于是，霍松林便邀约了几位同学，分工刻写，印了几十本。陈匪石先生在1948年11月写的跋中这样说：

学词四十年，癸酉丁丑，两写清本，甲申旅渝，复釐为五卷，皆未移时，辄多改削。盖词之为事，条理密，消息微，惬心綦难也。尝谓即卑无高论，亦须妥溜中律，意境气格，不涉鄙倍卑浅。斯未能信，曷敢示人。毛德孙、李敦勤、霍松林、唐治乾诸君，坚乞录副；履川老友，力予怂恿。日暮途远，姑徇其意。益以近作，过而存之。一息尚存，仍待商榷。若曰定稿，则非所承矣。

中央大学的学习，使无数的青年学子迅速成长，若干年后都成了各个领域的栋梁之才。而大学时代的生活，也成了他们心中永远的美好记忆。30多年以后，已成为著名学者的霍松林先生赴黄山参加学术会议，路过南京，专程去看了母校旧址。又18年之后，他仍满怀深情地这样记述：

熬出漫漫浩劫，我乘赴黄山开会之便路过南京，专程赶到四牌楼，发现原"中央大学"的校牌被"南京工学院"的校牌所取代，校门两旁有人站岗。我给他们看了工作证，然后说："这里是原来的中央大学，我在这里上过学，几十年没来了，想进去看看。"他们含笑点头，我就进了曾经出入千百次的校门，看了我上过课的教室，看了经常来上阅览室的图书馆，看了僧帽形的曾经多次听名人讲演的大礼堂，抚摸了六朝松的老干，然后出东门在我当年宿舍所在的文昌桥和汪辟疆、胡小石先生当年住宅所在的晒布厂一带徘徊。最后爬上北极阁俯瞰了中央大学遗址的全貌,不禁情动于中,哼了八句:

> 早岁弦歌地,情亲土亦馨。
> 徘徊晒布厂,眷恋曝书亭。
> 北极阁仍在,南雍门未扃。
> 六朝松更茂,新叶又青青。

真的,回到多年思念的母校,一切都那么亲切,连脚下的土也是香的。①

---

① 《霍松林影记·游学金陵》,河北教育出版社2001年10月出版。

三、与于右任先生的忘年之交

1947年春天，兼任国民政府监察院监察委员的汪辟疆教授因事去见监察院院长于右任先生。座中谈起从西北农村来的学生霍松林。于右任说："我在报纸上看过霍松林的文章。"而汪先生去的时候就带着霍松林的论文和诗词，这时呈给于右任先生看，并提出可否给霍松林介绍个业余工作，藉以补助这个家境贫寒学生的学费。于右任说："你叫他来，我供给他学费。做工耽误学习。"

于是，遵照汪辟疆先生的嘱咐，霍松林带着自己的论文剪报和自己用毛笔抄写的诗词作品去见于右任。

于右任先生住在南京的宁夏路1号。再往前去，就是古林寺。霍松林走到门前，拿出汪辟疆先生的介绍信，说："我要见于先生。"站岗的哨兵就放他进去了。

院子很大。于右任自己住在后面的一栋楼上。一听霍松林到了，深知寒士之心的于右任先生走出房门，从很高的台阶上走下来，拉着

于右任先生签赠霍先生的照片

他的手一直走进客厅。稍为寒暄之后，霍松林就呈上自己手写的诗稿。他告诉于先生，自己的父亲是晚清秀才，现在仍在乡间教书。自己从小就学做诗，学写毛笔字，临过颜家庙、多宝塔、麻姑仙坛记。上中学后，还临习过玄秘塔、醴泉铭、庙堂碑、兰亭序、圣教序等。到南京上大学后，还专门到上海拜访过沈尹默先生，沈先生指授了执笔五字法，要他从褚遂良上溯二王，于是他又写了孟法师碑、同州圣教序、雁塔圣教序等和二王的法帖。

于右任先生看了霍松林的字之后说："我们西北人，最初都是写唐楷。我自己开始也走这条路。以后见闻广博了，和东南人士接触，开始写章草、魏碑。你写唐楷有家学渊源，有童子功，根基很深，现在要扩大，写写北碑。唐楷很重要，但仅止于此，打不出新路子来。"

从这天以后，霍松林每过一段时间就到于右任府上去坐坐。有时一谈就到深夜。一次，霍松林告诉于右任，早先时候曾读过于先生的《牧羊儿自述》，并说自己在乡间也放过羊。于右任听了很高兴，说："出身清贫，洞察闾阎疾苦，往往能立大志，成大业。"霍松林向于先生请教书法，于说："有志者应以造福人类为己任，诗文书法，皆馀事耳。然馀事亦须卓然自立，学古人而不为古人所限。"

于右任的桌子上，镇尺压着不少平时写字剩下来的碎纸。聊天完了，于右任便从旁边拿过一小张纸，写个条子给霍松林，让他拿着条子到监察院的财务处从自己的薪水中领一笔钱，用于购买一些学习用品。此后两年间，于右任每个月都要写一张同样的纸条给霍松林。1948年前后，物价飞涨，工薪人员一拿到金圆券就赶去夫子庙换袁大头。于右任最后一次给霍松林写条子时，神情悲凉地感喟道："这点钱，现在只能换三个袁大头啊！"此情此景，永远地镌刻在了霍松林的脑海里。

于右任先生对后进的培植是十分真诚的。他曾经对当时德高望重的著名诗人陈颂洛说："我们西北在周秦汉唐很出人才，宋以后经济南移，西北落后了。现在是江浙财团的天下，但西北也不是没有人才，像霍松林就是难得的人才。"此后不久陈颂洛先生在《中央日报》的副刊《泱泱》上发表《金陵杂咏》绝句,分咏汪辟疆、卢冀野、刘成禺、冒鹤亭等著名诗人和学者,最后一首则写霍松林:"西球何必逊东琳,太学诸生孰善吟?二十解为韩杜体,美才今见霍松林。"

当时的南京,做为国都,人才荟萃,雅士云集。于右任先生身居高位,也于百忙之中提倡风雅,主盟诗坛,1947年和1948年曾两次组织重九登高赋诗盛会,邀京郊沪苏杭等地七十余位著名诗人参加,先一年登紫金山天文台,后一年登小仓山,连当时硕果仅存的老诗人冒鹤亭也参加了。风雅之盛,直追永和九年之兰亭雅集,一时传为美谈。在所有参加雅集的诗人当中,霍松林是最年轻的。两次登高,霍松林分别做有《丁亥九日于右任先生简召登紫金山天文台,得六十韵》、《戊子九日于右任先生简召小仓山登高》长诗,受到当时诗坛耆老的称赞。

于右任先生是著名的大书法家,求他写字的人很多。甚至还流传着这样一段佳话:国民政府在重庆时,一些官员素质低下,在政府院子里随地小便,骚气熏天。于先生十分生气,就写了几个字:"不可随处小便!"让秘书贴到一个木牌上,竖到某些人经常"方便"的地方。很快,那块牌子不见了,被一个公务员换走了。那个公务员另制了一幅同样内容的牌子,认认真真地立在那个地方,而把于先生的字拿回去,重新剪贴装裱为一个条幅"小处不可随便",挂在家中。对能来求字的人,于右任先生一般都不拒绝。不重要的,就由秘书李祥麟代写;重要点的,他都是自己亲自写。

于右任先生对书法的态度是极为认真的,不仅自拟自写作品,还经常集联。他在一首诗中写道:"朝写石门铭,暮临二十品。竟夜集诗联,不知泪湿枕。"他曾让霍松林代他集联。对此,霍松林发表于1948年4月21日《和平日报》之《敏求斋随笔》有这样的记载:

> 人之气象,虽有天授,亦须视其修养,淬于面,盎于背,出乎口,见乎词,工夫深浅,不可假借,所谓诚中形外者是也。右任先生尝命予集五言对联,因拟数副:曰"放怀宇宙外,得气山水间";曰"崇山怀万有,大水会

群流";曰"趣舍同天地,咏言系古今",此集《兰亭集序》字者。曰"雄风盖百世,大度包群伦";曰"垂言弘大道,济世尽天功";曰"宏图开万世,大道定中原",此集《东方朔画赞》字者。持往求正,猥邀嘉许。此盖前辈奖掖后进之意,视翁"圣人心日月,仁者寿山河"一联,雄浑博大,相去固不可以道里计也。"文如其人",可不勉乎?

　　1948年春天,于右任在蒋介石的要求下,奉命竞选"副总统"。他不像别人那样送礼行贿,但也送自己的"条子",不过他的条子不是金条银条,而是他自己书写的纸条子。他日夜挥毫,遍赠三千国大代表,每一幅都写"为天地立心,为生民立命,为往圣继绝学,为万世开太平"。这是北宋张载的名言,于右任奉为座右铭。

　　就在这一年春天,邓宝珊将军从甘肃来到南京,去拜望于右任先生,霍松林陪同前往。

　　说起邓宝珊将军,还有这样一段故事:

　　邓宝珊,甘肃天水人。辛亥革命时,参加新疆伊犁起义。1917年后,在陕西任靖国军第四路营长、团长、副总司令。1924年参加冯玉祥领导的国民军,任第二军旅长、师长。1926年后,任国民联军援陕前敌副总指挥、国民联军驻陕副总司令、国民党陕西绥靖公署驻甘肃行署主任、代理甘肃省主席、杨虎城部新编第一军军长等职。新中国成立后,历任西北军政委员会委员,甘肃省人民政府主席,甘肃省省长等。

　　霍松林在七八岁的时候,总听乡亲们以亲切的口吻讲到邓宝珊,说他在什么地方又打了胜仗。讲述者根据传闻,又借助从戏曲、小说中获得的作战知识,讲得绘声绘色,好不热闹。后来听说邓宝珊就是天水人,霍松林幼小的心灵中也平添了许多自豪感,平时和小朋友们玩打仗,一旦打输了,就说:"我找邓宝珊去!"

　　一晃二十多年过去了,不想真的见到了邓宝珊。一日,霍松林到乡前辈王新令先生家里去,看见书案上有一幅新添的照片,上款写着"新令老弟存念",下款是"邓宝珊赠",字体雄健而秀逸,不禁问道:"这字是谁的代笔？"王新令先生笑着说："哪里是代笔！就是邓先生的手笔。邓先生不是一个只会打仗的武夫。他博览群书，广交各界名流，其学问之渊博，见闻之宏富，阅历之深邃，识见之卓越，非一般人所能想象。你是专攻文学的，他在文学艺术方面的造诣之深，也出乎你的意料。"这更加强了霍松林对邓宝珊将军的向往。

一天早晨，霍松林正在中央大学的宿舍里看书，忽然有人推门而入，问道："您是霍松林先生吗？邓宝珊将军派我来接您。"二人坐吉普车到了豆菜桥宾馆，上了二楼，邓宝珊将军已在客厅门外等候。坐定之后，邓宝珊将军便与霍松林聊了起来，话题涉及政治、经济、军事等诸多方面。见霍松林插不上多少话，邓先生又将话题转到历史、哲学、绘画、书法、音乐、雕塑等方面。谈到中外文学，对许多名作如数家珍，脱口而出。霍松林非常惊讶，问他从哪儿读了这么多书。邓先生说，他并没有正规地读过书，全是靠自学的，小时候漂泊到新疆，不认识字，想给家中老母写封信都不可能，为了学认字，在当地一个老先生家连续挑了十几天的水，才感动了老先生，教他认字。

邓宝珊先生得知中央大学教授汪辟疆先生热心表彰陇上学术，对甘肃学生霍松林、刘持生、马骥程等十分器重，便携王新令先生，并带上霍松林、马骥程去拜望汪辟疆先生，表示谢意，并同游灵谷寺，畅谈竟日。当知道于右任先生资助霍松林学费，更是高兴，同霍松林一起去看望于右任先生。

邓宝珊原是于右任先生靖国军时期的老部下，这次来看于右任，正赶上于要参加"副总统"竞选，便为他出三策：上策，挂印弃官，到上海去挂牌卖字；中策，组建第三党，学美国的华莱士；下策，还当你的监察院长，不要动。于先生苦笑着说："你的主意很好，可是，你再想想，这能行得通吗？"原来，是蒋介石亲自登门造访，要于右任竞选，于也只好出来捧场了。

又过了一年，到了1949年，解放军已经到了江北，南京的许多学校都停课了。4月19日这一天，霍松林去看望于右任。于右任问他："解放军要过江,你是准备留在南京还是怎么样?"霍松林说:"一打起来,枪炮无眼,我想到上海去避一避,因为上海复旦大学有同学,有朋友。"于右任走到客厅,提笔一写:任命霍松林为本院科员。霍松林拿着任命的条子,到了检察院财务处报到,然后回学校取了行李,当晚就坐上火车到了上海。5 月初,又随监察院迁到了广州。

在广州期间,于右任先生比较清闲。霍松林便与同乡同学冯国璘多次去拜访。冯国璘是天水籍著名学者冯国瑞的弟弟。冯国瑞早年就学于清华国学院,是王国维、梁启超的高足,擅长诗文、考古和书法,颇受于右任先生的器重,因此冯国璘 1947 年中央大学毕业后即被于任命为秘书。

一个星期天的上午,霍松林和冯国璘又去看望于右任。谈至中午,于右任坚留二人吃午饭,吃的是家乡的面片子。霍松林边吃边构思,饭后写出《星期日陪于右任先生园中消暑》一诗:"雨露难均造化私,何年始见太平时?满腔愤世忧民意,闲坐榕阴说杜诗。"于右任看了,在点头的同时又叹了一口气。

6 月上旬,霍松林接到父亲的来信,其中一段要他刻苦自励,切勿辜负于先生的期许。他拿着信去见于右任。于先生看完信,又向霍松林问了他父亲的情况,便说:"令尊与我同庚,又同年中秀才,还能写这样好的小楷,可见身体好,眼睛亮。我多年前就不能写小楷了。"霍松林说:"家父曾说他考秀才未能名列榜首,是吃了小楷欠佳的亏,所以下功夫练,日久天长,成了习惯,写什么都一笔不苟,连打草稿、写家信都用小楷。"于右任掀髯颔首,赞叹道:"写字一笔不苟,做人也一丝不苟。"因为谈到同年中秀才,霍松林便说:"听家父说当年考试要作试帖诗,他盛赞周至路润生先生的《怪花馆试帖诗》非常好,我小时候读过,先生是三原人,想来也读过吧!"于右任高兴地说:"你也读过《怪花馆诗》!我当然读过,大概当时陕甘治举业的人都读过。路先生名德,其故宅在终南镇,距我家不太远。"由于谈起了这段往事,于右任心情畅适,精神焕发,越谈兴致越浓。霍松林抓住时机,请于先生为父亲写一副对联。于先生欣然应诺，叫副官王培桐裁了一张头号双宣，让霍松林拉纸。写了他自己的集字联：

圣人心日月，仁者寿山河。

真是笔风墨雨，气撼山河。于先生以书法名世，所到之处，求书者争先恐后，夹有某某求书条幅、中堂、楹联之类纸条的宣纸卷堆积如山。他一般不随来随写，而是等到有空闲、有兴致时叫副官磨好墨，裁好纸，然后挽结银髯，卷起袖管，挥舞巨颖，风骤雨急，任意挥洒，一写就是几十张。这一次也不例外，仅大幅楹就写了十多副。其中有一副，是为辛亥元老陈少白墓门撰书的：

中山三友，外海一人。

字大逾尺，龙腾虎跃。于先生喜写擘窠大字，以为字大始见腕力。此次所写的"圣人"与"中山"二联，字都比较大，他显然很得意。解释说："中山先生与陈少白、杨鹤龄、尤少纨曾被清廷目为'四大寇'，而对中山先生来说，陈少白等三人当然是他的好友啊！陈少白先生是广东新会人，其故居与墓地皆在新会，不用'新会'而用'外海'，取其与'中山'相对也。"作对联，不仅要工，而且要切。于先生善属对，如明孝陵联"与钟山不朽，为民族争光"、灵谷寺联"古寺名灵谷，高僧有志公"等，看似顺手拈来，而又工稳贴切，大气磅礴。

8月，监察院一部分人又要向重庆疏散。霍松林和冯国璘都去了重庆，想找时机经川陕公路回天水看望父母。11月27日晚，霍松林接到冯国璘的信，说于先生从香港飞到了重庆，要他立刻去看望。霍松林还来不及去，于右任已于28日飞走了，冯国璘也随监察院的一些同事去了台湾。48年之后的1997年，霍松林去澳门讲学，当地名流梁披云先生，原是于右任任上海大学校长时的学生，请霍松林吃饭。席间才告诉了他那次于右任到重庆的真相。原来于右任先是从广州飞赴香港,没有到台北去。几个老学生都提出要陪他到南洋去,于右任很赞同。但是后来有便机去重庆,他却立刻登机而去。他是想救出杨虎城将军,杨虎城是他的老部下。但是等他到了重庆,杨虎城已经遇害了,所以他很快就走了。

  时光又过了40年,到1990年,霍松林与在台湾的老友冯国璘取得了联系。这年春天,霍松林接到冯国璘的一封长信,内附几件于右任的墨宝和一帧照片。信中说:于右任先生逝世前后,海峡两岸关系紧张,但于先生依然牵挂着小他42岁的忘年交霍松林。1959年4月11日,于先生过八十大寿的时候,问冯国璘:"那个霍松林有无消息?他可是我们西北很少见的青年啊!"过了几天,他又从过寿时众多摄影名家拍的许多张照片中选出他最喜欢的一幅,题上"松林老弟",又签上自己的名字,要冯国璘以后找机会转交。1993年5月,冯国璘身患癌症,自知来日无多,便由夫人照料飞到西安来见老朋友霍松林,专程将于右任先生的一件墨宝交给他。那是于右任先生1960年自作自写的《〈呻吟语〉序》。冯国璘说:"于先生八十以后,书法又有新变化,但已不为别人写。自作自写,长达数百字的墨宝,这是惟一的一件,他自己也十分看重,辞世前特意交我保存。在台北,曾被友人借去展出,一位日本书法家出高价要买,我不肯,他便不断增价。我说这是于先生交我保存的,出价再高,也不能卖,他才怏怏而去。我自感体力不支,活不了多久,反复思考,觉得你与于先生既有文字因缘,又是忘年交,于先生在世时每年都问到你,因此把这件墨宝交给你,于先生地下有知,一定认为付托得人。……"回台北后,5月23日冯国璘先生又给霍松林写信说:"右老手书《〈呻吟语〉序》全国仅此一件,弟老矣,后人又不重视此物,多次思量,送兄最妥,希珍藏之,可传子孙。"不久,冯国璘就去世了。

  从此,那帧题有"松林老弟"、长髯飘飘的于右任先生照片便一直挂在霍松林书桌前面的墙上……

四、讲学南泉

1949年8月上旬,霍松林在广州。一日,忽然接到陈匪石先生从重庆寄来的信,说他应南林文法学院院长之邀,任该校中文系主任,邀请霍松林去南林学院任教。霍松林拿着信去给于右任先生看,于先生同意他去。于是,8月13日,霍松林便乘飞机到了重庆。

经过商量,霍松林开学后讲授《基本国文》、《历代诗选》、《中国文法研究》等三门课。陈匪石先生的意见,让院长给霍松林签发副教授聘书。霍松林不同意,说:"还是先当讲师好,免得别人议论老师偏向学生。等讲完一学期课后,大家都认为够副教授水准时再发副教授聘书吧。"陈先生点头同意。

于是,霍松林自此走上了大学讲台,担负起了教书育人的义务,而从这时起,我们的这本传记也称他为"霍松林先生"。

师生重逢,陈匪石先生很高兴,写了两首五律《重晤霍松林》:

> 执手兼悲喜,飘然万里来。
> 饯春江令宅,访古越王台。
> 远梦啼难唤,层阴郁不开。
> 西征新赋稿,多少断鸿哀?

> 我亦飘零久,颓颜隐雾中。
> 断肠春草碧,顾影夕阳红。
> 秋老怀霜隼,宵长感砌蛩。
> 浊醪温别绪,何地醉东风?

霍松林先生奉和两首：

> 有意随夫子，麻鞋万里来。
> 已知新弈局，休问旧楼台。
> 孤抱向谁尽，蓬门为我开。
> 灯前听夜雨，一笑散千哀。

> 天地悲歌里，光阴诗卷中。
> 重开樽酒绿，又见醉颜红。
> 吾道犹薪火，浮生亦駏蛩。
> 绛帷还自下，秋树起西风。

陈匪石先生当系主任，而系里既无办公室，也没有专职干部，全系只有一名助教胡主佑，兼做一点具体的系务工作。系里的专任教师如穆济波、朱乐之和兼任教师萧印塘等，都能写诗。课余时常聚会，诗酒酬唱，颇多乐趣。

南林学院所在的南温泉一带，是重庆著名的风景区。而平时游人极少，居民也不多，非常幽静。每逢周末，霍松林先生便陪同陈匪石先生出游，或沐朝阳，或披晚霞，观奇峰，赏幽泉，徜徉于山水美景之中。匪石先生曾有《南泉六咏》记其事：

建文峰

> 青排列嶂此朝宗，啸虎声吞吊蛰龙。
> 负扆有人学公旦，千秋疑案建文峰。

虎啸口

> 双崖峙处起奔雷，匹练光浮裂石来。
> 惟恐出山流不转，一查还傍野桥开。

仙女洞

乌衣椎髻总疑仙,窈曲嶔奇小洞天。
知有龙湫藏足底,缒崖百尺响清泉。

飞 泉

跳珠如雨湿人衣,打桨溪头载月归。
丛篠蔓萝苍翠里,银河泻地冷光飞。

花 溪

层岚合沓疑无路,柔橹咿哑忽有声。
摇曳几枝芦雪影,蓬心秋迥縠纹平。

温 泉

有情天为疗疮痍,功德人间阿耨池。
等是缤纷花雨地,观河面皱我来迟。

霍先生也和做了六首:

花 溪

青摇一线天,绿堕万峰影。
悔不及花时,呼朋荡烟艇。

仙女洞

仙人何处去?一洞窈然深。
古木生远籁,如闻环珮音。

虎啸口

长啸生风处,峡口奔流急。

却笑山下人,谈虎毛发立。

温　泉
清浊非我意,寒暖亦天功。
众生本无垢,试问玉局翁。

建文峰
诸峰侍其侧,一峰插天起。
持语白帽人,万乘应敝屣。

飞　泉
匹练破空下,夜来新雨足。
珍重在山意,溪流深几曲!

从1949年9月到1950年4月,霍松林先生做了不少诗词。他将这些诗词作品抄录在一起,自题《花溪吟稿》,呈送陈匪石先生批改。陈先生在前面题了一首七绝:

天水儒家承世业,方湖诗教有传人。
为云我竟逢东野,寂寞溪头点勘春。

诗既提到了霍先生的另一位诗学老师汪辟疆先生(汪号方湖),又将自己师生二人比做韩愈与孟郊,且化用韩愈诗"我愿身为云,东野变为龙。四方上下逐东野,虽有别离无由逢"句意,表达了永不分别的愿望。

也正是在1949年10月到1950年3月这几个月期间,陈匪石先生完成了他的词学著作《声执》。这个时期,重庆天气很好,陈先生上课之余,专心写作。每写几段,都要叫霍松林先生过去讨论,一方面使其完善,另一方面也通过这种方式使这个老学生得到进一步的提高。《声执》卷下评介词学要籍,霍先生建议把《宋词举》列进去,陈先生同意了,但对《宋词举》所选的十二家,又逐一进行了讨论。最后认为:于南宋应该删去史达祖,于北宋应该增加欧阳修。关于史达祖,《宋词举》里是这样评论的:"史达祖步趋清真,几于謦欬悉合,虽非戛戛独造,而南渡以降,专为此种格调者实无其匹,故效戈、周之选,不敢过而废之。"这次讨论,则明确指出,他既然"有因无创",便只能做清真附庸,而不能独立成家,还以干脆删掉为宜。至于欧阳修,其令曲的创作略异五代之面目,已开宋人之风气;又率先创作慢曲,虽然还不够成熟,却有倡导之功,因而应该入选。他的词应该选哪几首,也讨论了。可惜没来得及根据这些认识修改《宋词举》。

也正是在这期间,霍松林先生恋爱了。当时系里惟一的助教是胡主佑女士,陈匪石先生让他常去听霍先生的课。时间久了,两人谈诗论学,情投意合,课余时常携手出游,也写了不少诗,如《南泉杂咏十四首》、《拟游仙诗十首》等。兹录《拟游仙诗》于下:

> 江上遥峰故故青,钱郎从此识湘灵。
> 几生修到神仙福,一鼓云和仔细听。
>
> 即托微波亦是媒,神光离合漫疑猜。
> 区区一篇洛神赋,却费陈王八斗才。
>
> 半瓯何幸饮琼浆,一往情深不可忘。
> 倘许蓝桥桥畔住,便持玉杵捣玄霜。
>
> 分明昨夜共辰星,一日三秋信有征。
> 传语早回鸾凤驾,相迎欲跨九天鹏。

不惜吹箫作凤鸣,木桃聊以报瑶琼。
还将一枕游仙梦,未卜他生卜此生。

炼成奇石补情天,小别娲皇几万年。
昨夜挐舟溪上过,一轮明月证前缘。

天风吹上五云车,一洞深深锁绛霞。
恐有樵人入仙境,门前休种碧桃花。

谁道银河待鹊填,有仙合是自由仙。
玉皇巧会天孙意,不向牛郎要聘钱。

偶然游戏到人间,常恐流尘污素颜。
何日骑鲸入瀛海,与君同住小蓬山。

读遍瑶函万卷馀,绮思丽藻入元虚。
织成云锦三千匹,待写人间未见书。

　　这组诗处处用典(胡主佑女士为湘人,所以诗中"湘灵"之典专有所指),句句传情,记录了二人的情感历程。1949 年 11 月 25 日,两人举行婚礼,男方的主婚人为老师陈匪石先生,女方的主婚人也是其师穆济波先生,证婚人是法律系主任连伯寅教授。陈匪石先生亲笔写了一首四言贺诗:

　　　　孟頫仲姬,明诚清照。
　　　　异代同俦,新星炳耀。
　　　　结缡学府,绛帐春妍。
　　　　读书种子,瓜瓞绵绵。

1950年5月,因思乡思亲,霍先生夫妇便离开重庆回甘肃,在天水师范学校教了半年书。而后就到了西安任教,此后再也没有离开过西安。

五、任教西安

1951年2月,霍松林先生接到西北大学校长侯外庐的聘书,来到西安,在西北大学师范学院中文系任教。稍后(1952年寒假至1953年初),师范学院搬到大雁塔西南的新校址,从西北大学独立出来,改称西安师范学院,1960年初,西安师范学院又与陕西师范学院合并,称为陕西师范大学。

霍先生到了西北大学师范学院,当时的高等学校依然沿袭旧型大学的制度,一位专任教师必须教三门课,但课程科目却做了改革。系主任高元白先生安排霍先生教三门新课:文艺学、现代诗歌、现代文学史。霍先生提出:"我过去主要教'国学',现在突然要我教新课,一无教材,二无参考资料,实在教不了,还是让我教古代文学吧。"高先生说:"古代文学的课有两位老教授在教,新课程我们都不懂,只有你最年轻,就勉为其难,从头学起吧。"霍先生无法推辞,只好讲新课。

为了教好这几门新课,霍先生广泛搜集和阅读资料,充分调动自己的知识积累和多年的创作经验与体会,自编讲义。尤其是文艺学课程,编出了质量很高的讲义。1953年,《文艺学》课程改为《文学概论》,霍先生又在原有《文艺学》讲义的基础上修改补充,编出了《文学概论》讲稿,被选为全国高等院校交流讲义,颇受好评,打印数次。1955年以后,又被选为函授教材,分上下两册铅印。1956年,又参照高等师范学校文史教学讨论会拟订的《文艺学概论教学大纲》进行了调整和加工,改名为《文艺学概论》,由陕西人民出版社出版,全国许多院校把它列为文艺理论课的教材或主要参考书。

1954年以后,中国古代文学的课时增加,分为"先秦两汉文学"、"魏晋南北朝文学"、"唐宋文学"、"元明清文学"四门课,需要增加教师。这时,系领导便安排霍先生教"元明清文学",而将"文艺学概论"课改由霍先生的夫人胡主佑先生去教。此后,霍先生又陆续教了"唐宋文学"、"魏晋南北朝文学"、"先秦两汉文学"、"古代文论选"等课程。

　　作为高等院校的教师,科研工作当然是少不了的。但是,有时候教学任务太过繁重,许多人就抽不出时间来搞科研。对此,霍先生有他自己的看法。他认为,教学是与科研紧密联系的。教师的本职工作是教学,要搞好这个本职工作,就要充分备课。而备课本身,就是一种学习和科研。对于有责任心的教师来说,教什么,就得研究什么;要讲好一个问题,就不仅要弄清这一个问题,还得弄清与此有关的许多问题。而研究的结果,还必须在讲授中经过检验,然后加以修正和补充。如此循环往复,教学质量就自然跟着教师水平的提高而提高,科研方面,也同时会结出累累硕果。

　　霍先生的这一认识,是从实际中得出来的,正如许多人都知道的那样:叶圣陶、夏丏尊的《文章例话》,就是他们从事中学语文教学时写成的;鲁迅的《中国小说史略》和《汉文学史纲要》,都是他在大学讲课时的讲义。许多著名教授,都是每开一门新课,就写一部专著或若干篇学术论文。这雄辩地说明:对于教师、特别是高等学校的教师来说,教学和科研是一而二、二而一的东西,不容分割,更不能对立。

　　基于这样一种认识。霍先生每教一门课,都认真备课,根据教学需要做研究,写出讲稿,然后反复修改加工,直至写成文章、写成书,随着学术水平的提高,教学水平也自然得到提高。所以他能将教学与科研结合、统一起来,教学内容也就是科研内容,教什么,就研究什么,教学与科研互相促进。于是,他出版了一些重要的学术著作,而这些论著,大都是在讲稿的基础上加工而成的。如《文艺学概论》就是教文学概论课的讲义,《西厢记简说》就是在讲元明清文学课时为了把《西厢记》教好而写的。为了教好"古代文论"课程,他又重点研究了《滹南诗话》、《瓯北诗话》、《原诗》、《说诗晬语》等几种重要的诗论专著,先后发表了《王若虚反形式主义的文学批评——论〈瓯南诗话〉》(《〈文学遗产〉增刊》第7辑)、《论赵翼的〈瓯北诗话〉》(《〈文学遗产〉增刊》第9辑)、《叶燮反复古主义的诗歌理论——论〈原诗〉》(《光明日报》副刊《文学遗产》1960年5月5日、12日连载)等论文。此后,又出版了《〈瓯南诗话〉校注》(人民文学出版社1962年出版)、《〈瓯北诗话〉校点》(人民文学出版社1963年出版),等等。这许多的研究成果,其最初动机就是为了把课教好而做的研究;而自己切切实实的研究,又使得他的教学工作显得生动而踏实,取得了良好的教学效果。

当然,良好的教学效果的取得,不仅仅在于文字方面下的功夫,还与口头表达的能力与课堂上严格的要求分不开。40多年以后的2000年,霍松林先生八十大寿,已是著名书法家、担任中国书法家协会副主席的西安交通大学钟明善教授这样回忆:"霍先生讲课激情洋溢,声情并茂,给学生的印象十分深刻。我们至今还记着他当时讲杜甫诗'沉郁顿挫'时一字一顿的样子,下课后回到宿舍都竞相模仿。"而已成为中国作家协会党组副书记的王巨才也有类似的回忆:

> 给我留下深刻记忆的,是他讲话时挺直的身姿和飞扬的神采。特别是从他那种抑扬顿挫、节奏分明的语调中显示出的学养深厚的洒脱与自信,使同学们受到强烈的感染和激励。……散会以后,有位宝鸡来的学生便模仿他讲到"古、典、文学"时一板一眼的语气和情态,还真惟妙惟肖,逗得大家直乐。事实上,他的许多高足讲课,不仅教学内容、教学方法,就连语调神态都是学他的。①

任西安文理学院教授的师长泰这样回忆:

---

① 王巨才《高直耸秀仰青松》,载《霍松林先生八十寿辰纪念文集》,陕西人民出版社2000年8月出版。

业师霍松林先生是蜚声海内外的德高望重的学者,古典文学和文艺理论研究的著名专家。而在学生的心目中,他同时又是一位辛勤耕耘、默默奉献的园丁。执教六十载,桃李满天下。他的道德人品、学识文章以及高超的教学艺术,如同春风化雨,浸润、沾溉几代学子,给学生留下难以磨灭的印象,堪称教书育人的楷模。

我是先生50年代后期的学生,曾有幸师从先生学习中国古典文学,历时一年有余。早在入学之前,先生已因发表诸多学术论著而享誉学界。入校后,高年级学生又生动地描绘了先生精彩的教学场景,遂使人益生仰慕之情。及至聆听了先生的讲课,更为自己能得到名师的真传而庆幸、自豪。四十多年过去了,但回忆起当年先生讲课的情景,仍然觉得历历如在目前。

松林师当年身形清瘦,精神健爽。衣着简朴,风度儒雅。讲课操着浓浓的天水话,语速舒缓,吐字清晰,轻重得当,故能字字入耳。他有很好的口才,讲课生动流畅,思路敏捷,条理清楚,逻辑严密,语言简洁。把听他讲课的笔记稍加整理,就是一篇文采斐然的好文章。举凡一首短短的绝句或令曲,一经他点拨,也立即显得有声有色,有情有味,使人陶醉在作品所展现的优美的境界之中,在获得知识的同时,也获得了审美的愉悦。大家都这么说:"霍先生讲课,本身就是艺术。听霍先生讲课,是一种美的享受!"上课时如沐春风,十分轻松愉快。一堂课不知不觉过去了,下课后仍觉余意未尽,令人品味。及至回到宿舍,模仿先生语调的"练讲"之声,往往不绝于耳。

1979年10月,我所在的西安师专(西安联大前身)中文系,假政法学院礼堂,邀请松林师讲课。听讲者除师专中文系师生外,还有慕名而来的市区中学青年教师,政法、外院等校的学生,更有闻讯远道赶来的周至、咸阳、渭南等地先生教过的老学生。能容纳七八百人的大礼堂,座无虚席,气氛热烈。那时是在先生历经多年磨难而重返教坛不久,他虽患有哮喘病,但目光炯炯,透露着坚毅与执著,讲起课来风采一如当年,一首汉乐府《陌上桑》,一首李商隐的《马嵬》,虽为大家所熟悉,他却讲得新意迭出，精彩纷呈。课后我们许多当年的老学生又聚首一起，回忆、议论着先生的讲课，很多人都说自己现在授课的方式、方法，乃至表情、语调都是学霍先生的，足见先生的教学感人之深，影响之大。这或许就是名师的效应吧！①

而在渭南师范学院任教的田天佑、段国超、程正江等则有这样的回忆：

我们这些50年代在西安师院（陕西师大前身）中文系上学的人，都有同样的美好回忆，那就是霍松林老师讲课。

那时候，教师少，任务重，唐宋文学、元明清文学等好几门课，都是霍老师讲的。他讲课的特点：一是目的明确，简明精当，要言不烦，绝不像一般人那样胡拉乱扯，所以能够准确地掌握进度；二是从同学们的接受能力出发，对不同的作品采取不同的教学方法，比如对文字难度不大的古文、小说，则着重思想分析和艺术鉴赏；三是语言生动，新意迭出，启发诱导，深入浅出，不仅能把听课者引入作家所创造的艺术境界，而且能唤起听课者的联想与想象，捕捉作品的意外之象、言外之意、弦外之音。

霍老师讲古文、诗、词，从来是边背诵、边讲解，根本不看本子，却一字不差。讲长篇小说，像《三国演义》、《水浒传》、《西游记》、《儒林外史》、《红楼梦》等等，介绍情节简要生动，通过某些典型场面分析人物之间的性格冲突，常常将四五个人物的对话结合表情一一复述出来，不看本子，也一字不差。因此，同学们私下里交谈霍老师的教学艺术时，总会提出一连串疑问：他的讲解为什么这样深刻、精辟？他的记忆力为什么这样超人？他的知识为什么这样渊博？这些疑问，后来逐渐得到解答：同学们每到霍老师家里去请教，总看见他埋头写讲稿，光《红楼梦》讲

---

① 师长泰《春风化雨润心田——霍松林先生的教学艺术》，载《霍松林先生八十寿辰纪念文集》，陕西人民出版社2000年8月出版。

稿,就有两大本。我们问:"老师有讲稿,为什么不拿不看?"老师十分认真地说:"低下头念讲稿,教学效果不佳;把经过充分研究写出来的讲稿记熟了,面对学生讲,才能讲得有条有理,有声有色,与学生们思想交流,情感共鸣,教学效果自然好得多。"①

已成为著名作家的李天芳则有另一篇别具趣味的散文《背诵》:

虽说是古文论课的一次小考,但考完后同学们还是心神不宁,互相对答案、争是非,喋喋不休,直至下节课预备铃声响过,这才想起还没有去方便,赶快往教室外面跑,慌忙中值日生将黑板擦得乌烟瘴气。其时,讲授古典文学课的霍松林先生已经站在讲台上了。

或许是对这种乱哄哄的气氛不满,霍先生一边轻轻地擦去讲桌上的粉笔尘灰,一边问:"上节课要你们背诵《卖柑者言》,可都背过了吧?"经他这么一问,同学们才恍然记起还有这么一档事,只因要全力应付古文论的考试,早将它忘到爪哇国去了。但大家心里明白,教授不过是问问而已,他从不在课堂上破费时间,检查作业和背诵,诸如此类,是中小学老师的事。坐在教室后排的几个男生,想必深知这一点,所以他们坦然地大着胆子回答:"背过了!"以期蒙混过关。

那一天,真是邪门,霍先生一反往常,来了真格的。你们说背过了,好,咱们检查一下。他盯着名单,先从教室后排开始,叫起一个,背不下去;又叫起一个,还是背不下去……毕竟不是中学生,如此这般被先生呼名点姓,瞠目结舌,支支吾吾,众目睽睽之下,那一份尴尬真叫尴尬。

我预感到,如果没有人能背得过,教授会一直这么检查下去。这难堪也一定会轮到我的头上。无奈而急中生智,赶快将讲义拿到桌斗下,在老师喊别的同学时,我只管埋下头,来一个冲锋性记忆。好在那卖柑

---

① 田天佑、段国超、程正江《忆念霍老师》,载《霍松林先生八十寿辰纪念文集》,陕西人民出版社 2000 年 8 月出版。

者的话言简意赅，区区十数行，不像当今人但是发言便长篇宏论；也好在当年的我正值记忆旺盛的好时光，背一篇百字短文并不是太难的事。果然，我的名字被霍先生点到，但我已经有了底气，我故意背得很慢，一字一句，用以掩饰我的不熟练，那声音听起来倒像是从容不迫：

  杭有卖果者，善藏柑，涉寒暑不溃。出之烨然，玉质而金色。置于市，价十倍，人争鬻之。予贸得其一。剖之，如有烟扑口鼻，视其中，则干若败絮。……

教授似乎长出了一口气：终于有个学生背过了。他扫了一眼教室后排的同学，不满地问："她能背得过，你们何以背不过？"

"她……她是刚刚背的！""她是偷偷背的！"没料到，我的那些男同窗，颇不服气，居然赤膊上阵地揭穿我。更没料到，我敬爱的教授竟不理睬，他带着明显的偏袒说："我不管什么时候背过的，只要背过都算数嘛！"

张牙舞爪的男同窗，立刻泄了气，偃旗息鼓。或许有这一段不算经历的经历，我至今每每在各种场合见到霍松林先生就想起这一有趣的镜头，也因此至今对卖柑者的话铭刻不忘，时时涌现出那极冷峻的反诘句："盗起而不知御，民困而不知救，吏奸而不知禁，法斁而不知理，坐糜廪粟而不知耻。观其坐高堂、骑大马、醉醇醴而饫肥鲜者，孰不巍巍乎可畏，赫赫乎可象也？又何往而不金玉其外，败絮其中也哉！"

惊心动魄间，常告诫自己，这辈子千万别假冒伪劣，尤其是做人的假冒伪劣。宁可做个货真价实的小橘子，也不要做那烨然于外的大柑子。①

---

  ① 李天芳《背诵》，载《散文选刊》1999 年第 3 期，又收入《霍松林先生八十寿辰纪念文集》，陕西人民出版社 2000 年 8 月出版。

六、"形象思维"二十年

1951年,霍松林先生开始讲授文艺理论课程。当时,国内尚无用新观点撰写的文艺学著作,只有巴人的《文学初步》和周扬编选的《马克思主义与文艺》等有限的资料。霍先生在这些资料的基础上,动用自己多年积累的文学知识,认真思考,深入研究,一节一节地写出讲义。1953年,这部讲义被选为全国高校交流讲义,后又被选为函授教材,铅印流传。1956年,霍先生又按照新颁布的《文艺学概论教学大纲》的要求,参照刚被翻译过来的苏联文艺理论权威季摩菲耶夫的《文学原理》等书,做了较大幅度的修改,书名定为《文艺学概论》,于1957年7月由陕西人民出版社出版,印行46700册。这部书,是中华人民共和国建国后出版最早的一部新型文艺理论著作。该著共分4编25章94节,全面、系统地论述有关文艺的重要问题。各章节标题如下:

《文艺学概论》,1957年出版

第一编　文学和生活
　　第一章　文学的对象
　　　　一　在对文学和生活的关系上,唯物论和唯心论的斗争
　　　　二　文学对象的特殊性

第二章　文学的形象
　　一　形象是文学反映生活的特殊形式
　　二　形象思维和逻辑思维
　　三　与公式化概念化的倾向斗争
第三章　典型
　　一　典型环境和典型性格
　　二　典型是一般和个别的统一（本质和现象的统一）
　　三　反对自然主义、反对类型化
　　四　典型也是主观和客观的统一
　　五　艺术的虚构
　　六　典型不是统计的平均数
　　七　正面典型和反面典型
　　八　写真人真事是通向创作典型的道路
第四章　文学的阶级性
　　一　在阶级社会里没有超阶级的文学
　　二　文艺工作者的思想改造问题
　　三　阶级性和现实性
第五章　文学的党性
　　一　党性是自觉的阶级观点的表现
　　二　列宁提出了文学的党性原则
　　三　毛主席丰富和发展了文学的党性原则
　　四　文学的党性原则是文学为人民服务的最高原则
　　五　反对对文学的党性作庸俗化的理解
第六章　文学的人民性
　　一　人民性的概念
　　二　人民性的标帜
　　三　人民性的阶级局限性
　　四　人民性的历史局限性

五　社会主义社会文学的人民性的高度发展

第七章　文学的民族性

　　一　民族性的因素

　　二　在阶级社会里没有统一的民族文学

　　三　民族性是一种历史范畴

　　四　社会主义内容、民族形式的文学

　　五　文学的全人类性

　　六　反对民族主义和世界主义

第八章　文学的任务

　　一　文学的任务的社会制约性

　　二　文学的任务的特殊性和基本内容

第二编　文学作品的分析

第一章　内容和形式

　　一　内容和形式的概念

　　二　内容的主导作用

　　三　形式的相对独立性和对内容的影响

第二章　主题和思想

　　一　素材、题材和主题

　　二　基本主题和小主题

　　三　主题的阶级性

　　四　主题的时代性

　　五　主题、思想的联系和区别

第三章　人物

　　一　人物是展开主题的动力

　　二　描写人必先熟悉人

　　三　描写人物的方法

第四章　环境（背景）

一　　环境的概念

　　二　　社会环境与人物描写

　　三　　氛围与人物描写

第五章　故事（情节）

　　一　　人物、环境与故事的关系

　　二　　故事的单位——场面

　　三　　故事的基本因素

　　四　　故事的基本因素的省略和倒置

第六章　结构

　　一　　结构的概念

　　二　　结构中的非故事的因素

　　三　　结构对于体裁的从属性

　　四　　结构的要点

第七章　文学语言

　　一　　语言是文学的材料

　　二　　文学语言的概念

　　三　　怎样提炼文学语言

　　四　　文学语言在人民语言文化发展中的意义

　　五　　人物的语言和作者的语言

　　六　　文学工作者应下苦功学习语言

第三编　文学的种类

第一章　诗歌

　　一　　诗歌是最初的和最基本的文学样式

　　二　　诗歌的特征

　　三　　诗歌的分类

　　四　　中国新旧诗的重要体裁及其特点

第二章　戏剧

一　戏剧的特征
　　二　戏剧的种类
　　三　戏剧的文学要素——剧本
第三章　小说
　　一　小说的特征
　　二　小说的叙述方式
　　三　小说的分类
第四章　散文
　　一　散文的范围和特征
　　二　报告文学（速写、特写、文艺通讯）
　　三　传记、游记及其他
第五章　人民口头创作
　　一　人民口头创作的特征
　　二　人民口头创作的价值
　　三　人民口头创作的种类

第四编　创作方法
第一章　对于创作方法的一般理解
　　一　创作方法和世界观
　　二　基本的创作方法
　　三　创作方法的继承和革新
　　四　创作方法与文学的风格、流派
第二章　古典主义
　　一　古典主义的历史环境
　　二　古典主义的主要特征
　　三　古典主义的发展和演变
　　四　古典主义的局限性
第三章　浪漫主义

一　　浪漫主义的历史环境
　　　二　　浪漫主义的主要特征
　　　三　　浪漫主义的进步性和缺点
　第四章　批判的现实主义
　　　一　　批判的现实主义的历史环境
　　　二　　批判的现实主义的主要特征
　　　三　　批判的现实主义的价值和局限性
　第五章　社会主义现实主义
　　　一　　社会主义现实主义产生的思想基础和社会基础
　　　二　　社会主义现实主义的基本特征
　后记

　　仅从目录上就可以看出，与任何时代的任何作家作品一样，该著也脱离不了它所产生的时代，打上了深深的时代的烙印，比如强调"唯物论与唯心论的斗争"，强调文学的阶级性、党性，等等，都是那个时代的特点。但是，该著不仅从总体上建构了一种新的文艺理论框架，有着开局面的创新性；在具体的立论和阐述时，更有着鲜明的个性特色，体现出作者对文学自身规律和特征的认识，颇多真知灼见。著者不满足于从定义出发空谈理论，而是结合古今中外文学名著中的典型例证，特别是结合中国文艺的历史和现状进行论述，突出民族特色；并且从文艺创作的实际出发，独立思考，探究文艺的内部规律、特殊规律，很能令人信服。比如讲典型，提出"写真人真事是通向创造典型的道路"，"选择比较具有典型意义的真人真事而又加以集中、生动的描写，一方面可以及时地反映生活，教育人民；另一方面，对于初学写作的人，也应该是一种必要的练习，是一条提高的途径"。"当然，并不是所有的人和事都是很典型的。所以写真人真事，并不等于无选择地、自然主义地记录生活现象。作者必须在现实生活中经过深入的观察，发现在一定人物和事件中鲜明地、深刻地体现着的一定生活的本质和特征，再加以生动而集中的描写"。更值得称道的是,该著本着求真求是的精神,深入地探究文艺的特殊规律,写出了不少当时人没有写出或不敢写出的东西,如第一编第五章第五节的小标题就是"反对对文学的党性作庸俗化的理解",指出对文学的党性庸俗化理解的几种倾向:"一种是把党性仅仅表现在作者或主人公的宣言上,在作品中堆砌'党性'、'社会主义'之类的字眼";"另一种庸俗化的理解是:只有描写了共产党员的作品才算有党性";"更有害的庸俗化理解是:只有党员作家才能表现党性,从而把党的作家和非党作家对立起来"。指出,"其实,作品有无党性,不仅表现在描写什么,而且主要表现在怎样描写","不管是党的作家还或非党的作家,只要愿意为社会主义建设服务,愿意继续不断地学习马克思主义和深入工农兵的斗争生活,都可以写出在不同程度上具有党性的作品。这因为文学的党性是从典型的艺术形象所反映的生活真实上表现出来的,是从作家自觉地、忠诚地维护人民利益、维护社会主义事业的态度上表现出来的,而不是从作家的身份上表现出来的"。在当时文艺界一味强调文艺的阶级性、党性,强调文艺为政治服务的大背景下,这样的观点是很需要勇气的。同时,该著在谈阶级性之外又大谈文艺的人民性、民族性,乃至全人类性;谈文艺为政治服务的同时又大谈文艺的认识作用、教育作用和审美作用;谈世界观指导创作时又谈文艺创作要用形象思维、形象大于思维、世界观有时与创作方法相矛盾;甚至,还写出了这样的观点:"写共产党员也可以写缺点"。这种在当时被认为是"离经叛道"的东西使作者此后若干年中吃尽了苦头。

《文艺学概论》出版以后,产生了广泛而深远的影响。当时许多的大学中文系师生、文学爱好者、中小学教师,对文艺理论方面的许多问题感到茫然,就是从这本书中得到了启示。30年以后,还有人撰文回顾评论:甘肃社会科学院文学研究所的杨忠先生这样回忆:"因喜爱文学,想找这方面的书看,别人给我一本苏联毕达可夫的《文艺学引论》,我越读越糊涂,越乏味。后来从别人处借了一本北大的文学概论讲义,仍然读不下去。有一天,在甘谷县城新华书店见到了您的书,买了一本带回家。

一读,立刻被吸引住了,每晚读至鸡鸣,并记了详细的笔记。正是这本书激发了我的求知欲,引我走入文学殿堂的。也是它,唤起了我决心求学的上进心,与1963年自学考入西北师院中文系。我的文学概论课老师陈涌问我为什么要上中文系,我说是您的《文艺学概论》吸引我爱上了文学,想上中文系深造。1965年我被选为全国青年作家代表大会代表,在北京出席会议,老舍问我为什么爱上文学,我回答是读了您的《文艺学概论》。那时,我是个写小说的,有些小说被翻译为英、日等文,被人民文学出版社收入集子。您的书,不只给我知识,还指导我当时的创作。由于我本身的特殊经历,对您的书有特殊的感情。也是从我的切身体会中认识到您的书是中国化的《文艺学概论》,通俗易懂,引人入胜,既有理论价值,又有指导创作的实用价值。1985年我应邀给甘肃教育学院讲授文学理论课,将您的书给学生介绍了几十分钟,说它开了中国化文学理论的先河,是现代的《文心雕龙》。"[1]文艺理论家张炯先生指出,该书"对文学艺术作为审美意识形态的各方面的特征与规律,作了较为全面和深入浅出的论述,这对于指导广大作家和文学爱好者进行创作,起了不容忽视的作用"[2]。浙江师范大学陈志明教授撰文指出:"《文艺学概论》不仅开了建国以后国人自己著述系统的文艺理论教科书的风气之先,而且发行量大,加之其前已作为交流讲义与函授教材流传,影响及于全国,大学师生、文艺工作者与文艺爱好者,不少就从中得到教益,受到启发";"不少50年代后期和60年代前期的大学中文系学生,其中有些今天已成为专家,还不忘《概论》在当年如春风化雨般给予他们心灵的滋养"[3]。

这部专著之外,在20世纪50年代至60年代,因为主要教文艺理论课程,围绕教学的需要,霍松林先生这一时期还写过不少文艺理论方面

---

[1] 杨忠《关于两首新诗的第二封信》,收入霍松林《青春集》附录,西安出版社2007年8月出版。

[2] 张炯《毛泽东与新中国文学》,《文学评论》1989年第5期。

[3] 陈志明《霍松林的文艺理论研究述评》,《人文杂志》1988年第2期、第3期。

的论文,如《关于典型问题》(《新建设》1955年3月号),《关于典型问题的商榷》(《新建设》1955年6月号、7月号),《试论形象思维》(《新建设》1956年5月号),《诗的形象与诗人》(《延河》1957年5月号),《创造性的继承传统、大力发展革命现实主义和革命浪漫主义相结合的文艺创作》(《延河》1958年8月号),《论文艺风格的多样性》(《思想战线》1962年2月号),等等。这些论文,大都收在了此后出版的《诗的形象及其他》(长江文艺出版社1958年出版)、《文艺散论》(中国社会科学出版社1981年出版)两本论文集中。

  这些论文,都有着十分鲜明的观点,体现着作者对一些重大理论问题的深刻见解,尤其是1956年发表的《试论形象思维》一文,与《文艺学概论》关于形象思维问题的阐述互相发明,就形象思维问题做了具体、集中、深入的论述。文章分为三个部分:一、形象思维和逻辑思维的共同性;二、形象思维的特殊性;三、世界观在形象思维中的作用。指出形象思维有其独具的特殊性,"如果说科学的对象是某一物质运动形式的规律性,是某一社会生活方面的规律性,那么,艺术的基本对象就是人,人的生活、活动和斗争"。"形象思维和逻辑思维的主要区别,在于后者通过概念的形式表述认识现实的结果,而前者通过形象的形式体现认识现实的结果。逻辑思维是经由具体而走向抽象,形象思维则并不离开具体,而正是通过具体来显示抽象;逻辑思维是舍弃个性以建立普遍性的公式、规律、定理或社会理论,形象思维则并不舍弃个性,而正是通过个性鲜明的典型形象,揭示一定社会力量的本质及其规律性。具体地说,逻辑思维是从一切具体感性的因素中理出事物的本质,舍弃一切具体感性的因素,用概念的形式表述事物的本质;形象思维则不但保留、而且选择那些明显地表现出某种社会历史现象的一般本质的感性因素,并把它们集中起来,创造典型的艺术形象"。"通过具体的、个别的东西揭示本质的、一般的东西,这是形象思维的特殊规律"。据此,批评了那种不认识形象思维的特殊性,用逻辑思维代替形象思维因而"创作"出公式化概念化的作品的错误倾向。文章的最后一部分,从艺术家观察生活的关注点、选择、概括和研究、评价生活事实的过程等方面着笔,指出:"世界观制约着形象思维的全部过程","形象思维是一个观察、研究、评价、选择、概括生活事实,创造典型形象的复杂过程。在这个过程的各个阶段上,艺术家的世界观起着决定性的作用"。

这些观点,甚至论题本身,在当时是闯入了"禁区"的,也给作者数年后的生活埋下了祸根。

如果说上一篇文章重在理论阐述的话,1957年发表的另一篇论文《诗的形象与诗人》则是理论与实际相结合,更多的用作品的实例来说明作者的观点。作者不同意当时的一种流行趋势,即把抒情诗的形象简单地归结为诗人的"自我形象"的说法,他的观点和依据是:"抒情诗的形象的源泉是激动诗人的客观事物,客观事物是各种各样的,因而抒情诗的形象也是各种各样的。""诗的形象不能不表现诗人的思想感情,而诗人又是社会的人,他的思想感情是他自己的,同时也是有社会性、典型性的,从这一点上说,认为某些诗的形象就是诗人自己,也是不妥当的。其次,就诗的构思实质来说,即使是最单纯的抒情诗,也不妨碍想象的飞跃和艺术的概括。诗人可以依靠想象的帮助,虚构某种境况;也可以改造、概括自己和旁人的生活事实、此处和别处的自然景物,使其更便于表现某种思想感情;这样创造出来的诗境,当然是典型化了的。因而说抒情人物是诗人自己或别的什么个别的人,也是不正确的。"为了清楚明白地说明自己的观点,霍先生举了许多中外名篇的例子,即便是用第一人称写的诗如白居易的《重税》,其中写道"夺我身上暖,买尔眼前恩";张俞的《蚕妇》,其中写道"昨日入城市,归来泪满巾";李白的《春思》,其中写道"当君怀归日,是妾断肠时"。这些诗篇,虽然字面上有"我",但面对读者倾吐情感的并不是诗人自己,而是农民、蚕妇和思妇。国外的作品如海涅的《西利西亚的纺织工人》,诗中的"我们"也不是海涅,而是西利西亚的纺织工人的集体形象。更典型的是杜甫的《春望》,如果认为诗中的抒情人物就是杜甫,当然也可以。"但更准确地说,那是个典型,他的环境也是典型化了的。……比如'城春草木深',不过是写城郭寥落、人迹稀少,事实上,长安的春天,草木是不会很深的。'白头搔更短',不过是表现忧时念乱的情感,事实上,当时杜甫才四十多岁,头发即使白而且稀,但不管怎么'搔',未必就稀到'不胜簪'的地步(他在两年以后写的《同谷七歌》中还有'白头乱发垂过耳'的句子)";再如莱蒙托夫的诗"在日午的炎热下,在达吉斯坦的幽谷里,胸膛里中了子弹,我躺着,静止地……"虽然也是用第一人称写的,就更不能把他看成是诗人自己的"自我形象"了。通过这样的举例分析,就很有说服力地证明了自己的观点,得出"诗的形象是生活的客观和诗人的主观的统一体"的结论。我们不妨将此文第五部分的结论抄录如下:

  概括地说:诗的形象是生活的客观和诗人的主观的统一体。把任何一方面绝对化都是错误的。……我们不同意把诗人和他的作品之间的关系一刀两断的做法,诗的形象中总是表现了诗人自己的东西的,因而"诵其诗",就可以"知其人"、"论其世"。但是诗的形象本身又是有典型性和客观意义,因而用对诗人的评价代替对他的作品的评价,也不是实事求是的办法。如何把作品和诗人及其时代背景联系起来,而又不犯用对诗人和时代背景的分析代替对作品本身的分析的错误,这正是我们应该继续研究的问题。

  这里,有必要费一些笔墨,回顾一下20世纪中国文艺理论界关于形象思维问题的两次大论争中的一些重要细节——关于这两次大论争,参与的学者多,发表的论著多,对其经过及其观点功过等做总结及评价,本部《评传》难以胜任,也不是本《评传》的任务,我们只是回顾一下一些不可回避的重要细节。

  20世纪50年代,或许是受几年前苏联对"形象思维"之论争的影响(此前一个时期,《文艺报》发表过一系列前苏联学者讨论形象思维的文章),又或许受了毛泽东主席"百花齐放、百家争鸣"指示的鼓舞,国内一些学者开始就"形象思维"问题发表学术研究论文,比较早的论文有霍松林《试论形象思维》(《新建设》1956年6月号;另,霍先生初稿完成于1953年、最终出版于1957年的《文艺学概论》也设专节谈了形象思维问题)、陈涌《关于文学艺术特征的一些问题》(《文艺报》1956年第9号)等。稍后又有李泽厚《试论形象思维》(《文学评论》1959年第2期)等论文。相关的几部专著有蒋孔阳《论文学艺术的特征》(新文艺出版社,1957年)、山东大学中文系编《文艺学新论》(山东人民出版社,1962年)、以群主编《文学的基本原理》(上海文艺出版社,1963年)等。这些论著,大都是肯定形象思维的,而是具体理解上又有所不同;还有一些否认形象思维的论文如《论文学艺术的特性》(《文学研究》1957年第4期)。尽管观点不同、理解有异,但总的来说基本上都是学术探讨的范围。

可是,到了1966年,中共中央机关刊物《红旗》杂志第5期发表了署名郑季翘的文章《在文艺领域内必须坚持马克思主义的认识论——对形象思维论的批判》。该文指出:"近年来,在我国文学艺术领域中流行着一个特殊的理论,这就是形象思维论"。该文给形象思维的定性是"一个反马克思主义的认识论体系,是现代修正主义文艺思潮的一个认识论基础",是"某些人进行反党、反马克思主义活动的理论武器","形象思维论,却正给一些否定马克思主义和党的领导的人们提供了认识论的'根据',起了很坏的作用"。文章指出:"为了保卫马克思主义的认识论,捍卫毛泽东思想和坚持党的文艺路线,对形象思维论进行彻底的批判,扫清形象思维论著者散播的迷雾,应该是思想战线和文艺战线上一个重大的战斗任务。"

郑季翘先生的这篇文章,态度明确地点名批判了霍松林先生的《文艺学概论》等论著中有关形象思维的观点①。对霍先生的观点和论述,

---

① 郑季翘的文章除过点名批判霍先生的观点之外,还点名批判了以群主编的《文学的基本原理》(上册)、山东大学中文系文艺理论教研室编著的《文艺学新论著》(修订本)、蒋孔阳的《论文学艺术的特征》、李泽厚的《试论形象思维》等论著及其观点。

不止一次地引述和批判。甚至扣上在当时那个年代极其吓人的大帽子,如:

霍松林同志说:"总之,形象思维是用形象来思维的。"总括起来,所谓属于理性认识阶段而和逻辑思维对称的形象思维,就是不用抽象、不用概念、不依逻辑规律,而是用形象来进行的思维。

霍松林同志说:"在形象思维的整个过程中,抽象化和具体化是统一的,不应该先抽象出赤裸裸的'主题思想'然后再将它具体化。"有的人则说:"作品的主题,是作品写成后,由批评家给分析出来的。"必须指出,这种不要先有主题思想的文艺创作论,在不久以前,在不少文艺工作者当中,还是一种子选手时髦的理论哩!

所谓形象思维论,就是在文艺领域中反对毛泽东同志的这个论点的。为了更清楚地说明这一点,我们再引霍松林同志的一段话:"有些人认为不论是逻辑思维或形象思维,在将'丰富的感觉材料'进行'改造制作'的方法上并没有什么区别。那就是:逻辑思维是从具体到抽象,'造成概念和理论的系统';形象思维也是从具体到抽象,形成抽象的主题思想。在他们看来,形象思维不同于逻辑思维的只是它在形成抽象的主题思想之后,还需要给这种抽象的主题思想制造形象的外衣。显而易见,这种说法是错误的,是有很大的危害性的。按照这种说法,必然会在创作的一定阶段上用逻辑思维代替形象思维,其结果是产生公式化概念化的作品。"形象思维论者反对在文艺领域中运用《实践论》中所阐述的普遍的认识规律,竟然达到如此狂妄的地步!

这篇文章,大量引用马克思、列宁、毛泽东的语录,长篇大论。作者的初衷,或许是一个忠诚的马克思主义者想就形象思维问题发表一下自己的学术见解。然而,由于作者的身份是一个省的文教书记,不久又升迁做了短暂的"中央文革小组"成员,政治地位极高;更主要的是,《红旗》是中共中央的党刊,它的声音一般都代表着中央的态度。因此,此文一出,不是以一种学术上的总结而是以一种政治的声音终结了这场持续10年之久的学术讨论。而且,形象思维问题因此成了一个政治问题,成了一个理论禁区,曾经主张形象思维的有些学者也因此而备受折磨,霍松林先生更受到长期的残酷迫害,株连全家。

11年之后,1977年12月31日,中共中央机关报《人民日报》以整版的篇幅发表了已故毛泽东主席给陈毅谈诗的一封信的手迹。这封信写于1965年7月21日,信中三次提到了"形象思维",指出"诗要用形象思维"。这时的中国,人们对毛泽东主席还是奉若神明。所以,该信一发表,便引发了强烈的冲击波。而这一冲击波,客观上成了一次思想解放运动的先声。

于是,1978年元月起,文艺界和学术界各种报刊竞相转载这封信,且纷纷开设专栏,发表关于形象思维的文章,组织相关学习讨论会。于是,开始了声势浩大的第二次关于形象思维的论争,这次论争的时间,也将近10年(到1986年前后渐趋消歇),其声势、规模等方面,都远远超出了20年之前的第一次论争,仅1978年元月份发表的文章就超过了此前第一次论争10年中发表文章的总和,人们称1978年为"形象思维年"。

这一时期的学术论文,大都是就"形象思维"本身做探讨,也有少量文章有针对性的辩论:1977年12月31日,《人民日报》在刊出毛泽东给陈毅谈诗信手迹的同时,也刊登了孟伟哉的一篇文章《澄清关于形象思维的理论是非》,文章明确指出,20年前郑季翘发表于《红旗》上的那篇文章"实际上和林彪、江青制造的所谓'黑八论'一起,都成了'文艺黑线专政'论的支柱,理论工作者和广大文艺工作者被压得不能动弹"。接着,孟伟哉在《社会科学战线》1978年第1期发表《关于艺术创作中的形象思维问题》。在文章的"附记"中,作者指出,这"是一篇旧稿,写于一九六五年八九月间,严格说来,只是一篇初稿。当初写这篇文章,是准备参加形象思维问题的讨论,首先是与郑季翘同志讨论","这次发表,对原文未作修改"。作者在 1978 年第 3 期《解放军文艺》上又发表了《形象思维二题》。据作者称,"它实际上是《关于艺术创作中的形象思维问题》一文中两个段落的修订稿"①。此外,资深学者蔡仪先生在《文学评论》1978 年第 1 期上发表了《批判反形象思维论》一文。在这篇文章中,作者明确地反对"反形象思维论"者。文章虽然没有直接点名,只称"反对者"、称"他";然而对"他"的引文出处却明确注明"《红旗》1966 年第 5 期",读者一看便知其所指。

第二年,1979 年,《文艺研究》第 1 期(创刊号)上,两次论争的另一方关键人物郑季翘发表了《必须用马克思主义认识论解释文艺创作》的长文。文章分三个部分:一、还历史的本来面目;二、根本的分歧在哪里?三、坚持用马克思主义认识论解释文艺创作。

在第一部分中,作者主要从政治上为自己申辩,作者首先下结论说:"有的同志却曲解毛主席关于形象思维的论述,为自己过去宣扬的错误理论'形象思维论'进行辩解,并进一步发挥其错误思想,甚至歪曲我在文化大革命前写作和发表《在文艺领域里必须坚持马克思主义认识论——对形象思维论的批判》一文的事实真相,硬把它和'四人帮'拉在一起来批判,这是很不应该的。"

接着,作者点出了《诗刊》,"《诗刊》记者在《学习〈毛主席给陈毅同志谈诗的一封信〉座谈会纪要》的报道中说:'陈伯达、江青之流……利用一篇否定形象思维的错误文章……并于一九六六年四月把它强行发表。他们明明知道毛主席是肯定形象思维的,却把形象思维说成是一个反马克思主义的认识论体系',是'现代修正主义文艺思潮的一个认识论基础','肆无忌惮地大肆批判形象思维论'"。作者说:"《诗刊》记者由于不了解我当年批判形象思维论经过的情况,所以就作出不合于历史真实的报道。"接着,作者又指责"有的同志"把他那篇文章和"四人帮"的"黑八论"联系在一起,"成了'文艺黑线专政'论的一个组成部分"

---

① 孟伟哉《致郑季翘同志的公开信》,载《文艺研究》1979 年第 2 期。

(按,指孟伟哉和《人民文学》1978年第1期),是一种"不实之词"。

当时,正值深入揭批"四人帮"的关键时期,政治上的"站队"可以决定一个人的命运乃至生死,郑季翘急于洗清自己和"四人帮"的关系,是可以理解的。为了更进一步解释清楚,作者说:"我是东北局决定作为东北大区的代表参加中央文革小组的。'四人帮'及其爪牙不择手段地对我进行排斥和打击,把我驱出中央文革小组。吉林省委前主要负责人参与'四人帮'篡党夺权阴谋活动……对我横加诬陷和迫害,长期使我失去工作权利,则是有目所共睹的。"

为了使自己的说明更有力更充分,郑季翘还披露了一些1966年文章发表时的内幕:"一九六四年十月我将修订稿送《红旗》杂志编辑部,并同时报送当时中宣部的各部长。一九六五年十月,在当时中央宣传部副部长周扬同志主持下,为我那篇文章召开了两天的座谈会";"周扬同志在座谈会上也说:'形象思维确实讲得很普遍,我们现在要用马克思主义来解释文艺创作现象。'"进一步,作者抬出一位更重要的人物:"需要说明一下毛主席对我那篇文章的态度。一九六六年三月二十日,毛主席在杭州召开的政治局扩大会议上的讲话中,对我那篇文章给予了鼓励和肯定。毛主席说:'吉林省的一个文教书记有篇文章,对形象思维论批判,写得好。'凡是参加这个会议和听到传达的同志都知道这个事情。"

郑季翘文章的第二部分《根本的分歧在哪里》,着重复述并坚持其20年前的观点,没有太多的新创,但理论的探讨还是主要方面的。这一部分,点出了前述蔡仪先生1978年新发表的文章(同蔡仪先生的文章一样,这里也没有直接点出作者名字,称"有的同志",但出处明确注明了蔡仪的文章),说其"实在是一种昧于马克思主义的认识论的偏见"。同时,旧事重提,再次提到了他20年前《红旗》杂志文章中提到的霍松林、以群、蒋孔阳、李泽厚等人的文章,又加上了一个周扬,说这些"形象思维论者""违背了马克思主义的所阐明了的人类认识的基本规律",所以,"这种分歧的实质,就在于是否用马克思主义的认识论来解释文艺创作"。

郑季翘文章的第三部分《坚持用马克思主义认识论解释文艺创作》，在理论讨论之外，比第二部分有了更多的火药味，点名批评了浦满春先生发表于《红旗》1978年第2期的文章《形象思维探讨》，尤其重点批评了孟伟哉，说他"露骨地歪曲《实践论》的基本观点，把抽象的思维排斥于认识的总规律之外"，"任意地篡改马克思主义认识论的基本概念的内容"，"用他自己的提法冒充毛主席在《讲话》中的提法"，"强加给毛主席的纯属他自己的提法，则是莫名其妙的东西"。

总之，郑季翘的这篇文章，一方面是为自己辩白，另一方面是复述其20年前的观点，进行理论上的探讨。作者对众多反对者的"不实之词"极为反感，认为"很不应该"、"不实事求是"，"这种蓄意违反事实，陷人以罪的做法也是很不正常的"，"某些同志企图以曲解毛主席给陈毅同志的信来为'形象思维论'辩护，是徒劳的"，"有的同志把我和'四人帮'联在一起……俨然成了一个政治问题"。字里行间，依然有些政治斗争年代习惯性的提法和字句。

《文艺研究》第1期发表了郑季翘的文章之后，紧接着的第2期就发表了孟伟哉的《致郑季翘同志的公开信》。

《公开信》首先声明："我不能完全赞同你关于'历史的本来面目'的叙述，因为你的叙述是不完整的。例如，关于毛泽东同志对你文章的评价，是不是仅仅如你所说的那样？又是在什么背景和条件下讲的呢？应该怎样完整准确地理解呢？"

有趣的是，又过了20年之后的2009年，笔者查阅相关资料，在互联网上读到2008年12月27日《文汇报》署名舒展的文章《由钱钟书译作想起的》。稍后的2009年1月17日该文又以《形象思维的功与罪》为题发表在《今晚报》今晚副刊上，内容相同，文字略有差异。文章也谈到了这一段历史趣事，对郑季翘说的毛泽东表扬他的话深表怀疑，"征诸中央可靠的出版文献。《毛选》第五卷和《建国以来毛泽东文稿》（总共十二册），在1966年1月到1969年共三年的文稿中，没有看到郑季翘透露的在杭州举行的政治局扩大会议上表扬他的话"。另外,陈晋主编、广东人民出版社 1996 年出版的《毛泽东读书笔记解析》中有毛泽东的这样两段话:一段说:"东北郑季翘反对形象思维说。文学要形象,不能搞抽象。——摘自毛泽东 1966 年 3 月 20 日在杭州的一次小型会议上的谈话";另一段说:"郑季翘同志的驳形象思维论的文章,不大好懂,没看完。最后一部分,要把历史搞清楚:别林斯基来源于谁?斯大林时期究竟怎样?是不是那位女作家开的头?——摘自毛泽东 1966 年 3 月 30 日在上海西郊的一次谈话。"并解析说:"看来,毛泽东明显是不同意郑季翘的观点的。他说'不大好懂,没看完',其实就是一种态度";"(毛泽东)对这个时候出现的'形象思维论是出于修正主义者的需要'这一说法,却不置一词,还明确表示'文学要形象,不能搞抽象',这说明他对形象思维的肯定是相当坚定的。"

现在看来,这一细节本身已成了过眼云烟,毛泽东到底赞同谁而反对谁的观点已不重要。但重新回视对这些细节的争论,也是一种很有意思的事情,也让我们感到要了解历史的真相会是多么的困难。

孟伟哉的《公开信》接着说:"假使要叙述那一段历史的话,我以为,你至少还应该提一下你一九六六年四月和同年八月六日分别发表于《红旗》和《人民日报》的文章的社会效果;你至少应该提到,你的那些文章造成了'始料所不及'的后果,使文艺界许多赞成形象思维的同志吃了苦头,或者说,是曾经他们吃苦头的'因素'之一。"针对郑季翘称自己当初发表于《红旗》上的文章同"文艺黑线专政论"没有关系,"因为'文艺黑线专政'论是江青伙同林彪一九六六年二月在上海炮制的",《公开信》指出,在 1966 年 8 月 6 日,也就是江青伙同林彪炮制"文艺黑线专政"论六个月之后,郑季翘又在《人民日报》发表了所谓"彻底清算罪行"的长文,并在这篇长文中"归纳"了所谓"十大罪状",而第十个大罪状,就是所谓"宣扬形象思维论,反对毛主席的《实践论》"。所以,《公开信》指出:"当初,不是别人,首先是你,把形象思维这个学术问题,搞成了严重的政治问题。据我看,你的两篇文章至少是适应了'文艺黑线专政'

论炮制者的客观要求,而由于你当时的身份,由于你文章的调子,由于你发表文章的特定背景和时机,你的文章在当时实际上成了一种政治根据和很大的政治压力,致使许多同志因为赞成过形象思维而被揪斗,被迫害,这些你真的毫无所知吗?"

针对郑季翘第二篇文章中所说1965年周扬主持的中宣部为他第一篇文章所开的座谈会的回忆,当时(1965年)在中宣部工作的孟伟哉也指出,参加那次会的"几乎所有的人,包括除你而外那些不赞成或不大赞成形象思维的人,都不同意把形象思维说成是'反马克思主义'理论,不赞成给形象思维戴'修正主义'帽子……希望你从学术上来谈自己的观点,不要把这种讨论归结为政治问题。你对大家的建议和希望全然听不进去,说你坚持自己的观点并坚信自己的观点符合毛泽东思想,闹得局面尴尬,不欢而散";"你在文章中说周扬同志在会上讲过如你所引的那样的话,据我的记忆,那是不完全、不确切的。按自己的需要断章取义地引用一种内部谈话,我认为这种作风是不好的。"

总之,这是一篇火药味极浓的回击文章,感情极为强烈,很有气势。

霍松林先生是国内最早讨论形象思维问题的学者之一。1956年发表的长篇论文《试论形象思维》以及《文艺学概论》中有关形象思维的论述,在国内引起过强烈反响。也正因为这些论述被郑季翘先生的文章点名批判,霍先生此后若干年深受迫害,几遭灭顶之灾。1978年1月开始,形象思维已不再是禁区,有那么多人参与讨论。而且,郑季翘的第二篇文章再次提到了霍先生的观点并加以批判。在这种情况下,霍先生又撰写了一篇长文《重谈形象思维——与郑季翘同志商榷》,发表在《陕西师大学报》1979年第4期上。这篇论文,以批谬纠偏的方式对形象思维问题继续深入论述。文章针对郑季翘《坚持用马克思主义认识论解释文艺创作》一文的三部分,也清楚地分为三个部分:一、怎样还历史的本来面目? 二、根本的分歧究竟在哪里? (一)究竟有没有形象思维? (二)主张形象思维,是不是等于"不用抽象,不用概念",传播"反科学的直觉主义、神秘主义理论"? (三)"主题先行",是不是现实主义的创作规律？三、怎样用马克思主义的认识论解释文艺创作？文章指出："几经思考，仍认为人类具有形象思维与逻辑思维两种既有共同性，又有特殊性，相互促进，相辅相成的反映客观世界的思维方式。而文艺创作，虽然离不开逻辑思维，但主要要用形象思维，正像科学研究虽然也用形象思维，但主要用逻辑思维一样。"

本文不仅从理论上做了大量的分析论述，还列举了古今中外大量文学名著的创作事例，如为了说明"形象思维是用形象来思维的"，霍先生举了许多名家名著的创作经验，包括屠格涅夫谈《父与子》创作的体验，福楼拜谈他写波娃利夫人这一形象的体会，汤显祖创作《牡丹亭》的情形，姚雪垠谈《李自成》创作的经验，梁斌谈《红旗谱》创作的过程，托尔斯泰谈《安娜·卡列尼娜》的创作体会，等等。这样，就有理有据，令人信服地解决了文艺理论中的一些重大问题。

毛泽东《给陈毅同志谈诗的一封信》发表以后，谈形象思维不再是禁区，但却出现了另一种趋向：不少人结合学习毛泽东的这封信谈论形象思维时，只强调比、兴而忽略甚至否定"赋"，认为诗只能"曲说"而不能"直说"，否定"以文为诗"。为此，霍先生先后发表了《从杜甫的〈北征〉看"以文为诗"》(《人文杂志》1979年第1期)、《诗的"直说"及其他》(《陕西师大学报》1979年第3期)，联系诗歌史上的大量事例，详析杜甫的名篇《北征》，指出：诗可以"直说"，形象思维并不能排斥"赋"。"以文为诗"、"以议论为诗"，可能写出"味同嚼蜡"的东西，也可以写出优秀的诗篇，杜甫的名作《北征》就是成功的范例，"诗人既发展了《诗经》以来诗歌创作中的赋的手法，又从《史记》等史传文学中吸取了丰富的创作经验，用来描写生活细节，刻画人物形象，展示人物复杂的内心世界。换句话说，就是'以文为诗'"。所以，霍先生得出结论："各种文艺样式，是既有特性，又有共性的；不是各自孤立，而是互相影响、互相渗透的。把诗歌的特点绝对化，把诗歌和其他文艺样式完全对立起来，是不符合文艺创作的实践的……吸收文艺性散文在章法、句法以及描写生活细节、刻画人物性格、展现人物内心世界等方面的长处，用以提高诗歌抒情达意、在更高的深度和广度上反映生活的能力,又有什么不好呢?"在"形象思维"之外的另一个方面阐述了文艺创作的特点与规律,表现了一位文艺理论家的卓越眼光和胆识。对此,诗人兼学者周笃文先生指出,《诗的"直说"及其他》一文,实际上是对当时"诗不能直说吗"、"形象思维等于比、兴吗"这些重大而敏感的理论问题"得出了准确、深刻而又极富新意的结论",并指出霍先生此文中引用李商隐的《夜雨寄北》一诗作为例证,"说明'四句诗明白如话,一口气说完,没有用比、兴,全是直说,然而又是何等深婉,何等含蓄不露?'这是我所看到的关于这个问题最辩证、深刻与完满的解释"①。

1982年,霍先生对他的名著《文艺学概论》重新修订,更名为《文艺学简论》,由中国社会科学出版社出版。新的《文艺学简论》分4编25章,具体章节如下:

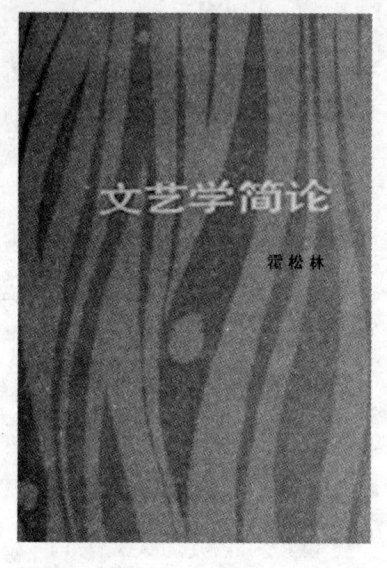

《文艺学简论》,1982年出版

第一编　文艺的特质

第一章　文艺与生活

第一节　文艺的对象

第二节　文艺源于社会生活

第三节　社会实践是文艺创作的基础

第四节　文艺高于社会生活

第二章　文艺的形象

第一节　形象是文艺反映生活的特殊形式

---

① 周笃文《霍松林〈诗国漫步〉序》,中国文联出版社2010年出版。

第二节 形象思维与抽象思维

第三节 赋比兴与想象思维

第三章 典型

第一节 典型环境和典型人物

第二节 典型环境是共性和个性(一般和个别、本质和现象)的辩证统一

第三节 反对自然主义、反对类型化

第四节 典型也是主观和客观的统一

第五节 艺术的虚构

第六节 典型不是统计的平均数

第七节 多样化的典型与英雄典型

第八节 批判"三突出"论,努力塑造好英雄人物的典型

第四章 文艺的民族风格

第一节 民族风格的因素

第二节 在阶级社会里没有统一的民族文艺

第三节 民族风格是一种历史范畴

第四节 社会主义内容、民族形式的文艺

第五节 反对民族主义和世界主义

第五章 文艺的人民性

第一节 人民性的概念

第二节 人民性的标志

第三节 古典文学人民性的阶级局限性

第四节 古典文学人民性的历史局限性

第五节 社会主义文艺的人民性

第六章 文艺的社会作用

第一节 文艺的认识作用

第二节 文艺的教育作用

第三节 文艺的审美作用

第四节 文艺的娱乐作用

第二编 文艺作品的构成
第一章 内容和形式
第一节 内容和形式的概念
第二节 内容的主导作用
第三节 形式的相对独立性和对内容的影响
第二章 题材和主题
第一节 素材、题材和主题
第二节 题材的多样性
第三节 主题的阶级性和时代性
第四节 基本主题和小主题
第五节 怎样分析作品的主题
第三章 人物
第一节 人物是展示主题的动力
第二节 描写人物的方法
第四章 环境(背景)
第一节 环境的概念
第二节 社会环境与人物描写
第三节 氛围与人物描写
第五章 情节(故事)
第一节 人物、环境与情节
第二节 故事的单位和基本要素
第三节 故事的基本因素的省略和倒置
第六章 结构
第一节 结构与情节的联系和区别
第二节 结构对于体裁的从属性
第三节 结构的要点

第七章　文学语言
第一节　文学语言的概念
第二节　怎样提炼文学语言
第三节　人物的语言和作者的语言
第四节　文学工作者应下苦功学习语言

第三编　文学的种类
第一章　诗歌
第一节　诗歌是最初的和最基本的文学样式
第二节　诗歌的特征
第三节　诗歌的分类
第四节　中国新、旧诗的重要体裁及其特点
第二章　戏剧
第一节　戏剧的特征
第二节　戏剧的种类
第三节　戏剧的文学要素——剧本
第三章　小说
第一节　小说的特征
第二节　小说的叙述方式
第三节　小说的分类
第四章　电影
第一节　电影的特征
第二节　电影的文学要素——剧本
第五章　散文
第一节　散文的范围和特征
第二节　报告文学（速写、特写、文艺通讯）
第三节　传记、游记和童话
第六章　人民口头创作

第一节　人民口头创作的特征
第二节　人民口头创作的价值
第三节　人民口头创作的种类

第四编　创作方法
第一章　对于创作方法的一般理解
第一节　创作方法和世界观
第二节　基本的创作方法
第三节　创作方法的继承和革新
第四节　创作方法与文学的风格、流派
第二章　古典主义
第一节　古典主义的历史环境
第二节　古典主义的主要特征
第三节　古典主义的发展和演变
第四节　古典主义的局限性
第三章　浪漫主义
第一节　浪漫主义的历史环境
第二节　浪漫主义的主要特征
第三节　浪漫主义的进步性和缺点
第四章　批判现实主义
第一节　批判现实主义的历史环境
第二节　批判现实主义的主要特征
第三节　批判现实主义的价值和局限性
第五章　社会主义现实主义
第一节　社会主义现实主义产生的思想基础和社会基础
第二节　社会主义现实主义的提出和它的基本特征
第六章　"两结合"的创作方法
第一节　社会主义现实主义——"两结合"

第二节 "两结合"创作方法的基本特征
后记

《文艺学简论》与25年前出版的《文艺学概论》相比,不仅章节调整了,具体的论述也更充分,举例也更多更恰当。比如谈诗歌的特征,《文艺学概论》引用了何其芳给诗歌下的定义来说明诗歌在内容和形式方面的特征:"诗是一种最集中地反映社会生活的文学样式,它饱含着丰富的想象和情感,常常以直接抒情的方式来表现,而且在凝炼与和谐的程度上,特别是在节奏的鲜明上,它的语言有别于散文的语言。"而《文艺学简论》则在这段引文之前又引了清人沈德潜《说诗晬语》和吴乔《答万季野诗问》中的两段文字并做了分析说明。沈德潜说:"事难显陈,理难言罄,每托物连类以形之;郁情欲舒,天机随触,每借物引怀以抒之;比兴互陈,反复唱叹,而中藏之欢愉惨戚,隐跃欲传,其言浅,其情深也。倘质直敷陈,绝无蕴蓄,以无情之语而欲动人之情,难矣。"霍先生解释说,这段文字的"要点是:通过'托物连类'、'比兴互陈'——通过形象思维,来创造诗的形象,以抒发诗的感情,达到言浅意深,含蓄蕴藉的艺术境界"而"'以无情之语欲动人之情,难矣'的论断,又明确提示了诗歌在社会职能上的特点:以浓烈的诗情,打动读者的感情。"吴乔谈诗歌与散文的一段话这样说:"二者意岂有异?唯是体制辞语不同耳。意喻之米,文喻之炊而为饭,诗喻之酿而为酒。饭不变米形,酒形质尽变。啖饭则饱,可以养生,可以尽年,为人事之正道;饮酒则醉,忧者以乐,喜者以悲,有不知其所以然者。如《凯风》、《小弁》之意,断不可以文章之道平直出之,诗其可以于世乎?"霍先生解释说:"他打了个比喻,来说明诗与文的区别:诗与文的材料是一样的,都是'意'。但如果把'意'比成'米'的话,那么写散文,就好比把米做成饭;而写诗,则好比把米酿成酒。读散文,就像吃米饭,能使人饱;读诗歌,则像喝美酒,能使人醉。……他这段话的主要意思是强调写诗的时候,要把诗的材料经过充分酝酿,使它具有浓郁的诗味,让读者读了它,如饮美酒,不知不觉地陶醉了,直陶醉得

'忧者以乐,喜者以悲'"。通过这样的引用加解释,使读者对诗的特点理解得更恰切、更具体,也更准确。

对《文艺学简论》,中国社会科学院文学研究所编著的《新时期文学六年》在总结新时期文艺理论的基本建设时这样评价:"论证扎实,例证丰富,对文艺内在规律的探讨颇见功力,也十分引人注目。"①

1988年,《人文杂志》第2期、第3期连载了浙江师范大学陈志明教授两万多字的长篇论文《霍松林先生的文艺理论研究述评》。该文全面总结概括了霍先生此前的文艺理论成就,文章一开始,就是这样几句总结性的评论:"50年代出版了一部广有影响的文艺理论教科书,60年代因为形象思维理论而遭到了几乎灭顶的批判,仅仅这样两点,就足以使建国以来的文艺理论批评史无法抹去霍松林的名字。"

---

① 《新时期文学六年》,中国社会科学院文学研究所编,中国社会科学出版社1985年1月出版。

七、专研古典文学

1954年,由于课程体系的调整,霍松林先生又开始教古代文学课,先从元明清文学教起。于是,霍先生又将主要的精力转回到古代文学的研究上来。

当然,这期间,霍先生并没有放弃诸如文艺理论等学科的研究,前文所述专著《文艺学概论》、《诗的形象及其他》,以及《关于典型问题》、《关于典型问题的商榷》、《试论形象思维》、《诗的形象与诗人》、《论文艺风格的多样性》等大量的文艺学方面的论文都发表于20世纪50年代至60年代。真正专心于古代文学的研究,那是"文化大革命"以后的

1955年古代文学教学大纲讨论会合影

事了。

　　需要提出的是，霍先生这一时期参与了国家关于中国古代文学教学大纲的讨论和编写。

　　1955年12月，教育部邀请全国少数高等师范院校文史两系的少数专家，在北京举行教学大纲讨论会。参与讨论的有李长之、启功、谭丕谟、施蛰存、马茂元、杨公骥、夏承焘、郭晋稀、石声淮、霍松林等先生。经过这次小型讨论会后，1956年暑假，更大规模的高等师范院校文史教学大纲讨论会便在北京西苑宾馆正式举行，参加讨论的学科、人数都有所增加，时间也长达50天左右。讨论会上，中国古代文学学科分为先秦两汉、魏晋南北朝、唐宋、元明清四个小组，各组有组长。霍先生是元明清组的组长，并与谭丕谟、杨公骥二先生同为大组的召集人。经过50天的讨论，制订了《古代文学教学大纲》。

　　由于刚开始教古代文学课程的几年，主要是教元明清文学。与之相配合，霍先生的学术研究也主要在元明清文学领域。为了讲好元曲的代表作《西厢记》，霍先生撰写了《金圣叹批改〈西厢记〉的意图》（发表于《光明日报》1954年5月21日《文学遗产》，收入人民文学出版社《元明清戏曲研究论文集》第2集）；又考察了《西厢记》的各种版本和书中难解的方言俗语，写成了《评新版〈西厢记〉的版本和注释》一文（发表于《文学遗产》增刊1955年第1辑），其中关于"掐"、"一弄儿"、"撒和"等十几个词语的解释，纠正了以往的误解，为此后的元曲注释者所采用。接着，霍先生完成了《西厢记简说》一书，由作家出版社1957年7月出版，印行32000册。1962年，又由中华书局印行10000册。这本书，自1957年以后一直是高校中文系的教学参考书，在社会上也拥有广大读者。

　　小说，是元明清文学的重要内容，所以，配合教学的需要，从1954年到1957年，霍先生又接连发表了多篇论文。《试论〈红楼梦〉的人民性》一文，发表于《光明日报》1954年3月27日《文学遗产》，后收入作家出版社《〈红楼梦〉问题讨论集》第4集。该文指出："总的来说，从对于社会矛盾的深刻的揭露上,从对于反面人物的无情的批判上,从对正面人物的新的思想、新的性格的热烈歌颂上,都可以看出《红楼梦》的人民性具有新的特点,它应该属于新的范畴。"《略谈〈三国演义〉》一文,发表于《语文学习》1954年11期,后收入作家出版社《〈三国演义〉研究论文集》。该文指出:"《三国演义》中的许多典型人物,其最初的创造者是人民大众","《三国演义》的作者是很善于'正确地表现出典型环境中的典型性格'的。那些真实的细节描写也不是孤立的,而是从属并统一于典型环境中的典型性格的正确表现的。所谓典型环境,是最充分、最尖锐地表现一定社会力量本质的环境,也就是社会矛盾的主要情势。《三国演义》是最大规模地描写封建统治阶级内部矛盾(也描写了统治阶级和人民的矛盾)的古典现实主义作品。它的现实主义精神就表现在善于从矛盾斗争的主要情势中描写人物,展开情节。"《略谈〈西游记〉》发表于《语文学习》1956年第2期,后收入作家出版社《〈西游记〉研究论文集》。该文指出:"和《水浒》、《三国演义》相同,《西游记》也是一部由伟大的作家在人民口头创作的基础上创造出来的优秀的古典作品"。"概括地说,《西游记》的基本思想是通过神魔活动的描写,暴露统治阶级的黑暗,通过孙悟空大闹天宫的描写,指出人民暴动可以打击统治者,迫使统治者让步,通过孙悟空'皈依正果'之后扫荡妖魔、为民除害的英勇斗争,指出在人民暴动迫使统治者让步之后,人民中的英雄人物应该用自己的力量铲除所有毒害人民的皇亲国戚、滥官污吏以及佛、道二教中的不良分子,使政治清明,人民安家乐业"。此外,这一时期发表的元明清小说方面的论文还有《谈〈儒林外史〉》(载《语文学习》1957年第10期。后收入中华书局上海编辑所出版《古典文学作品解析》下辑)等。这是中华人民共和国建国以后国内比较早地用新观念、新方法论述古典小说名著的论文,因而在当时便受到了学术界的重视,被作家出版社和中华书局分别收入各专题的论文集中。

关于唐人小说,霍先生在1956年5月20日的《光明日报》副刊《文学遗产》上,发表了《略谈〈莺莺传〉》,认为《莺莺传》是具有典型性的文艺创作,不应视为单纯的元稹自传。通过形象分析,并结合时代背景,指出该作品表现的是"情"与"礼"的矛盾,暴露了封建礼教的反动本质,为此后的许多研究者所接受。

1954年,霍先生还发表了一篇关于白居易的论文。该文和其他许多论文一样,既是霍先生学术研究的成果,也是他关注学术现状的产物。当时,有学者发表论文,认为"卒章显其志"是《诗经》的写作方法,是《诗经》以后现实主义诗歌创作的优良传统,白居易继承这一优良传统,主要是继承了"卒章显其志"的写作方法。为此,霍先生发表了《论白居易的写作方法》(《光明日报》1954年1月9日),指出:"'卒章显其志'和'首句标其目'一样,也说不上是《诗经》的写作方法,因为诗的'志'必须通过全篇'显'出来。""所以,正好像'首句标其目'不能算是《诗经》的写作方法一样,'卒章显其志'也不能算是《诗经》的写作方法"。而且,"卒章显其志"也不是我国现实主义诗歌的优良传统。文章透辟地分析了白居易创作方法的特点、弊端及其在中国诗歌史上的地位,指出"卒章显其志"并不是白居易成功的"写作方法",而是部分讽谕诗的败笔。最后指出:"诗应该'显其志',应该具有高度的思想性,但诗的思想性必须通过诗的形象表现出来",应该反对那些公式化、概念化的写作方式,反对有的诗人"不去创造足以表现诗的思想性的形象,只在一大篇苍白无力的描写或枯燥乏味的叙述之后安上一个思想性的尾巴"。这在当时全面肯定白居易讽谕诗的时代氛围中,是难得的新见。

1958年,霍先生还出版了《白居易诗选译》(百花文艺出版社1958年7月第1版,此后多次重印)。在20世纪50年代以前,《诗经》、《楚辞》的今译,已经有人做过,但唐诗的今译还很少有人问津。在这种背景下,霍先生除翻译过杜甫的一些名篇以外,着意翻译了白居易的诗作。本书精选白居易诗一百余首,按讽谕诗、闲适诗、感伤诗、杂律诗四类排列,分别编年,先列译诗,后附原诗及注释。诗后附译白居易的重要诗学论文《与元九书》,亦附原文及注释。书前有近三万字的前言,对白居易的生平、时代、作品、理论及其对后世的影响,作了介绍和评论。对唐诗作今译,在当时是一种有益的尝试。这一项工作,在以后的几十年中,仍有继续。

50年代后期,霍先生讲授宋代文学课程。当时学术界对宋代文学除肯定陆游、辛弃疾的部分诗词外,其余的都没有给予应有的重视。所以,霍先生撰写并发表了《西昆派与王禹偁》(《人文杂志》1959年第5期)、《论梅尧臣诗歌题材、风格的多样性》(《〈文学遗产〉增刊》第11辑)、《论苏舜钦的文学创作》(《〈文学遗产〉增刊》第12辑)等论文。这是建国后最早评论王禹偁、苏舜钦、梅尧臣并肯定其文学成就的论文,不仅在研究对象上是"新"的,而且具体的论述和观点甚至在此后二三十年中也是新的。如论王禹偁一文,明确勾勒了宋初"白体"、"昆体"、"晚唐体"三大派别的轮廓,指出"白体"诗人如徐铉、王禹偁、李昉等,都早于"昆体"的作者。在此文发表后的几十年里,由于几部流行的文学史教材都将"昆体"置于王禹偁之前,导致了学术界和高校的教学中一个长期存在的误解。这一误解直到20世纪80年代才逐渐被人们所纠正。关于苏舜钦和梅尧臣,霍先生在两篇论文中指出他们都是"以欧阳修为中心的诗文革新运动中的重要作家","对同时的许多作家起过启蒙作用";梅尧臣"以自己的创作显示了诗歌革新的实绩"。在"好诗已被唐人做尽"的情况下经过革新形成了独具面貌的"宋诗",且与"唐诗"并称,梅尧臣等功不可没。霍先生的这些论点,在当时也是"新"的,经得起考验的。关于宋代文学为什么只写三篇论文的问题,霍先生在1981年出版的《文艺散论》的《后记》里是这样说的:"当时有鉴于学术界对宋诗、宋词除肯定陆游、辛弃疾的部分作品而外,其余的都未给予重视,对宋代散文更少提到,因而不揣谫陋,打算写一部《宋代文学史》。但写完这三篇,就因为反对'厚古薄今'而无法写下去了。"这是令人遗憾的。不过这三篇论文,已有了开先河的意义。

1960年前后,霍先生还重点研究了一些重要的古典诗论专著,先后发表了《王若虚反形式主义的文学批评——论〈滹南诗话〉》(《〈文学遗产〉增刊》第7辑)、《论赵翼的〈瓯北诗话〉》(《〈文学遗产〉增刊》第9

辑)、《叶燮反复古主义的诗歌理论——论〈原诗〉》(《光明日报》副刊《文学遗产》1960年5月5日、12日连载)等论文。与夫人胡主佑教授合作,出版了《〈溽南诗话〉校注》(人民文学出版社1962年5月第1版,1963年5月第2版,此后多次重印)。该书列入《中国古典理论批评专著选辑》丛书,与《六一诗话》、《白石诗话》合订。书前有两万字的前言,对原著作了比较全面的评论。1963年,又出版了《〈瓯北诗话〉校点》(与夫人胡主佑教授合作,人民文学出版社1963年2月出版,以后又重印)。该书原著是清代著名学者、诗人赵翼的论诗专著,共12卷,对李白、杜甫、韩愈、白居易、苏轼、陆游、元好问、高启、吴伟业、查慎行等历代重要诗人作了精辟的评论,并附有陆游的年谱及有关考证资料,是历代诗话中的重要著作。霍、胡二先生以《清诗话》本为底本,用寿考堂、湛贻堂等《瓯北全集》本校勘、标点,并写了近万字的后记,对原著作了扼要评介。

　　就在霍先生精神抖擞、准备大展身手的时候,一场声势浩大的反对"厚古薄今"的运动开始了。再往后就是声势更大、席卷全国各个角落的"文化大革命"。霍先生的学术研究因此而中断。

八、劳改中的低吟

1958年,反对"厚古薄今"的大运动开始了。在学术界、在高等院校,没有什么人能躲过或逃避这场运动,从事古典文学教学与研究的人尤其如此。在当时的政治背景下,霍松林先生自己也不得不写了一篇文章来批判"厚古薄今"(《为什么厚古薄今,迷信古人》,《人文杂志》1958年第4期)。然而,他还是免不了被批斗了,而且是全校惟一的批斗对象。批斗的理由是:讲古典文学作品特别富有激情和感染力,把学生的爱好全吸引到古典文学方面来了,以致对现代文学不愿学;古典文学作品包含毒素,现代文学作品体现无产阶级革命思想;"厚古薄今"是资产阶级学风,其实质是资产阶级向无产阶级进攻。此后持续两年多的"批判修正主义文艺观点"运动,霍先生也是全校惟一的批判对象,又是全市的主要批判对象。此后,批判者根据霍先生的《文艺学概论》、《西厢记简说》、《诗的形象及其他》等归纳了"人性论"、"写真实论"、"世界观与创作方法矛盾论"等"黑五论",称之为"修正主义文艺体系",组织文章,印刷成册,集中批判。开始的时候,批判会上还允许申辩。到1961年夏天的一次批斗会则规模不同,参加批斗会的,有陕西师范大学中文系的师生,还邀请西北大学中文系的师生和西安文艺界、教育界数百人参加。这次批判会,霍先生被告知:"只能坐着听,不能起立申辩。"批判会一开始,主持人宣布:"向何其芳同志献礼!"于是中文系党总支书记捧上厚厚的两捆印刷资料。原来是何其芳先生从北京来了。批判者发完言后,校长请何其芳总结。何其芳先生就所批判的问题逐一发表意见。令人惊异的是,他每讲一个问题,都仿佛在复述霍先生《文艺学概论》的相关内容,让众人十分惊愕。若干年后,陕西师范大学中文系的另一位教授刘建国先生告诉霍先生,他当时正在北京的中国人民大学研究班学习。何其芳先生是这个班的授课教员。何先生从西安回到北京后见到刘建国,生气地说:"你们陕西师大真是胡闹!霍松林的《文艺学概论》分明是一部好书,却硬是批来批去,没完没了。面对上千名学生,不是向他们灌输正确的东西,而是颠倒是非,把正确的东西说成错误的东西,胡乱批判,这对学生会产生什么影响?"①

这一年,中共中央已经意识到了近几年工作中的一些偏颇。在1月份召开的八届九中全会上,制定了"调整、巩固、充实、提高"的八字方针。八九月间在庐山召开中央工作会议,讨论通过了《中华人民共和国教育部直属高等学校暂行工作条例(草案)》(简称"高教六十条")。1962年1月,中央在北京召开了扩大的工作会议(即"七千人大会"),对建国以后特别是1958年以后的经济工作作了系统的总结,肯定了成绩,严肃批评了"左"的错误,总结了经验。3月,周恩来总理在广州科学工作会议和戏剧创作会议上做了《关于知识分子问题》的报告,进一步阐述了党的知识分子政策,批评了1957年以后的"左"的倾向,重申我国知识分子绝大多数已是劳动人民知识分子。陈毅副总理在报告中对周总理的观点做了阐述,提出应该脱资产阶级知识分子之冠,加劳动人民知识分子之冕。在这种情况下,各种批判运动暂告停歇。1962年春天,学校党委按照上级的指示召开"甄别平反"会。在这次会上,校长说:"我们批判霍先生,演了一场《三岔口》,自己人打自己人。"在那种时代背景下,这已经是很不错的处理了。不想霍先生个性倔犟,竟然说:"自己人如果做出了该打的事,就要打。如果他没有'放毒'而硬说他'放毒'毒害学生,屈打成招,不招就继续打,大家打,打他好几年,最后以'自己人打自己人'一笑了之,而谁是谁非的问题却避而不谈,这对打人者和被打者都没有好处。"这句话,不仅让校领导十分尴尬,更触怒了在场的"闯将",从而又为以后"文革"中的生活种下了祸根。

---

① 参《霍松林影记》第30页。

1966年4月,《红旗》杂志那篇著名的批判形象思维的文章发表。5月,中共中央发出文化大革命的纲领性文件《五一六通知》,号召全党全国"彻底揭露那批反党反社会主义的所谓'学术权威'的资产阶级反动立场,彻底批判学术界、教育界、新闻界、文艺界、出版界的资产阶级反动思想"。中共西北局派工作组进驻陕西师范大学,组长宣布:"文化大革命的对象是'资产阶级反动学术权威',具体到陕西,就是霍松林。"于是,批判霍松林的大字报贴满了校园,霍先生自然受到了猛烈的批判,随后升级为批斗。

那时全国的批斗会一般有个常规的模式:批斗会一开始,主持人会宣布:"将××分子×××押进会场"。这时,便有几名壮汉押着批斗对象,腾腾腾地一路小跑押上主席台,让其面对着观众低头站下。这叫低头认罪,"只许你规规矩矩,不许你乱说乱动!"一般情况下,押解者还会手持长枪(枪膛里有无子弹不得而知),而被押解者一般都是用绳索五花大绑的。如果批斗对象只有一两个人倒还罢了,有时一次批斗若干人,那场面则是颇为壮观的。批斗过程中,一旦被批斗的对象有不服气或是不配合的表现,则会被"修理修理"(指暴打一顿),常常还会"坐飞机",有时更形象地称为"喷气式"(和人们在影视中经常看到的"坐老虎凳"类似的一种刑罚)。

1966年8月9日,全国各大报刊发表了中共中央《关于无产阶级文化大革命的决定》(简称"十六条"),指出"这次运动的重点,是整党内那些走资本主义道路的当权派"。在校的学生们明白了"十六条"指出的运动重点,指斥工作组和学校党委"抛出一只死老虎(指霍松林先生已被《红旗》点名点死)转移运动大方向"。于是,学校的重点转为揪"走资派",霍先生便被降为"走资派"的"社会基础",陪"走资派"挨斗、游街。不游街、不上批斗会的时候,便扫马路、扫厕所。而对他们的称呼,则一律称为"牛鬼蛇神"。

提起"牛鬼蛇神",不由得想到一则趣事。上海复旦大学有一位教授不幸也被打成了"牛鬼蛇神"。做学问出身的老先生,对一切事情都十分认真,对这一新的称谓有所不解,就问看管他的"红卫兵":"我到底是牛呀还是鬼呀还是蛇?抑或是神?"换来的自然是一顿暴打。

1966年7月,霍先生家被抄。万卷藏书、万余元存款、碑帖、书画、文物以及刚完成的30余万字的新著《三袁年谱》手稿和其他文稿、诗稿等,被突然破门而入的"东风红卫兵"抄掠一空。

稍后,"'牛棚'里的'棚友'越来越多,到了1968年'清理阶级队伍'的时候,增加到120人以上,各人戴个白袖章,上面书写的头衔五花八门。每逢集体游街,队伍浩浩荡荡,高帽子千奇百怪,十分壮观。比起一个人被揪斗的那阵子,精神上的压力小多了"。①

1969年冬天,霍先生全家被"战略疏散"到永寿县上营村,他本人随即被隔离审查,劳动改造。1970年夏天,转到泾阳农场劳改,开荒地,搬石头,拉架子车,由经常被别人"修理"变成了"修理地球",常常累得大汗淋漓。为了便于擦汗,把从初中时就留的分头剃掉了,成了一个光头。一旦劳动过程中累出了汗,随手一抹,倒也十分方便。

白天"劳动改造",干一天活,到收工时已经很累了,这时往往又要被带到"专案组",乘着疲劳时逼供,很晚才能回到窑洞中。这个时候,儿子霍有明常常靠着门框在等候。有时候,霍先生能按时正常回来,有明便十分高兴,说:"今天回来得还早。"霍先生便在劳累疲惫中得到一丝欣慰和温暖。吃完饭便检查儿子的学习,教他写字。有诗记其事曰:

雪暴风狂忆上营,窑中灯火倍温馨。
候门喜我还家早,阅课夸儿用力勤。
虎卧龙跳临晋帖,蟹行鴃语学英文。
裁诗问字无休歇,谈笑浑忘夜已深。

后来,儿子去陕南紫阳县,参加"三线"建设,在其16岁生日时霍先

---

① 《霍松林影记》第34页。

生寄诗曰：

> 洪炉三线炼纯钢，慷慨驱车赴紫阳。
> 髫岁离家怜稚弱，经年苦战喜坚强。
> 心向北京开电锯，胸怀世界握风枪。
> 出身难选路能选，换骨脱胎看导航！

若干年后，霍先生这样阐释这首诗："后两句是当时的口头禅，但在这里却表现了一位备受政治迫害的父亲对心爱的儿子所倾吐的复杂而沉痛的心情，有同样经历的人读起来，很可能会掉下眼泪。"[①]

霍先生在泾阳农场劳改三年之久，1970年冬天开始牧羊，继续"劳动改造"。每天的任务就是赶着成群的绵羊，漫山遍野地去放牧，当地人叫做放羊。关中地区放羊，其他季节尚好，只需每天勤勤快快地把羊赶出去，找到野草较为丰茂的地方，让羊吃饱就行了。到了冬天就苦了。冬天里地冻草枯，要早早地准备好干草，想办法让羊吃饱；要每天打扫羊圈，在天气好的时候晒一些干土用架子车拉回来，每天在圈里垫上一层土，盖住当天的羊屎羊尿。等圈里的羊粪积攒成了厚厚的一层，再把它清理出去，这可是不可多得的好肥料。那时候，野狼比较多，几乎每个星期都有野狼咬伤小孩或者牲畜的事情。有一天，一只病羊不幸被狼咬伤。灾难中的霍松林先生雪上加霜，"理所当然"地受到了重罚。到了春节，不许回家，只能呆在劳改的农场。天寒地冻，连水缸的上面，也结了一层亮晶晶的薄冰。一阵阵刺骨的寒风刮来，吹得窑洞墙壁上的蛛网瑟瑟抖动。这一年，按中国传统的历法，是狗年。霍先生有诗《狗年除夕》记其事：

---

① 霍松林《霍松林影记》第36页。

> 牛棚除夜拨寒灰，五十年华唤不回。
> 囊内钱空辞狗去，肠中脂尽盼猪来。
> 恶攻罪大犹添谤，劳改期长未换胎。
> 明日饿羊何处放？谁施春雨润枯荄！

在这样的岁月里，学术研究自然是不可能涉及的，只留下了一些诗作，抒发着作者悲愤抑郁的心情：

放逐偶吟（四首）

1966年5月，余因十年前在《新建设》发表论述形象思维文章而被揪出批判。8月被抄家。此后层层加码，关牛棚、监督劳改，上斗争会、拼刺刀、坐喷气式……险象环生，惊心动魄，何暇吟诗！自1969年冬至1970年夏，被放逐于永寿上营，妻子相随。虽历尽艰危，然比之前数年，则略可喘息。偶吟诗以记所遭，录存四首。

> 一息犹存虎口馀，破窑权寄野人居。
> 翻天覆地吾兹惧，淑世匡时愿岂虚？
> 休恨无门可罗雀，也知有釜亦生鱼。
> 携家放逐宁关命，佳气曾传夜满闾！

> 奴仆旌旄又一时，不须出处费然疑。
> 已无枳棘栖鸾凤，尚有生灵餍虎黧。
> 南郭子綦将丧我，东方曼倩欲忘饥。
> 凭窗尽日嗒焉坐，却为看云每挂颐。

> 庑下相依事事非，更怜无复董生帷。
> 顽蝇尽日纷成阵，黠鼠深宵屡合围。
> 不战何能驱逆类，图存未肯树降旗。

防身莫叹无馀物,残卷犹堪奋一挥。

劳心劳力费商量,辟谷休言旧有方。
斯世宁容嵇散懒,何人更许接舆狂?
著书壮岁谂犹烈,学圃暮年技未荒。
窑畔拟开三亩地,倘能种菜老山乡!

劳改偶吟

　　1970年夏自上营转至泾阳,先后在王桥、船头农场劳改达三年之久,中间一度牧羊,因病羊为野狼咬伤而遭重罚。吟诗只打腹稿,能记得全篇者,不过数首而已。

横风吹雨打牛棚,黑地昏天岁几更!
毒蝎螫人书屡废,贪狼呼类梦频惊。
久闻大汉尊侯览,休叹长沙屈贾生。
剩有孤灯须护惜,清光照夜盼鸡鸣。

泾河曲似九回肠,河畔伶俜牧羝羊。
戴帽难禁风雨恶,挥鞭敢斗虎狼狂?
雪中抖擞松含翠,狱底沉埋剑有光。
不信人妖竟颠倒,乾坤正气自堂堂。

九、招收研究生

1976年10月,江青等"四人帮"集团被粉碎,标志着"文化大革命"的结束。1977年8月,中国共产党第十一次全国代表大会在北京召开,中央主席华国锋主持大会并代表中央向大会作了政治报告,宣告"文化大革命"结束。但同时又指出,安定团结不是不要阶级斗争,文化大革命这种性质的政治大革命今后还要进行多次。1978年12月,中国共产党第十一届中央委员会第三次全体会议召开,停止使用"以阶级斗争为纲"的口号,否定了中共十一大沿袭的"文化大革命"中的"无产阶级专政下继续革命"以及"文化大革命"今后还要进行多次的观点,做出了把工作重点转移到社会主义现代化建设上来的战略决策。从此,大规模的拨乱反正工作在全国范围内切实全面地展开。

大势所趋,霍松林先生的境遇也开始好转。1979年,学校党委作出决定,让他给中文系助教进修班上课。不久,学校有关部门拿出"解放"他的"结论"让他签字。霍先生发现这一"结论"还留有"尾巴",并不彻底,坚决不签。如此往复数次,终于于1980年3月彻底平反。随即喜迁新居,搬入教授楼最高层。

获得彻底解放的霍先生,心情非常好。每天站在阳台上,朝看红日东升、爽气扑面,暮观金乌西坠、余霞满天。向南远望,是巍峨威严的秦岭;向北近瞧,是充满神秘色彩的大雁塔,不由得心情振奋,豪情满怀,将新居于取名为"见山望塔楼"。诗作《自蜗居搬入教授楼最高层,地接杏园,雁塔、终南皆在眼底,喜赋》很能体现这一时期的心情:

豪气徒招十载囚，暮年着我最高楼。
目迎红日檐前过，手拨乌云槛外收。
雁塔题诗怀俊彦，南山献寿傲王侯。
童心不老春常在，休叹蹉跎志未酬。

随着教育界的拨乱反正，中断了12年之久的研究生教育在1978年也得以恢复。1979年秋季，霍先生开始招收第一届硕士研究生。当时，是学校文革后的首届招生，招生对象是面向全国的。但中文系的领导却独出心裁，限定只能面向西北招生。不过报考的人数很多，最终选拔录取的五位都比较出色。他们是陕西长安人杨恩成、西安人马歌东、河南人张学忠（从新疆考来）、西安人康正果、陕西蓝田人杨军。经过两年的培养，到1981年秋天，五人按期毕业，举行硕士论文毕业答辩。因为是第一届，论文答辩也比较重视，特意从天津南开大学请来了王达津教授担任答辩委员会主席，答辩委员中的胡念贻先生也是从北京的中国社会科学院请来的。

五位研究生的论文题目分别是：

杨恩成:《骆宾王研究》。

马歌东:《白居易寓言诗初探》。

张学忠:《岑参诗歌研究》。

杨军:《王维诗文系年》。

康正果:《论韩偓〈香奁集〉》。

毕业后，五人都在高等院校当了教师，各有所成。其中杨恩成、马歌东、张学忠三人留校任教，最后都做了教授、博士生导师，杨军到了苏州铁道师范学院任教，后来也评了教授，康正果先是在西安任教，后来去了美国耶鲁大学做教授。

这次从外地请来的答辩委员，王达津教授是霍先生当年在重庆中央大学的老师。当年在重庆时王先生还年轻，所以和学生的距离很近，关系融洽。胡念贻先生是霍先生在中央大学的同学，而且同住一间宿舍，关系极好。时隔30多年，师生重逢，自然十分高兴。答辩之后，三人同登举世闻名的大雁塔，想起了当年杜甫、高适、岑参等先贤登塔赋诗的典故，也都兴趣高昂，即兴做诗。

1981年与王达津等大雁塔合影

王达津先生诗曰：

长安一月雨，泾渭纵横流。
众力与天搏，雨亦为少休。
我适偕二子，同登雁塔游。
缅思杜高岑，浩歌鬼神愁。
壮怀何激烈，犹若见凝眸。
霭霭终南山，黛螺云中浮。
紫光真妙逸，谁不眷神州！

——《偕霍松林、胡念贻两学弟登慈恩寺塔》

1984年，霍先生又面向全国招了第二届硕士研究生，分别是：尚永亮、徐子方、傅绍良、戴宪生、李延年、单书安、魏崇新、吴言生、田耕宇、张志江。此后就主要招收博士研究生了。后来，在1989年，霍先生又招收过杜晓勤、马茂军、霍文星等三名硕士生。2000年又招收过一名硕士生，名叫王沛。经过霍先生的悉心培养，都圆满毕业。到学生毕业时，霍先生常常会赠以诗作或书法,以为勉励和留念。其中第二届十名学生毕业时,霍先生特意赋诗一首,并亲自写成书法条幅,每人赠一幅。诗曰:

十全十美古犹稀,万里前程各奋蹄。
莫忘同窗无限乐,弦歌三载杏园西。

十、友朋山水之乐

1979年与程千帆等昆明石林合影

1978年12月中共中央十一届三中全会召开以后,各行各业的拨乱反正工作都开始进行,教育界、学术界的气氛也开始活跃起来,学术研究工作开始复苏,学术研讨会也相应地渐渐多了起来。这样的学术研讨会,不仅使专家们有机会进行学术交流,同时也借此机会进行文化考察,新朋旧友相聚,游览祖国大好河山。

1979年3月,由云南大学主办的古代文学理论研讨会在昆明举行。霍松林先生应邀参加。

这次学术研讨会,是"文化大革命"结束后中国古代文论界召开的第一次盛会,专家云集,胜贤毕至。会上,就古代文论的相关问题进行了研讨。会后主办单位组织参观了当地名胜。这些两年前还被称为"牛鬼蛇神"的专家们,此时虽然尚未得到彻底的解放,但形势已经很明朗了,所以大家的心情都很兴奋,虽然年纪一大把,但欣喜雀跃的心态,不亚于少年人。游览过程中,一位专家说:"得享友朋山水之乐!"马上就有人接上:"堪称牛鬼蛇神之会!"众人哈哈大笑。

在这次会上,霍先生见到了钱仲联先生、吴组湘先生、王达津先生、周振甫先生、程千帆先生、马茂元先生等众多师友,会上相互讨论,会后一同游览,兴致极高,做了多首诗,抄录几首如下:

相逢樽酒话曾经,杜圣韩豪各瘦生。
换骨脱胎馀一息,诗家三昧要重评。

烧残红烛夜未阑,死水终然卷巨澜。
宁舍头颅要民主,丰碑留与后人看。

休觅昆明劫后灰,大观须上好楼台。
奔来眼底嗟何物,黄竹歌曾动地哀!

龙门奇险接天门,况有狰狞虎豹蹲!
今日天门亦开放,试裁云锦访天孙。

伏枥频年老不鸣,过都越国忆秦坑。
而今所向皆空阔,金马何妨万里行。

新苗老树竞开花,万紫千红胜彩霞。
雪虐霜欺成昨梦,春城春色美无涯。

1980年夏天,全国首届《红楼梦》学术研讨会在哈尔滨市友谊宫召开,霍松林先生应邀出席。这次会上,他遇见了阔别30多年的吴世昌先生。

正式会议的前一天晚上,主办方组织了一个小型笔会。霍先生在一张宣纸上写了自己的一首诗:"名言伟论古无俦,友谊宫高集胜流。快事平生夸第一,松花江畔话红楼。"这幅书法诗作被挂到了主席台的旁边。第二天上午的讨论会,吴世昌先生早早到了,浏览了一番。吴世昌先生是霍先生当年在中央大学的老师,看到霍先生进场,便招手让他过来坐在自己的身旁,说:"没想到你还会做诗!胡念贻和你同班吧?他也懂平仄,能做几句。"霍先生说:"在中大读书时,同班有四个人会做诗填词。我们同住一室,关系很好。这四个人就是胡念贻、王叔武、易森荣和我,都听过您讲古文字学。现在已是60岁的人了,懂点平仄算什么!"吴先生向来是以心直口快、敢于说真话出名的,听了这话,有点动感情,说:"今非昔比,懂平仄的人太少了!多少人研究唐诗宋词,教授、研究员都当上了,成了专家了,有谁懂平仄!自己不会做,甚至连平仄都不懂,怎么研究诗词!"师生二人有感而发,谈了许多。

哈尔滨的夏季美丽而舒适,每天早饭前和晚饭后,与朋友们沿着松花江畔的斯大林街漫步,绿树成阴,清风徐来,遥望远去的江水或隔江的太阳岛,不禁悠然神往。星期天傍晚,偕周绍良、舒芜两兄乘大游艇与群众共泛松花江,变幻无常的天际浮云忽然散尽,即将在地平线上沉没的太阳丧失了令人目眩的万道光芒,现出了又红又圆的真面目,因而触景生情,别有会心,吟成一首七律:

    万顷烟波好放船,松花江水远连天。
    变穷苍狗浮云敛,散尽红霞落照圆。
    士女歌呼消假日,媪翁指点话当年。
    且看皓月清光满,莫倚危栏叹逝川。①

---

① 《霍松林影记》第44页。

会后，霍先生应邀去长春讲学。在长春，东北师范大学的杨公骥教授邀他去家里做客。

随后，霍先生应辽宁省社科院等单位的邀请到沈阳讲学。讲学之余，游览了东陵、西陵，还参观了鞍山，游览了著名的风景区千山。端木蕻良先生与霍先生同乘一车，二人谈得很投机。此时端木先生正创作长篇小说《曹雪芹》下卷，他看过霍先生50年代发表的"评红"文章，便互相交换意见，往往不谋而合，自然成了好朋友。

1980年11月，中国古代文学理论学术研讨会又在武汉召开，名流云集。会间，诸学者同游黄州赤壁。在这苏轼曾做《念奴娇·赤壁怀古》的地方，刚刚从"牛棚"正式解放出来的"牛鬼蛇神"们，想到苏东坡当年的处境，想到自己前些年的经历，想到古往今来众多《念奴娇》词的和作，心潮起伏、感慨不已，也忍不住填词作赋，抒发自己心中的感怀。

霍先生作《念奴娇·庚申初冬游赤壁次东坡韵》。词曰：

九泉根屈，问蛰龙知否，人间奇物？贝锦居然织诗案，谁破乌台铁壁？远斥黄州，两游赤鼻，笔底奔涛雪。天狼未射，鏖兵空羡英杰。吾辈劫后登临，浪平江阔，万橹争先发。磨蝎休嗟曾照命，正道沧桑难灭。废苑花开，荒郊楼起，衰鬓换青发。好天良夜，浩歌无负风月。

词作用东坡韵，咏东坡事，又抒自己经受浩劫磨难之后重焕青春、再建功业之豪情，古今相映，境界阔大，雄浑沉厚。熊盛元先生这样评赏此词：

全词奔放激荡，恣肆雄豪，奇情壮采，兼而有之。起句劈空而下，点化东坡"根到九泉无屈处，不知龙向此中蟠"之句，了无斧凿之痕。"贝锦"二句，构思奇特，造语精警，令人拍案叫绝。"磨蝎休嗟曾照命，正道沧桑难灭"，熔感喟与哲理于一炉，可谓"立片言以居要，乃一篇之警策"（陆机《文赋》）。当时同游赤壁者，多为词坛耆宿，次东坡韵赋《念奴娇》

者,颇不乏人。其中钱仲联词丈之作,与霍公此词,堪称双璧。钱词曰:"卅年前路,战尘飞、红染满空云物。草草金陵春梦断,泪眼残山半壁。江水东流。楼船西上,曾此听涛雪。沧桑弹指,回天谁是英杰? 胜地换劫来临,亭台金碧,兴与黄花发。玉局仙人何处去,文字光芒难灭。落落千秋,堂堂四海,异代同霜发。南飞笛里,词心都化明月。"试比较二词,上片霍公似胜钱老,盖钱老感喟虽深,然就赤壁其地而言,则不如霍公浓缩之紧凑也。惟"江水东流,楼船西上"一联,气象恢宏,以视霍公之"远斥"二句,似差胜一筹耳。下片则钱老优于霍公,尤其结拍二句,空灵缥缈,含不尽之意于言外;而霍公"好天良夜",则未免落于言筌。然就"灭"韵二句观之,霍公兴慨无端,兼含理趣,而钱老则稍嫌质实,不耐远想。钱老对霍公亦极推许,尝云:"松林为词……一如其诗之卓绝。"又云:"今松林以其唐音阁诗词稿相示……余挟其全帙,泛舟于五湖烟水之间,倚棹朗吟,秋菊春兰,对之若一敌国矣。"(《唐音阁吟稿序》)老辈风流,于兹可见面,其谦抑之怀,尤令人歆慕。①

当时,王季思等词坛耆宿亦多有佳作,堪称当代词坛一大佳话。

1981年秋天,第二届全国《红楼梦》学术研讨会在山东济南举行,霍先生携夫人前往。会后代表们登泰山,霍先生夫妇一直爬上泰山极顶,引起众多与会学者的惊叹。霍先生终于实现了童年时代"登泰山而小天下"的理想,喜不自禁,作诗一首:

评红登岱力虽孱,重累惊心未肯还。
历尽艰危凌绝顶,果然一览小群山。

1982年秋天,霍先生赴洛阳参加《歧路灯》学术讨论会。会后,赴郑

---

① 熊盛元《琴趣无弦有会——读〈唐音阁词稿札记〉》,收入《霍松林先生八十寿辰纪念文集》,陕西人民出版社2000年8月出版。

州大学主持中文系硕士研究生毕业答辩会。期间游白马寺,游少林寺,都有诗。会后去河南大学,游开封,也有诗。

1984年4月,霍先生赴杭州参加全国高等院校古籍整理研究所所长会议,住在西湖旁边的西子宾馆,面对神往已久的西湖,做了四首《减字木兰花·西湖抒情》。会议期间赴宁波参观天一楼,亦有诗。

在这次会上,霍先生最高兴的事是与姜亮夫先生结为莫逆之交。姜亮夫先生是著名的楚辞专家,多年来一直在杭州大学任教。会议期间的一个晚上,霍先生特意去拜访姜先生,与姜先生聊天,姜先生的夫人也在座。姜先生说:"整理古籍,起码要懂文字、音韵、训诂之学。可是现在急于完成任务,连毫无文字、音韵、训诂学基础的人也弄来注释古籍,难怪笑话百出。"说到这里,忽然冒出一句:"以竹鞭马曰笃。"然后望着霍先生。霍先生立即接道:"然则,以竹鞭犬,有何可笑?"姜先生又说:"波者水之皮。"霍先生立即接上:"然则,坡者土之皮乎?"二人不禁抚掌大笑。姜夫人弄来茶点,边吃边聊,不觉已到深夜。第二天晚上,姜亮夫先生和夫人一同来到霍先生的房间,姜夫人送上一幅当天赶做的画,姜先生在上面题了诗。姜先生的夫人陶秋英女士,早年毕业于燕京研究院,攻中国古代文论,是古代文论方面的专家,又爱好书法艺术,精于山水画,自成一家,霍先生接到这样的礼物,十分高兴。

数十年前,霍先生在天水上国立五中时,有许多同学、老师都是山西人,因而对山西很有感情,加之五岳之一的恒山就在山西,所以,早就有游山西的愿望。1984年7月,全国师专元明清文学教学科研学术研讨会由雁北师专主办,在大同召开,霍先生应邀出席。会后,主办方专车护送,登恒山,游悬空寺,访云冈石窟,上应县木塔,小住台怀镇,遍游五台之菩萨顶、显通寺、塔院寺、碧山寺、南山寺、龙泉寺诸境,终于实现了游山西的愿望,尤其是应县木塔、恒山悬空寺,感受极深,均有诗作。

"悬空寺县于恒山金龙口峭壁之上,异常奇险。始建于北魏时期,全寺殿宇楼阁四十余间,皆于峭壁上凿洞插木,悬空建构。寺背西面东,南北各有危楼,登之如置身云端。寺内有送子观音及药王等塑像,

三教殿中老子居左,须眉雪白;孔子居右,须眉乌黑;释迦牟尼居中,无须。"① 霍先生做诗曰:

> 楼殿耀苍冥,悬空垂典型。
> 兼容儒道释,结合老中青。
> 送子皆麟种,求医得鹤龄。
> 高峰藏妙境,切莫畏攀登。

其中"兼容儒道释,结合老中青"一联,同游者姚奠中等先生皆以为绝工绝妙,大笑不已。

1984年8月,中国唐代文学学会第二届年会暨学术讨论会在兰州举行。霍先生主持大会。会议期间,代表们游览了五泉山等市内名胜,会后又赴敦煌参观了莫高窟及阳关、月牙泉,考察了唐代边塞诗中经常写到的甘、凉、肃、瓜、沙一带的山川民俗。做有《重游兰州》、《登嘉峪关城楼》、《游敦煌千佛洞》、《古阳关》等诗。

1984年11月,中国韵文学会成立大会暨第一次学术讨论会在长沙举行。早在1956年,章士钊、叶恭绰、张伯驹等先生曾向周恩来总理提出建议:成立中国韵文学会,发行韵文学刊,得到周总理的同意和毛泽东主席的支持。后因"反右"运动而致中辍。"文化大革命"结束以后,复由周谷城、王昆仑、钱昌照、赵朴初、王力、俞平伯、任中敏、唐圭璋、王起、钱仲联先生等83人发起重组中国韵文学会,筹创中国韵文学刊,并由夏承焘、张伯驹、周汝昌等先生向中共中央宣传部重申前请,获得批准。此次成立大会,与会的专家及领导达到200多人,盛况空前。霍松林先生也欣然与会。会议期间,登岳阳楼,极目洞庭渺渺、旭日初升,不由得心潮澎湃,赋《偕中国韵文学会诸公登岳阳楼》:

---

① 《霍松林影记》第68页。

> 喜共无双士，来登第一楼。
> 余寒随雾散，初日际天浮。
> 碑镌中兴颂，帆扬四化舟。
> 凭栏何限意，放眼看潮流。

1985年8月，第三届《水浒传》学术研讨会在秦皇岛召开。霍先生应邀参加，并在会上做学术报告。《秦皇岛日报》有专题报道。会议期间，游山海关。

山海关古称榆关，东临渤海，北有覆舟、兔耳二山，形势险要。明初以其依山面海，乃以山海名关，筑城设卫，扼长城内外之咽喉。站在山海关城楼，联想到修筑长城的历史和攻关、守关的激烈战斗，目睹安定繁荣的现实和在贯通南北的铁路上往来奔驰的火车，霍先生不禁诗情勃发，吟诗一首：

> 天围碧海海连山，万里长城第一关。
> 徒令防胡祸黔首，漫将失险罪红颜。
> 欢腾内外车同轨，捷报东西国去奸。
> 千雉拂云烽燧靖，永留奇迹壮人寰。

此后，霍先生又多次外出参加学术研讨会，会议期间，新朋相识，老友相聚，游览江山之胜，亦多有诗作。

十一、首届唐诗研讨会的召开与唐代文学学会

时光又回到1982年,由霍松林先生筹备并主持的首届全国唐诗讨论会于1982年3月27日至4月3日在古都西安召开。

"文化大革命"以后,霍先生的学术研究工作

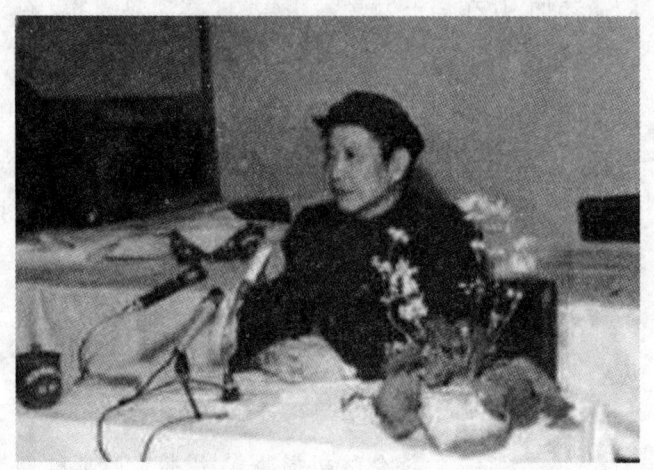

1982年首届唐诗研讨会致开幕词

得已恢复,研究重点基本上放在了唐代文学方面,尤其是唐诗①。所以,在唐代文学的相关研究以及学术活动方面就投入了更多的心力。这次会议,就是其中一个标志性的活动。全国各地的170多位专家,纷纷应

---

① "文化大革命"以后的几十年里,霍松林先生写作并发表了不少唐代文学(尤其是唐诗)方面的研究论文,尤以白居易、杜甫的研究为多,有不少深刻而具新意的见解,如:《从杜甫的〈北征〉看"以文为诗"》(《人文杂志》1979年第1期)、《论白居易的田园诗》(《陕西师范大学学报》1982年第3期)、《唐诗与长安》(《文史知识》1992年第6期)、《论唐人小赋》(《文学遗产》1997年第1期)、《韩文阐释献疑》(《文学遗产》2000年第1期)、《杜甫卒年新说质疑》(《文学遗产》2005年第6期)、《纪行诸赋的启迪,五言古风的开拓——杜诗杂论之一》(《文学遗产》2006年第4期)等。

邀,霍先生赋诗相迎：

> 终南突兀接天阊,唐代文明举世尊。
> 学海珠玑光简册,诗坛星月耀乾坤。
> 新春好景繁花簇,四化前程万马奔。
> 盛会长安振骚雅,云开仙掌捧朝暾。

3月27日上午,大会开幕式在陕西师范大学举行。

陕西师范大学坐落于西安市南郊。偏西向北不足5公里,是著名的小雁塔,亦即唐代的荐福寺塔。偏东向北1.4公里,是更为著名的大雁塔,亦即唐代的慈恩寺塔。大雁塔的南边,是唐代杏园及曲江池遗址。曲江池遗址的旁边,亦即陕西师范大学校墙的外侧,是唐城墙遗址。唐代祭天的"天坛"遗址,就在陕西师范大学校园之内。一千年以前,在这块古老而神奇的土地上,唐代诗人们杏园聚宴,曲江流饮,雁塔题名,为后世留下了无数辉煌灿烂的诗篇。如今,还是在这块土地上,经过了十多年的禁锢,唐诗的研究者们要在这里研讨唐诗,重温千年以前中华诗歌与文化的辉煌,同样的是意气风发,豪情满怀。

会议前两天,下起了绵绵细雨。早春时节,乍暖还寒,雨丝中夹杂着雪花。雨雪洒在地上,洗去了往日的灰尘。开幕式这一天,雨晴雪霁,空气清新。初升的太阳,无私地照耀着地面的嫩草、树梢的新芽。与会代表们沐着朝阳,走进陕西师范大学大礼堂。

霍松林先生致开幕词：

各位代表,各位同志！

让我们以热烈的掌声,宣布唐诗讨论会胜利开幕。

自从我们去年10月上旬发出召开唐诗讨论会的邀请书以来,有关单位的领导和名流、学者,给我们以极其热情的支持。东至黄海、东海之滨,西至新疆、青海,南至海南岛,北至齐齐哈尔,除台湾省而外,全国各省、市、自治区的各大专院校,各研究机关,各报刊、电台和出版单位的170多名代表和许多列席人员,携带各有独到见解的学术论文,如期应邀赴会。在170多名代表中,有许多是年逾古稀或年近古稀的著名教授,有许多是著述宏富、硕果累累的唐诗研究专家,有许多是科研、新闻、出版单位的负责同志。长安三月,百花盛开,当各位久负盛名的教授、专家、唐诗研究工作者和编辑、出版工作者不远千里而来的时候,喜雨绵绵,瑞雪纷纷,特意为贵宾们洗尘。我们陕西师大尽管限于物质条件,住宿、伙食及其他生活照顾都与各位教授、专家在国内外享有的崇高的学术威望极不相称,但我校党政领导和广大师生欢迎贵宾们的心意是十分殷切的,让我们以热烈的掌声,欢迎各位贵宾光临我校,出席、指导我们的会议。今天,雨晴雪霁,云散风和,让我们为唐诗讨论会在春阳照耀下胜利开幕而又一次热烈鼓掌。

"诗言志,歌咏言。"正如毛泽东同志所指出:"中华民族不但以刻苦耐劳著称于世,同时又是酷爱自由、富于革命传统的民族。"这说明我们中华民族的"志"是崇高的,蓬勃向上的,追求光明的,百折不挠的。既然"诗"是"言志"的,那么有其志就有其诗。我们的伟大祖国,向来被人们赞誉为诗的国度。早在先秦时代,《诗经》和《楚辞》就为我国的诗歌发展奠定了优良传统。这一传统,正像滚滚长江,萦回曲折,吐纳百川,积蓄了无穷无尽的力量,终于以不可阻挡的气势,穿三峡,出荆门;到了唐代,江阔月涌,浩瀚汪洋,形成了云横九派、浪下三吴的壮观。论诗人,则名家辈出,灿若群星;论作品,则百花齐放,争奇斗丽。这一历史时期的诗歌,由于意境雄阔,情韵悠扬,具有独特的时代风貌和艺术风格,因而被称为"唐诗"或者"唐音",不仅传诵国内,历久不衰,而且早已超越国界,成为世界文化宝库中的珍品。用马列主义的立场观点批判地继承这份珍贵的文化遗产,对于提高我们的民族自信心和民族自豪感,对于我们建设社会主义精神文明,对于我们繁荣和发展社会主义的文艺创作,都具有不容低估的积极意义。

我们陕西师大中文系之所以召开这次唐诗讨论会,主要出于两种考虑。

第一，我们的所在地，曾经是周秦西汉等十一个朝代建都的历史名城。在唐代，就是丝绸之路的起点，就是驰名世界的唐都长安。唐朝是我国封建社会经济文化繁荣的高峰，而作为京城的长安，又是经济文化的中心。唐代的著名诗人，几乎都在长安度过了一生中最重要的时期，在长安一带写下了他们的代表作。长安一带的民情风俗、山山水水、文物古迹，都是唐代无数诗人从不同角度反映过的，描写过的，吟咏过的。即如我们一出门就可以望见的大雁塔，那就是杜甫、高适、岑参等杰出诗人攀登过的慈恩寺塔，他们登塔后所写的名篇，至今脍炙人口。唐代诗人即使在离开长安以后，他们的创作也往往和在长安的政治遭遇密不可分，和对长安生活的回忆密不可分。因此，就地理条件有利这一点来说，我们陕西师大中文系理应在唐诗的教学和研究方面做出一些成绩。然而由于我们的力量不足、水平有限，主观努力不够，也由于大家都知道的一些客观原因，我们并没有做出什么成绩。今天，党的十一届三中全会的精神像春天的阳光一样照耀着我们前进的道路；振兴中华、向四化进军的声声战鼓，又给我们以新的力量。我们之所以召开这次唐诗讨论会，就是为了邀请在唐诗的教学、研究方面成绩卓著的专家们做我们的老师，给我们传经送宝，从而促进我们的教学和研究工作，使我们也能够赶上奔腾前进的时代步伐，做出应有的贡献。

第二，解放以来，特别是粉碎"四人帮"以来，唐诗的研究是很有成绩的，但还没有召开过全国性的学术会议。我们陕西师大中文系之所以召开这次会议，就是为了在唐都长安为全国的唐诗研究工作者和与此有关的编辑、出版工作者提供一个进行学术交流、学术讨论的场所。现在，专家云集，群贤毕至，欢聚一堂。让我们在坚持四项基本原则的前提下各抒己见，百家争鸣，互相切磋，取长补短，既交流研究成果、总结研究经验，又讨论在唐诗发展规律和作家、作品、流派、风格等方面有争论的问题，并着重就如何扩大唐诗研究领域和如何提高唐诗研究水平问题交换意见、互相启发，以期在唐诗研究的广度和深度上都能有新的突破。还有一点，唐诗是台湾海峡两岸的中华儿女所共有的精神财富，也是全世界进步人类所共有的精神财富。如何通过唐诗研究促进台湾回归祖国和加强国际性的学术交流，也是一个迫切的现实问题，需要讨论。

代表们！同志们！我们的这次全国性的唐诗讨论会，解放以来是第一次，唐代以来也是第一次，因而可以毫不夸张地说，这是关于唐诗研究的空前盛会。林默涵、贺敬之等中央领导同志给我们的盛会发来了贺电，陕西省、西安市的党政领导和我们陕西师大的党政领导都给我们的盛会以极大的关怀和支持。有党的正确领导，有代表们的共同努力，我们的大会一定能够取得丰硕的成果。

正如李白的《阳春歌》所说："长安白日照春空，绿杨结烟垂袅风。"我们眼前的春光是美好的。祝愿各位代表在美好的春光中精神愉快，预祝我们的大会圆满成功！

参加这次会议的代表有许多既是著名学者，又是诗人和书法家。因此，会上特意安排了一次笔会，即席赋诗，当众挥毫。姚奠中、金启华、程千帆、吴调公、陈迩冬、华钟彦、丘良任、姜书阁、匡扶、聂文郁、舒芜、曹慕凡、谭优学、林从龙、李汝伦、何均地等先生都有诗作。会后李汝伦先生将这些诗加以编选，编为《唐诗讨论会吟咏专辑》，由霍先生作了小序，发表于《当代诗词》上。

就在这次笔会上，程千帆先生想到霍先生开幕词中唐诗"由于意境雄阔，情韵悠扬，具有独特的时代风貌和艺术风格，因而被称为'唐诗'或'唐音'"的话，而霍先生在"文化大革命"后又重点研究唐诗，因而乘兴挥毫，用隶体为霍先生写了斋榜"唐音阁"。陈迩冬先生立即赋诗："一阁连天水，唐音继汉讴。东南多绮丽。西北自高遒。盟会执牛耳，群贤仰马头。归来霍去病，不愧冠军侯。"众人皆赞其工。此后，"唐音阁"三字就一直挂在霍先生的书房里。

与会的许多老专家不仅会写诗，而且会吟诗。因此，会上又安排了一次唐诗吟诵会。华钟彦、程千帆、胡国瑞、吴调公、金启华、陈迩冬、林家英等先生先后登台吟唱。程千帆先生吟唱的《酬曹侍御过象县见寄》舒缓悠扬、余音袅袅；而一首长诗《春江花月夜》则节奏明快、干脆利落，令人耳目一新。林家英先生的一首《早发白帝城》悠扬婉转，清新悦耳，听来有如优美的少数民族山歌。最后，霍先生吟唱杜甫的《秋兴八首》之一，"玉露凋伤枫树林，巫山巫峡气萧森"，把听众带到了那萧瑟、悠远的意境之中……

这是改革开放以后中国古典文学研究领域召开最早的一次盛会，专家众多，讨论深入，影响深远。

一个月以后，5月4日，同在古都西安，西北大学又召开了"全国唐代文学研究会成立大会暨第一次年会"。18年之后，已是西北大学党委书记的董丁诚先生有这样的回忆：

1982年4月，霍先生牵头在陕西师大召开了"全国唐诗讨论会"，5月西大又发起召开"全国唐代文学研究会成立大会暨第一次年会"。这下可忙坏了一些"卖糖（唐）"的，参加了师大的会，刚回家，又起程来参加西大的会。两个会为什么不可以联手合起来开？其中原因，我很清楚，至今都不便明言，怕引起不必要的人事纠纷。我在西大这边是具体办会的，夹在中间，颇感为难。不过，霍先生是很大度的，西大在止园开会时，他欣然莅会，使我很受感动。①

就是在这次会上，成立了中国唐代文学学会，推举萧涤非先生为会长，推举程千帆、胡国瑞、霍松林、安旗等先生为副会长。会后由霍先生创办《唐代文学研究年鉴》，萧涤非先生任主编，程千帆、胡国瑞、傅璇琮、杜维沫、安旗、霍松林等先生任副主编，具体的编务工作，都由霍先生负责。

---

① 董丁诚《记霍松林先生》，原载其散文集《故园情思》，西北大学出版社1999年出版。后收入《霍松林先生八十寿辰纪念文集》。

1984年8月18日至8月26日,中国唐代文学学会第二届年会暨学术讨论会在兰州举行。这次会议,主要由甘肃省委顾问、唐代文学学会顾问杨植霖先生负责筹办,来自全国各地及日本、美国等地的近200位专家参加了会议。会议以边塞诗为重点,进行学术交流,又改选了唐代文学学会理事会,修改了学会章程。

第一届唐代文学学会会长萧涤非先生因年龄及身体原因提出辞职,未曾到会,临时推举由霍松林先生主持会议,致开幕词。

在酝酿理事会改选过程中,会议主席团主席杨植霖先生召开小型会议,先对萧涤非先生因年老主动辞去会长职务给予高度评价,然后说:"会长、副会长人选,以不超过70岁为宜。程千帆等几位专家年逾古稀,就不考虑了。我看会长一职由霍松林先生担任,比较合适。"霍先生听了,对大家说:"我不适宜当会长。程千帆先生虽然年逾古稀,但当一届会长还是可以的。"在新产生的理事会上,霍先生又复述了这几句话,得到大家的同意。于是,程千帆先生被选为会长,霍先生被选为副会长兼秘书长,继续主编《唐代文学研究年鉴》。

1986年4月,中国唐代文学学会第三届年会在河南洛阳召开,来自海内外的161位代表参加了会议。霍松林先生出席,并致闭幕词。

1988年9月,中国唐代文学学会第四届年会在山西太原召开。会议回顾了几年来唐代文学研究的现状,就相关问题进行了讨论,并进行了四年一次的换届工作。霍先生出席大会,并致开幕词。

1990年11月,中国唐代文学学会第五届年会暨唐代文学国际学术研讨会在南京召开。霍先生及海内外专家学者90多人参加了会议。会议期间,代表们游览了扬州。会后,霍先生及其他学会领导人陪同台湾学者杨承祖、罗联添、汪中、罗宗涛、吴宏一、李丰茂诸教授及日本学者兴膳宏、筧文生、筧久美子、横山弘、西村富美子等赴浙东临海市考察郑虔史迹,沿途游兰亭,登赤城,上天台,观石梁飞瀑,做了不少诗。

1992年11月,中国唐代文学学会成立十周年国际学术研讨会暨第六届年会在厦门召开。霍先生因事请假,未能与会,托唐代文学学会副秘书长、西北大学阎琦教授带去一份书面发言。这份书面发言随后发表在傅璇琮先生主编、广西师范大学出版社出版的《唐代文学研究年鉴》(1993年-1994年号)上①。全文如下：

各位代表，各位来宾：

中国唐代文学学会第六届年会暨国际学术研讨会在厦门召开，谨表示衷心的祝贺！我作为学会秘书长和此次大会组委会成员，曾为此次大会的召开作了一些必要的筹备工作，很想躬与盛会，善始善终；只因主持中华诗词大赛的终评工作，任务繁重，不克分身，失掉一次向海内外唐代文学研究专家学习的机会，深感遗憾。请允许我在遥遥数千里之外，祝愿各位专家身体健康，精神愉快！祝愿大会圆满成功，取得丰硕的学术成果！

这次年会的内容之一是做好学会的换届工作。自从学会成立以来，我承蒙同行专家厚爱，被选为第一届理事会副会长及以后各届理事会副会长兼秘书长，担任学会工作已长达十年之久；如今年及古稀，早该退休。特郑重请求：我不再参加理事选举，不再担任学会职务。希望成就突出的中青年专家中有越来越多的人进入理事会，以促进学会工作蓬勃开展，日新月异。

中国唐代文学学会自1982年5月在西安成立以来，在没有经费和专职工作人员的情况下筹办过多次学术研讨会，举办过唐诗讲座和唐代文学讲习班，两个会刊——《唐代文学研究年鉴》和《唐代文学论丛》(后来改名《唐代文学研究》)，也陆续编辑出版。在这短短十来年的时间里，大陆的唐代文学研究空前活跃，研究队伍迅速壮大，研究领域不断扩展，研究水平不断提高，学术价值较高的论著相继问世，多人合作的大项目或已见成果、或正在顺利进行，国际间的学术交流也日益频繁，卓有成

---

① 《唐代文学研究年鉴》自1989年号起转到广西师范大学出版社出版，霍松林、傅璇琮先生主编，1993年号起由傅璇琮先生任主编。

效。这一切,当然和社会安定、经济繁荣、学术空气自由有极大关系;但在某种程度上说,也和中国唐代文学学会的组织、推动作用有关。

同行专家们普遍认为:我们的学会之所以能够做出成绩,首先在于全体会员和历届理事会比较团结,也在于学会主要领导人竭力维护团结。当兰州会议、太原会议两次换届之际,都由于主要领导人谦让为怀而及时消除了不团结因素,这是与会者有目共睹的。应该承认:这是一个优良传统。衷心希望我们的学会在此次换届和换届之后能发扬这个传统,团结奋进,为繁荣学术、建设精神文明做出贡献。我虽然不再进入理事会,但作为会员,仍愿追随诸公之后,一如既往地关心学会,爱护学会,为学会的健康发展做力所能及的工作。

最后,请允许我在遥遥数千里之外,又一次祝愿大会圆满成功,祝愿各位代表身体健康,精神愉快,在研究工作中做出无愧于唐代文学的光辉业绩!

在这次年会上,宣读了霍先生的书面发言后,年及八旬的程千帆老会长提出"正、副会长年龄以 70 岁为限"的倡议,受到其他人的欢迎。于是,程千帆先生、霍松林先生都光荣退休,被聘为学会顾问,会长一职,由傅璇琮先生接任。

十二、《唐宋诗文鉴赏举隅》及其影响

20世纪80年代,以上海辞书出版社出版的《唐诗鉴赏辞典》为标志,神州大地兴起了声势壮观的鉴赏热。而在20世纪80年代初就出版的个人鉴赏著作中,沈祖棻先生的《唐人七绝诗浅释》(上海古籍出版社1981年版)和霍松林先生的《唐宋诗文鉴赏举隅》(人民文学出版社1984年版)是出版较早、学术质量也极高的两部。

《唐宋诗文鉴赏举隅》分66个专题,对相关唐宋诗文名篇做了多角度、深层次的阐发。

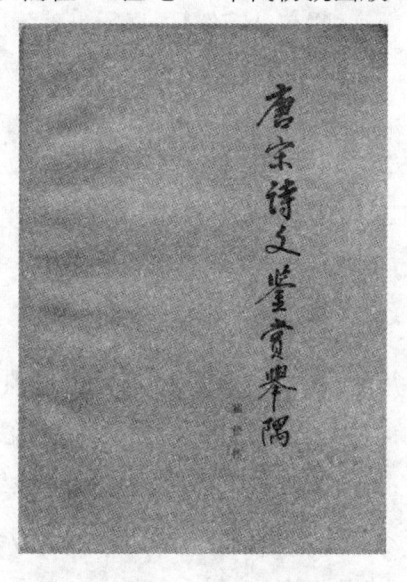

《唐宋诗文鉴赏举隅》,
人民文学出版社1984年版

这部鉴赏集虽是1984年才出版,而其中收录的文章,作者从20世纪50年代就开始写作了。因为作者有着这样明确的认识:"文艺作品的审美价值和社会功能不可能自动地实现;要实现,必须通过读者的阅读、理解和鉴赏";而对阅读古典诗文的一般读者来说,"高质量的鉴赏文章有助于提高他们的理解能力和鉴赏水平"①。所以,从50年代开始,霍松林先生就结合古代文学教学,不断撰写鉴赏文章。

在该著的《后记》中,作者说这些鉴赏文章都是"适应教学需要",

---

① 霍松林《历代绝句精华鉴赏辞典·前言》,陕西人民出版社1993年5月出版。

"根据教学实践写出来的","所以一般都是由句到段到篇,逐层讲解,在此基础上进行归纳"。说明了他的写作缘由与写作方法。

《唐宋诗文鉴赏举隅》(下文简称《举隅》)是霍先生的又一代表作。仔细阅读,可以发现,这部鉴赏集中的 66 篇文章,体现出作者文学、文献学、语言学等多方面深厚的功底,以及对文学作品的灵敏的感悟,娓娓道来而又文采斐然。在当代众多鉴赏名家的鉴赏著作中,自具特点与成就:

《举隅》中的鉴赏文章,总是从具体的作品出发,不做空谈。

鉴赏一篇作品,理所当然地要从作品本身出发,这应该是一个不会有异议的问题。但许多人写的鉴赏文章,却常常脱离作品本身,下笔千言,洋洋洒洒,做无根之谈。而霍先生的鉴赏文章,都是从具体作品入手的,对作品本意的理解、主题的解读、技巧方法的欣赏,等等,都是如此。即便对诗词作品中的人物形象的理解,也是如此。如他对杜甫的名作《石壕吏》一诗的分析:

其事何长　其言何简
——说杜甫《石壕吏》

暮投石壕村,有吏夜捉人。老翁逾墙走,老妇出看门。吏呼一何怒,妇啼一何苦!听妇前致词:三男邺城戍。一男附书至,二男新战死。存者且偷生,死者长已矣!室中更无人,惟有乳下孙。有孙母未去,出入无完裙。老妪力虽衰,请从吏夜归。急应河阳役,犹得备晨炊。夜久语声绝,如闻泣幽咽。天明登前途,独与老翁别。

唐肃宗乾元元年(758)的秋天,杜甫因上疏营救房琯获罪,由左拾遗贬为华州(今陕西省华阴县)司功参军。到了冬末,他回到洛阳。这时,"安史之乱"的头子安禄山已被他的儿子安庆绪杀死;安庆绪已由洛阳北走渡河,退保邺城(即相州,今河南省安阳县),正被郭子仪、李光弼、李嗣业等九节度使率领的六十万大军包围。杜甫认为形势已有好转,在洛阳写下了《洗兵马》那篇名作,表达了"安得壮士挽天河,净洗甲兵长不用"的愿望。但在昏庸的唐肃宗害怕九节度使"难相统属",因而"不置元帅",只用宦官鱼朝恩充当"观军容宣慰处置使"。这样,围攻邺城的六十万大军便陷于"进退无所禀"的无政府状态,以至"城久不下,上下解体"。而"安史之乱"的另一个头子史思明又在这时自魏州(故城在今河北省大名县东)率兵来救邺城。乾元二年三月初,两军战于安阳河北,"大风忽起,吹沙拔木,天地昼晦,咫尺不相辨"。唐军溃败,郭子仪引军断河阳桥退保洛阳,"战马万匹,只存三千,甲仗十万,遗弃殆尽"。留守崔圆、河南尹苏震等南奔襄、邓;"诸节度使各溃归本镇"。杜甫便在"东京市民惊骇,奔散山谷"的时候离开洛阳,折回华州任所。途中就其所经所见所闻进行了高度的艺术概括,写成了著名组诗《三吏》、《三别》。《石壕吏》,就是《三吏》中的一篇。

"暮投石壕村,有吏夜捉人。老翁逾墙走,老妇出看门(或作"出门看"、"出门首"等)。"这四句可看作第一段。

全诗的主题是通过对"有吏夜捉人"的形象描绘揭露官吏的横暴、反映人民的苦难。因此,一开头即截断众流,排除与此无关或关系不大的一切,只用一句诗为事件的发生发展提供了典型环境。"暮投石壕村"中的"暮"字、"投"字、特别是"村"字,都含义丰富,值得仔细玩味,不宜轻易放过。这里的"石壕村",历来的注释者都说它就是河南陕县城东七十里的"石壕镇",有的研究者还因此说"诗人投宿在一家招商小客店里"。既然如此,那么诗人为什么不用"镇"字,却偏偏要用一个"村"字呢?如果说仅仅为了押韵,显然没有说服力。五言诗(不论是古体或近体)的首句,一般不押韵。即如《新婚别》、《垂老别》、《无家别》、《新安吏》等等,就都是第二句起韵的。诗人用"村"字,应该是另有缘故。就通常情况说,分散、偏僻的农村是恶吏"捉人"的典型环境,而人烟密集的市镇却与此不同,此其一。市镇财物集中,又连接大路,比分散、偏僻、贫困的农村更容易受到乱军的抢掠,此其二。看起来,诗人是把离"石壕镇"不远的一个小村叫做"石壕村"的。谁都知道,镇上有"招商小客店"供旅客投宿,而离开大路的小村庄,却不是投宿的处所。同时,在封建社会里,由于社会秩序不佳和旅途荒凉等原因,旅客们都"未晚先投宿"("落日恐行人"这句诗从反面说明了这一点),更何况在兵连祸接的时代!而杜甫,却于暮色苍茫之时才匆匆忙忙地投奔到一个小村庄里借宿,这种异乎寻常的情况就富于暗示性。可以设想,他或者压根儿不敢走大路,绕开了"石壕镇";或者当赶到"石壕镇"的时候,镇子已茫然一空,无处歇脚,或者……总之,寥寥五字,不仅点明了投宿的时间和地点,而且和盘托出了兵荒马乱,鸡犬不宁,一切脱出常轨的时代气氛。包围在这种时代气氛里的一个小村庄已经被濛濛暮霭所吞噬,那么当黑沉沉的夜幕降落之后,将会发生什么呢?浦起龙指出这首诗"起有猛虎攫人之势",这不仅是就"有吏夜捉人"说的,而且是就头一句的环境烘托说的。

"有吏夜捉人"一句,"吏"、"人"并举,而用一个"捉"字联系起来,点出了矛盾双方和矛盾的性质,从而也预示了情节发展的方向及其悲剧性的结局。不说"征兵"、"点兵"、"招兵"而说"捉人",已于如实描绘之中寓揭露、批判之意。再用一个"夜"字作"捉"的时间状语,含意就更丰富。第一,表明官吏"捉人"之事时常发生,人民白天躲藏或者反抗,无法"捉"到;第二,表明县吏"捉人"的手段狠毒,于人民已经入睡的黑夜,来了个突然袭击。同时,诗人是"暮"投石壕村的,从"暮"到"夜",已过了一段时间,这时当然已经睡下了;所以下面的事件发展,他没有参与其间,而是隔门听出来的。此后的"听妇前致词"、"如闻泣幽咽",也已经在这里埋下了伏线。"老翁逾墙走,老妇出看门"两句,表明人民长期以来深受抓丁之苦,昼夜不安;即使到了深夜,仍然寝不安席,一听到门外有了响动,就知道县吏又来"捉人",老翁立刻"逾墙"逃走,由老妇开门周旋。因为在当时,由于有"妇人在军中,兵气恐不扬"(《新婚别》)之类的迷信,抓兵一般是不抓妇女的——当然也有例外。

"吏呼一何怒!妇啼一何苦!听妇前致词:'三男邺城戍。一男附书至,二男新战死。存者且偷生,死者长已矣!室中更无人,唯有乳下孙。有孙母未去,出入无完裙。老妪力虽衰,请从吏夜归。急应河阳役,犹得备晨炊'。"这十六句,可看作第二段。

"吏呼一何怒!妇啼一何苦!"两句,极其概括、极其形象地写出了"吏"与"妇"的尖锐矛盾。一"呼"、一"啼",一"怒"、一"苦",形成了强烈的对照;两个状语"一何",加重了感情色彩,有力地渲染出县吏如狼似虎,叫嚣隳突的横蛮气势,并为老妇以下的诉说酝酿出悲痛的气氛。矛盾的两方面,具有主与从、因与果的密切关系。"妇啼一何苦"是"吏呼一何怒"逼出来的。"出看门"的老妇遇上的如果不是凶暴的县吏,而是像杜甫那样"穷年忧黎元"的客人,就不会无端苦"啼"。很明显,"吏呼"是因,"妇啼"是果。在现实生活中,无风不起浪;但在高明的画家笔下,并不写风,只写波翻浪涌,而风自见。杜甫在这里正用了这种手法。他在用两句诗写出了矛盾的两个方面及其因果关系之后,不再写"吏呼",全力写"妇啼",而"吏呼"的情状也不难想见。"听妇前致词"一句承上启下。那"听"是诗人在"听",那"致词"是老妇"苦啼"着回答县吏的"怒呼"。面对如此凶暴的县吏,不可能主动地同他们谈家常。老妇的每一句回答,自然都针对着县吏的逼问,因而逼问的内容,都从回答中暗示出来。写"致词"内容的十三句诗,多次换韵,明显地表现出多次转折,暗示了县吏的多次"怒呼"、逼问。读这十三句诗的时候,千万别以为这是"老妇"一口气说下去的,还显得很健谈;而县吏,则还懂得让人把话说完的道理,在那里洗耳恭听。完全不是这回事。实际上,"吏呼一何怒!妇啼一何苦!"不仅发生在事件的开头,而且持续到事件的结尾。从"三男邺城戍"到"死者长已矣",是第一次转折。可以想见,这是针对县吏的第一次逼问啼诉的。在这以前,诗人已用"有吏夜捉人"一句写出县吏的猛虎攫人之势。等到"老妇出看门",便扑了进来,贼眼四处搜索,却找不到一个男人,扑了个空。于是怒吼道:"你家的男人都到哪儿去了?快交出来!"老妇泣诉说:"三个儿子都当兵守邺城去了。一个儿子刚刚捎来一封信,信中说,另外两个儿子已经牺牲了……"泣诉的时候,也许县吏不相信,还拿出信来交县吏看。总之,"存者且偷生,死者长已矣!"处境是够使人同情的,她很希望以此博得县吏的同情,高抬贵手。不料县吏又大发雷霆:"难道你家里再没有别人了? 快交出来!"她只得针对这一点诉苦:"室中更无人,惟有乳下孙。"这两句,也许不是一口气说下去的,因为"更无人"与下面的回答发生了明显的矛盾。合理的解释是:老妇先说了一句:"家里再没人了!"而在这当儿,被儿媳妇抱在怀里躲到什么地方的小孙儿,受了怒吼声的惊吓,哭了起来,掩口也不顶用。于是县吏抓住了把柄,威逼道:"你竟敢撒谎! 不是有个孩子哭吗?"老妇不得已,这才说了一句"惟有乳下孙"。在老翁逾墙逃走之后,"室中"实际上有三个人。老妇说"室中更无人",意在藏过媳妇和孙子。如今孙子已被发现,则最关键的问题是如何藏过媳妇。所以在供认有个孙子时,特意用了"惟"字。"惟有"者,"只有"也,"更无"也。用"惟有"二字,其生怕儿媳妇被发现的心理活动已跃然纸上。与此同时,她又要强调孙子很小,所以又用了"乳下"二字。满以为这样一说,媳妇和孙子就都可以保全;万没想到既凶又奸的县吏又从这一回答中抓住了把柄,追问道:"'乳下孙'吃谁的'乳'? 还不把她交出来?"老妇担心的事情终于发生了! 她只得硬着头皮解释:"孙儿是有个母亲,她的丈夫在邺城战死了,因为要奶孩子,没有改嫁。可怜她衣服破破烂烂,怎么见人呀! 还是行行好吧!"("有孙母未去,出入无完裙"两句,有的本子作"孙母未便出,见吏无完裙",可见县吏是要她出来的。)但县吏仍不肯罢手。老妇生怕守寡的儿媳被抓、饿死孙子,只好挺身而出:"老妪力虽衰,请从吏夜归。急应河阳役,犹得备晨炊。"老妇的"致词",到此结束,表明县吏勉强同意,不再"怒呼"了。

"诗要字字作,也要字字读。"对于字字作出的好诗,必须字字玩味。囫囵吞枣,是谈不到艺术欣赏的。作诗要用形象思维的方法,读诗亦然。诗歌虽有形象性,但并不像电影之类的视觉艺术那样具有形象的可见性,因而在读诗的时候,必须根据自己的生活经验和历史知识,想象出作者所描写的那幅生活图画。诗的形象,有它的确定性,按照诗的形象所确定的范围去展开想象的翅膀,一般地说,是会加深对原诗的理解的。

"夜久语声绝,如闻泣幽咽。天明登前途,独与老翁别。"——最后一段只有四句,却照应开头,涉及所有人物,写出了事件的结局和作者的感受。"夜久语声绝,如闻泣幽咽。"表明老妇已被抓走,儿媳妇低声哭泣。"夜久"二字,承"有吏夜捉人"的"夜"字而来。入"夜"之时,吏来"捉人",直到"夜久","语声"才"绝"。一个"久"字,反映了老妇一再哭诉、县吏百般威逼的漫长过程。"如闻"二字,一方面表现了儿媳妇因丈夫战死、婆婆被"捉"而泣不成声,另一方面也显示出诗人以关切的心情倾耳细听,通夜未能入睡。"天明登前途,独与老翁别"两句,收尽全篇,于叙事中含无限深情。试想昨日傍晚投宿之时,老翁、老妇双双迎接,而时隔一夜,老妇被捉走,儿媳妇泣不成声,只能与逃走归来的老翁作别了。老翁是何心情,诗人有何感想,给读者留下了想象的余地。而诗人"独"与老翁告"别"之后,在"前途"上又会遇见什么呢?翻一下杜甫的诗集,就知道他紧接着遇见的是"新婚别"、"垂老别"和"无家别"等一系列男男女女生离死别的人寰惨景。

这首诗只有二十四句、一百二十个字,却在如此惊人的深度与广度上反映了现实,这是和诗人同情人民,熟悉生活,善于运用典型化的手法分不开的。诗人写的是他耳闻目睹的事件,但有选择,有舍弃,有明写,有暗写,有提炼,有概括。一句话,他在塑造典型,而不是记流水账。有的研究者认为这首诗"完全是素描",这是不确切的。和这样的认识相一致,那位研究者对作者提出的许多责难,也很难令人信服。例如他说:"杜甫是站在'吏'的立场上的。《三吏》中所写的'吏'都不那么令人憎恨。'石壕吏'虽然比较凶,但只是声音凶而已。"很显然,这只抓住了"吏呼一何怒"一句,认为"吏"不过在进门之时吼了几声罢了。对于通过老妇的"前致词"对吏的一再威逼的暗写,是没有注意到的;对于通过"有吏夜捉人"的具体描述所表现的思想倾向性,是视而不见的;对于"妇"和"吏"的尖锐矛盾所具有的典型意义,更是不屑一顾的。又如说:"诗人完全作为一个无言的旁观者,是值得惊异的。呼号很猛的差官没有惊动诗人,可以理解,因为只消表明身分是华州司功,就够了。"如在前面所分析,诗人并不在现场,所发生的一切,都是隔门"听"出来的,压根儿没有"旁观"。此其一。更重要的是:叙事诗中的"叙述人",乃是一个艺术范畴。《无家别》的叙述人是"因阵败"而"归来寻旧蹊"的"我"。这个"我"显然不是作者,而是诗中的主人公。《石壕吏》的叙述人与此不同,他不是诗中的主人公"老妇",而是"暮投石壕村","听"老妇"前致词"的"我"。这个"我",可以被看成自己,但作为一个艺术范畴,为了叙述的方便,并不排除虚构和想象,不能把他和现实生活中的作者完全等同起来。比如杜甫在《石龛》诗中写道:"熊罴咆我东,虎豹号我西,我后鬼长啸,我前狨又啼。天寒昏无日,山远道路迷。"其中的"我"当然是作者,但显然与实际生活中的作者有区别。要不然,有十个杜甫,也被野兽吃掉了。既然如此,为什么要把《石壕吏》的"叙述人"和做着华州司功的官儿的杜甫完全等同起来呢?按照那位研究者的意见,作者必须在诗里写出他以华州司功的官势赶走那"捉人"的悍吏,才算没有"站在'吏'的立场"。但用这样的要求搞文艺创作和文艺批评,恐怕是行不通的。须知杜甫是在写诗,而我们是在读诗啊!

有些研究者从"安史之乱是非正义性的"这个概念出发,说《石壕吏》塑造了一个自愿报名参军的老妇形象,表现了人民群众的爱国主义精神。显然,这是不合诗的原意的。细读全诗,那老妇何尝是自愿"急应河阳役"呢?她"应河阳役",分明是迫不得已,她那么"急",更分明是迫不得已。不"急",就要发生更严重的后果啊!这些好心的研究者不顾特定环境中人物的心理活动,根据"请从吏夜归……"的"致词"肯定了"老妇"的爱国主义精神,总算没有"歪曲劳动人民的形象",但这样一来,将置"逾墙走"的"老翁"于何地呢?由于安史叛军的杀戮、抢掠,人民希望平叛;由于希望恢复"开元盛世",杜甫也要求平叛。但当时的统治者对待叛军,却那样腐朽无能;而对待希望平叛,甚至已经贡献出三个儿子的劳动人民,却如此残暴无情。诗人杜甫面对这一切,没有美化现实,向"圣明天子"献颂歌,却如实地揭露了政治黑暗,发出了"有吏夜捉人"的呼喊!这是难能可贵、值得高度评价的。抗日战争时期,国民党反动派一面鹰犬四出、乱"抓壮丁",一面下令从中学《国文》课本中删去《石壕吏》,正说明这篇诗具有多么强大的批判力量!

仇兆鳌在《杜少陵集详注》里说:"古者有兄弟,始遣一人从军。今驱尽壮丁,及于老弱。诗云:三男戍,二男死,孙方乳,媳无裙,翁逾墙,妇夜往。一家之中,父子、兄弟、祖孙、姑媳,惨酷至此,民不聊生极矣!当时唐祚,亦岌岌乎危哉!"就是说,"民为邦本",把人民整成这个样子,统治者的宝座也就岌岌可危了!这位"封建文人"在对《石壕吏》作了注释之后讲了这些话,也许是希望当时的统治者从这里汲取了一些历史教训吧!事实证明,反动统治者很难汲取这种教训,所以终归灭亡;但仇兆鳌的意见,对于我们领会杜甫写《石壕吏》的意图,还是不无帮助的。

在艺术表现上,这篇诗有许多特点值得注意;但最突出的一点则是精炼。陆时雍称赞这篇诗"其事何长!其言何简!"就是指这一点说的。仅用一百二十个字,就写出了典型性很强的环境、人物和情节,在惊人的广度与深度上反映了生活中的矛盾与冲突,从而体现了同情人民的思想倾向,这的确是难能可贵的。

作者之所以能够达到这样高的艺术境界,当然和他"穷年忧黎元,叹息肠内热"的精神境界密不可分;但他的深厚的艺术修养和精湛的艺术技巧,无疑也起着重要作用。

一、寓褒贬于叙事。这篇诗句句叙事,无抒情语,亦无议论语;但实际上,却通过叙事抒了情,发了议论,爱憎十分分明,倾向性十分强烈。这强烈的倾向性,不是由作者说出来的,而是从情节和场面中自然流露出来的。这样,就既节省了许多笔墨,又避免了概念化的缺点。

二、高度概括与具体描写相结合。"有吏夜捉人",这是对整个事件的高度概括。"吏呼一何怒!妇啼一何苦!"又对"捉人"的一方与被"捉"的一方的不同表现作了高度的概括。"吏呼一何怒",这是不顾人民的死活,硬要"捉";"妇啼一何苦",这是对"吏"存有不切实际的幻想,力求免于被"捉"。经过这样的高度概括,矛盾冲突的性质已揭示得一清二楚,而矛盾冲突将如何发展,则紧扣人们的心弦,引起了读者的无限悬念。接下去，即对矛盾冲突的发展和结局展开了极富感染力的具体描写。

三、藏问于答。作者在用"吏呼一何怒！妇啼一何苦！"概括了矛盾双方之后，便集中写"妇"，不复写"吏"，而"吏"的蛮悍、凶暴，却于老妇"致词"的内容和情节发展的结局中暗示出来。这里运用的表现手法是藏问于答。

在我国的古典诗歌中，藏问于答、从答见问的例子并不罕见。例如贾岛的《寻隐者不遇》：

松下问童子，言师采药去。
只在此山中，云深不知处。

只说"问童子"，没有说问了些什么，而问的内容，却从童子的回答中暗示出来。童子回答说他的老师采药去了，可见那省去的问话是："你的老师干什么去了？"诗的三四两句，还暗示出诗人又省去了一句问话："上哪儿采药去了？"如果没有这一问，为什么会有"只在此山中，云深不知处"的回答呢？

《石壕吏》中间一段的写法与此相类似。"吏呼一何怒！妇啼一何苦！"既然紧接"有吏夜捉人"而来，那么"吏呼"的内容，自然离不开"捉人"，而"老妇"的"致词"，自然是对"吏呼"的回答。杜甫的高明之处，在于他只用"一何怒"描绘了"吏呼"的情状，而让"吏呼"的具体内容从"老妇"的"致词"中暗示出来。如果把所有的暗写都变成明写，像前面的分析那样，一问一答交互进行，中间再穿插上表情、动作和心理活动的描写，那么其结果必然是"其事甚长，其言甚繁"，读起来就没有余味了。

四、善于剪裁，言外见意。一开头，只用一句写宿，立刻转入"有吏夜捉人"的主题。而写投宿的那一句，文字又十分洗炼。只说"暮投石壕村"，并没有说投宿在哪一家，更没有写投宿时的情景；而细读全诗，读到"独与老翁别"的时候，就知道他正是投宿在那个"老翁"家里的，而投宿之时，"老翁"是和"老妇"一同接待他的。又如只写"老翁逾墙走"，未写他何时归来；只写"如闻泣幽咽"，未写泣者是谁；只写老妇"请从吏夜归",未写她是否被带走;却用照应开头、结束全篇、既叙事、又抒情的"独与老翁别"一句暗示读者:当"夜久语声绝"之后,老妇即被"捉"去,儿媳妇吞声饮泣,而老翁则于"天明"之前,回到家里。至于这一家的生计如何,尽管没有作正面描写,然而既然三男当兵,二男战死,家中失去了主要劳力,连年轻的儿媳妇都"出入无完裙",则"存者且偷生"的苦况也就可想而知了。

在我们的文艺界,颇有短篇小说嫌长的议论。当然,文艺作品的高下,主要决定于内容的是否健康、深厚、丰满,长而空不好,短而空也不好。对于篇幅虽长,但内容健康、深厚、丰满的作品,读者是欢迎的。然而内容同样健康、深厚、丰满。篇幅却相对的短一些,岂不更好吗?从这一意义上说,杜甫的这篇《石壕吏》,还是值得从事文艺创作的人认真借鉴的。

像这样的分析,细腻、具体、深刻,在写作技法方面,揭示出诗圣"寓褒贬于叙事"、"藏问于答"的独特方法,而对诗中老妇形象的分析,与许多专家的分析结论不一样,但却是从作品本身中得出的结论,很有新意,也很有说服力。

《举隅》读诗解诗,不离原作本身,更关注全文,而不胶着于某字某句。晚唐诗人温庭筠的名作《商山早行》久已脍炙人口,但对其注解却颇多歧义,如其尾联"因思杜陵梦,凫雁满回塘",就有许多不同的理解,比较有代表性的解释是"回想长安情境恍然如梦,而眼前则是'凫雁满塘',一片萧瑟景象"。霍先生认为,这尾联其实是对首联中"客行悲故乡"的照应和补充,将首尾联系起来,霍先生进一步具体分析道:"旅途'早行'的景色,使诗人想起了昨夜在梦中出现的杜陵景色:'凫雁满回塘'。春天来了,故乡杜陵,回塘水暖,凫雁自得其乐;而自己却离家日远,在'茅店'里歇脚,在山路上奔波呢!'杜陵梦',补出了夜间在'茅店'里思家的心情,与'客行悲故乡'首尾照应,互相补充;而梦中故乡的景色与旅途上的景色又形成鲜明的对照。眼里看的是'槲叶满山路',

心里想的是'凫雁满回塘'。'早行'之景与'早行'之情,都得到了完美的体现。"(《举隅》第216页)。

像这样一些作品,从作品本身着眼,并顾及作品之"全篇"来仔细地阅读、理解,自然就避免了许多歧义,更会避免许多牵强附会的解释。

《举隅》中的鉴赏文章,很好地体现了"知人论世"的原则。

知人论世,本是赏读与研究文学作品的一个基本的原理。自从孟子提出这一观点以后,历代和者甚众。而自从鲁迅先生作了"倘要论文,最好是顾及全篇,并且顾及作者的全人,以及他所处的社会状态"(《"题未定"草(七)》)的诠释发挥后,知人论世的原理似乎已成了人人皆知的常识。然而在具体的文学赏读实践中,却并非人人都能做到。

一些特定的作品,不联系写作时的具体背景以及作者当时特定的心态,或许也能作出相应的解释,但却很难有准确到位的理解。如陆游《剑门道中遇微雨》一首,表面看来只是一种即兴之作,无甚寓意。许多人就把它看成是一首有情趣、甚或有些浪漫情调的生活小诗。而霍松林先生在联系陆游的遭际抱负、写这首诗之前的经历以及写这首诗之时的境遇和心情、并证以其他诗篇以后指出,这首诗是抒发作者"壮志难酬的愤懑","在顾及作者'全人'的同时细读'全诗',便于含蓄中见忧愤,于婉约中见感慨。惟其含蓄,忧愤更其深广;惟其婉约,感慨更其沉痛。"(《举隅》第300页)。

杜甫的名作《自京赴奉先咏怀五百字》中有"葵藿倾太阳"一句,许多注本都把"葵"解释为向日葵。这虽然对理解诗的大意没有太大的影响,但终与老杜原意不切合。霍先生指出:"向日葵一名西番葵,一年生草本,原产美洲,17世纪,我国才从南洋引进,杜甫怎会见到? 杜甫所说的'葵'系锦葵科宿根草本,《花镜》说它'一名卫足葵,言其倾叶向阳,不令照其根也'。'藿'指豆叶,也向阳。曹植《求通亲亲表》:'若葵藿之倾叶,太阳虽不为之回光,然终向之者,诚也。臣窃自比葵藿;若降天地之施,垂三光之明者,实在陛下。'杜甫的这句诗,实取义于此,既表现自己'倾太阳'的忠诚,也包含'太阳不为之回光'却仍然希望其'回光'的复杂内容,与上文'生逢尧舜君,不忍便永诀'和下文'终愧巢与由,未能易其节'有内在的联系。而希望太阳回光,又是为了实现稷契之志"(《举隅》第51页)。结合时代,确证名实;而后考证出处,通观全文,并联系作者的志向、作品的主旨,言而有据,十分切合原作原意。

  中国幅员辽阔,地理环境复杂多样,所以,对有些具体的作品,还要联系具体的地理环境,而不能笼统地"一概而论"。温庭筠的名作《商山早行》有"鸡声茅店月,人迹板桥霜。槲叶落山路,枳花明驿墙"之句,不少人着眼于"板桥霜"和"槲叶落",认为"这诗写的是秋景";并说秋天"不当有'枳花',想是误用。"作诗高手如温庭筠者,竟然会犯如此低级的错误,实在让人费解。对此,霍先生联系此诗的写作地点(陕西商洛一带的山区),指出:"这其实是误解。不光是秋天才有'霜',也不是任何树都在秋天'落叶'。商县、洛南一带,枳树、槲树很多。槲树的叶片很大,冬天虽干枯,却仍留枝上;直到第二年早春树枝将发嫩芽的时候,才纷纷脱落。而这时候,枳树的白花已在开放。"并举例说明"温庭筠对此很熟悉。他在《送洛南李主簿》里,也是用'槲叶晓迷路,枳花春满庭'的诗句描写商洛地区的早春景色的。"(《举隅》第216页)如果不联系具体的地理环境,就必然对此诗的理解产生很大的误差。

  赏读、分析那些有特定内涵的作品,更要联系其创作背景、创作动机以及其他一些相关的资料,但有时做起来并不那么容易,人们往往会执著于某些表相的侧面而影响了对作品的理解。比如范仲淹的《岳阳楼记》,前人往往只从文体的角度着眼,指责其不合体裁,把"记"写成了"论"。早在北宋时期,陈师道就提出了这种批评。那么,作者为什么要这样写,即范仲淹的创作动机和意图是什么呢?一直没有人做过探究。霍先生广泛搜集资料,最后找到了范仲淹的后人范公偁《过庭录》、南宋周煇《清波杂志》、晚明袁中道《珂雪文集》以及《岳州府志》中的相关记载,才对此文做出了透彻的理解和合理的解释。《过庭录》载:"滕子京负大才,为众所嫉。自庆帅谪巴陵,愤郁颇见辞色。文正(范仲淹)与之同年友善,爱其才,恐后贻祸;然滕豪迈自负,罕受人言,正患无隙以规之。子京忽以书抵文正,求岳阳楼记,故记中云:'不以物喜,不以己悲','先天下之忧而忧,后天下之乐而乐。'其意盖有在矣。"《清波杂志》记"滕子京守巴陵,修岳阳楼,或赞其落成,答以'落甚成?只待凭栏大恸数场'!"袁中道《游岳阳记》谓'昔滕子京以庆帅左迁此地,郁郁不得志,增城楼为岳阳楼。既成,宾僚请大合乐落之。'子京曰:'直须凭栏大哭一番乃快。'"在这些材料的基础上,霍先生指出:"范仲淹并不是为原来的岳阳楼写记,而是为滕子京'重修'的岳阳楼写记。滕子京'重修岳阳楼',为的是'凭栏大恸数场',以发泄遭迫害、被贬谪的愤懑;范仲淹针对这一点写记,就不能用公式化的办法。明白了这一点,就可以看出范仲淹的这篇'别开生面'的文章,'议论虽多,何害为记'(王若虚语)!它是为滕子京'重修'岳阳楼写的记,是有的放矢的、最贴切的记。"(《举隅》第386页)像这样的一些作品,如果仅仅局限于作品本身,就很难得出令人信服的结论。

《举隅》中的文章,融入了霍先生自己的生活经验与创作经验,以此为基础,充分地发挥了合理的想象。

欣赏作品,需要想象和联想。对此,霍先生有着明确的自觉意识:"作诗要用形象思维的方法,读诗亦然。诗歌虽有形象性,但并不像电影之类的视觉艺术那样具有形象的可见性,因而在读诗的时候,必须根据自己的生活经验和历史知识,想象出作者描写的那幅生活图画。诗的形象,有它的确定性,按照诗的形象所确定的范围去展开想象的翅膀,一般地说,是会加深对原诗的理解的"(《举隅》第101页)。因此,读杜甫的"晓看红湿处,花重锦官城",霍先生会想到:"等到天明一看,整个锦官城(成都)杂花生树,一片'红湿',一朵朵红艳艳、沉甸甸,汇成花的海洋。那么,田里的禾苗呢?山上的树林呢?一切的一切呢"(《举隅》第115页)。由花而联想到禾苗、山林,这正是生活经验的体现。

充分地发挥想象,对作品所描写的情景进行联想、补充,在《举隅》中非常多见。如对陈与义《早行》一诗的赏析:

寂寞小桥和梦过
——说陈与义《早行》

露侵驼褐晓寒轻,星斗阑干分外明。

寂寞小桥和梦过,稻田深处草虫鸣。

"莫道君行早,更有早行人"。今人早行,大抵坐火车、轮船、汽车、飞机,既不艰苦,又看不见多少有特征的景色,所以似乎很少写早行诗。古人却不然,因而在我们的古典诗歌中,写早行的就相当多。我们曾经谈过一首晚唐诗人温庭筠的五律,这里不妨再谈一首南宋诗人陈与义的七绝。

早行诗应该写出关于早行的独特情景。早行,究竟有哪些独特的情景呢?且看下面的几首早行诗:

> 扰扰整夜装,肃肃戒徂两。
> 晓星正寥落,晨光复泱漭。
> 犹霑余露团,稍见朝霞上。
> 故乡邈已夐,山川修且广。
> 文奏方盈前,怀人去心赏。
> 勒躬每蹜踖,瞻恩唯震荡。
> 行矣倦路长,无由税归鞅。
>
> ——谢朓《京路夜发》

> 合沓岩嶂深,朦胧烟雾晓。
> 荒阡下樵客,野猿惊山鸟。
> 开门听潺湲,入径寻窈窕。
> 栖鹘抱寒木,流萤飞暗筱。
> 早霞稍霏霏,残月犹皎皎。
> 行看远星稀,渐觉游氛少。
> 我行抚轺传,兼得傍林沼。

贪玩水石奇,不知川路渺。
徒怜野心旷,讵测浮年小!
方解宠辱情,永托絜尘表。

——李峤《早发苦竹馆》

鸡唱催人起,又生前去愁。
路明残月在,山露宿云收。
村店烟火动,渔家灯烛幽。
趋名与趋利,行役几时休?

——王观《早行》

钟静人犹寝,天高月自凉。
一星深戍火,残月半桥霜。
客老愁尘下,蝉寒怨路旁。
青山依旧色,宛是马卿乡。

——刘郇伯《早行》

晨起动征铎,客行悲故乡。
鸡声茅店月,人迹板桥霜。
槲叶落山路,枳花明驿墙。
因思杜陵梦,凫雁满回塘。

——温庭筠《商山早行》

马上续残梦,马嘶时复惊。
心孤多所虞,僮仆近我行!
栖禽未分散,落月照孤城。
莫羡居者闲,溪边人已耕。

——刘驾《早行》

舟子相呼起,长江未五更。
几看星月在,犹带梦魂行。
鸟乱村林迥,人喧水栅横。
苍茫平野外,渐认远峰名。

——齐己《江行晓发》

旅馆候天曙,整年趋远程。
几处晓钟动,半桥残月明。
沙上鸟犹睡,渡头人已行。
去去古时道,马嘶三两声。

——唐求《晓发》

马上续残梦,不知朝日升。
乱山横翠嶂,落月淡孤灯。
奔走烦邮吏,安闲愧老僧。
再游应眷眷,聊亦记吾曾。

——苏轼《太白山下早行至横渠镇书崇寿院壁》

村鸡已报晨,晓月渐无色。
行人马上去,残灯照空驿。

——刘子翚《早行》

这些诗,各有特色。温庭筠的一首尤有名。其中的"鸡声茅店月,人迹板桥霜",沈德潜曾说"早行名句,尽此一联",不为无据。鸡呀,月呀,店呀,桥呀,霜呀,许多早行诗都写到了,却写得比较分散;而这一联,却作了典型的概括,又有景有情,有声有色。刘驾的一首以"马上续残梦,马嘶时复惊"发端,很精彩。齐己也写到梦。苏轼用了刘驾的首句,而继之以"不知朝日升",以见"梦"之沉酣;"乱山横翠嶂,落月淡孤灯",

《唐宋诗文鉴赏举隅》及其影响 125

那自然是"梦"醒之后看到的。

现在再看陈与义的《早行》：

头一句，不说"鸡唱"，不说"晨起"，不说"开门"，不说"整车"或"动征铎"，而主人公已在旅途行进，"行"得特别"早"。"行"得特别"早"，既不是用"未五更"之类的抽象语言说出来的，又不是用"流萤"、"栖禽"、"渔灯"、"戍火"、"残月"之类的客观景物烘托出来的，而是通过主人公的感觉准确地表现出来的。"露侵驼褐晓寒轻"中的"驼褐"，是一种用兽毛（不一定是驼毛）制成的上衣，露水不易湿透；看来是主人公为了防露特意穿上的，其上路之早可见。出发之时还没有露，穿"驼褐"是为了防露；而如今呢，"露侵驼褐"，以至于使他感到"晓寒"了！那么他已经"行"了很久，也是不言而喻的。

"晓寒"的"晓"指天亮。但在这里，它作为"寒"的定语，不一定专指天亮。黎明前后的那一段时间比较"寒"，可笼统地称为"晓寒"。当主人公因露水侵透驼褐而感到寒凉的时候，还没有天亮，看下句自明。

第二句，诗人不写"月"而写"星斗"。"星斗阑干分外明"，这是颇有特征性的景象。"阑干"，纵横貌。古人往往用"阑干"形容星斗，如"月没参横，北斗阑干"之类。月明则星稀，因为星光为月光所掩。"星斗阑干"，而且"分外明"，说明这是阴历月终（即所谓"晦日"）的夜晚，压根儿没有月。此其一。第一句写到"露侵驼褐"；露，那是在下半夜晴朗无风的情况下才有的。晴朗无风而没有月，"星斗"自然就"阑干"、就"明"，其写景之确切、细致，也值得肯定。此其二，更重要的还在于写"明"是为了写"暗"。人们常讲到"黎明之前的黑暗"。在"黎明之前的黑暗"还未出现之时，满天星斗是"明"的，但那只是一般的"明"，只是由于无月才显得"明"。在"黎明之前的黑暗"出现以后，由于地面的景物比以前"分外"暗，所以天上的星斗也就被反衬得"分外"明。

反衬这种表现手法是诗人们常用的，但通常是把衬托的双方同时写出。如"野径云俱黑，江船火烛明"（杜甫《春夜喜雨》），"浓绿万枝红一点，动人春色不须多"（王安石失题断句）之类，一望而知是以"明"反衬

"暗"、以"绿"反衬"红"。至于杜甫《春望》的首联"国破山河在,城春草木深",如司马光《续诗话》所指出:"'山河在',明无余物矣;'草木深',明无人矣。"作为大唐帝国京城的长安而"草木深",其人迹稀少可知。这与杜甫《别唐十五》中的"萧条四海内,人少豺虎多"实际是一回事,所不同的只是写了相互衬托的一个方面,而"人少"这另一方面,则是"象外之象",需要读者通过想象加以再现。"星斗阑干分外明"亦复如此,诗人只写了"明"的一个方面,但细心的读者会从这一方面想象出与之反衬的另一方面:"暗"。如果已经天亮、乃至大亮,星斗就不再"阑干",也不再"明",更不可能"分外明"了。

第三句"寂寞小桥和梦过",可以说"立片言以居要,乃一篇之警策"。前引诸诗中刘伯刍的"残月半桥霜"、温庭筠的"人迹板桥霜"、唐求的"半桥残月明",都以桥上霜月,烘托出行之"早"。此句仅于"小桥"前加"寂寞"一词,而"早"意全出。怎见得?"小桥"乃行人所必经,天亮之后,熙来攘往,其喧闹甚于他处。而今却如此"寂寞",不正说明诗中主人公是最"早"经过此桥的行人吗?前引诸诗中齐己的"犹带梦魂行",刘驾、苏轼的"马上续残梦",都以睡意尚浓、旅途做梦来暗示出行之"早"。此句也写梦,却与"寂寞小桥"结合,构成了更其独特、更其丰满的意象,令人玩索不尽。

赶路而做梦,一般不可能是"徒步"。齐己的诗以"舟子相呼起"开头,表明"犹带梦魂行"实际是人在船上做梦,"行"的是船。刘驾、苏轼,则都说"马上续残梦"。独自骑马,一般也不敢放心地做梦。刘驾就明说"僮仆近我行"。苏轼呢,虽未明说,但他作此诗时正做凤翔通判,奉命至郿县一带"减决囚禁",当然有人随从。明乎此,则"寂寞小桥"竟敢"和梦过",其人在马上,而且有人为他牵马,不言可知。这样的分析如果合乎情理、不算穿凿的话,就让我们回到前面去,再看看第一句和第二句。

第一句不诉诸视觉,写早行之景;却诉诸感觉,写寒意袭人,这是耐人寻味的。联系第三句,这"味"也不难寻。过"小桥"还在做梦,说明主人公起得太"早",觉未睡醒,一上马就迷糊过去了。及至感到有点儿"寒",才耸耸肩,醒了过来,原来身上湿漉漉的;一摸,露水已浸透了"驼褐"。接下去,其心理活动是:"嘀!已经走了这么久,天快亮了吧!"然而凭感觉,是无法准确地判断是否天亮的,自然要借助视觉。睁眼一看,大地一片幽暗;抬头看天,不是"长河渐落晓星沉"(李商隐《嫦娥》),而是"星斗阑干分外明",离天亮还远呢!于是又合上惺忪睡眼,进入梦乡。既进入梦乡,又怎么知道在过桥呢?就因为他骑着马。马蹄踏在桥板上发出的响声惊动了他,意识到在过桥,于是略开睡眼,看见桥是个"小"桥,桥外是"稻"田,又朦朦胧胧,进入半睡眠状态。

  第一句写感觉,第二句写视觉;三四两句,则视觉、感觉、听觉并写。先听见蹄声响亮,才略开睡眼;"小"桥过"稻"田,当然是看见的。而"稻田深处草虫鸣",则是"和梦"过"小桥"时听见的。正像从响亮的马蹄声意识到过"桥"一样,"草虫"的鸣声不在桥边、而在"稻田深处",也是从听觉判断出来的。

  诗人在这里也用了反衬手法。"寂寞小桥和梦过",静中有动;"稻田深处草虫鸣",寂中有声。四野无人,一切都在沉睡,只有孤寂的旅人"和梦"过桥,这静中之动更反衬出深夜的沉静。万籁俱寂,一切都在沉默,只有几个草虫儿的鸣叫传入迷离梦境,这寂中之声更反衬出大地的阒寂。正因为这样,诗人确切地用了"寂寞"一词。"寂寞"是一种感觉。它当然不是"小桥"的感觉,而是旅人"和梦"过小桥时的感觉。这感觉,是由视觉和听觉引起的。就视觉说,略开睡眼,看见桥上别无行人,田间亦无农夫,只有梦魂伴随着自己孤零零地过桥,就感到"寂寞"。《楚辞·远游》云:"野寂漠(寞)其无人。""寂寞"所包含的一层意思,就是因身外"无人"而引起的孤独感。而"无人",在这里又表现天色尚"早",——比唐求所写的"渡头人已行"、刘驾所写的"溪边人已耕"当然"早"得多。就听觉说,既无人语,又无鸟叫,只有唧唧虫声在迷离梦境中时隐时现,就感到"寂寞"。陆机《文赋》云:"叩寂寞而求音。""寂寞"所包含的又一层意思,就是因四周"无声"而引起的寂寥感。而"无声",

在这里也表现天色尚"早",——比齐己所写的"鸟乱村林迥,人喧水栅横"当然"早"得多。

前引诸诗写"早行"过程,都写到天亮以后,客观景物的可见度越来越大,因而主要诉之于视觉,写景较多。"早霞稍霏霏","村店烟火动","枳花明驿墙","乱山横翠嶂"等等,都是有形有色、明晰可见的视觉形象。这首七绝写"早行"过程,却截止于天亮之前,而天上又没有月,地面上的景物,其可见度始终很有限。因此,只有"星斗阑干分外明"一句写视觉形象。"小桥"、"稻田",虽然来自视觉,但这只是近景,又只看出"桥"是"小"桥、"田"是"稻"田而已;所以只提了一下,未作形象的描绘。其他,全诉诸感觉和听觉。这首诗的最突出的艺术特色,就表现在诗人通过主人公的感觉、视觉和听觉的交替与综合,描绘了一幅独特的"早行"(甚至可以说是"夜行")图。读者通过"通感"与想象,主人公在马上摇晃,时醒时睡,时而睁眼看地,时而仰首看天,以及凉露湿衣、虫声入梦等一系列微妙的神态变化,都宛然在目;天上地下或明或暗、或喧或寂、或动或静的一切景物特征,也一一展现眼前。

温庭筠的诗,写的是"商山"早行,季节是早春;其景物描写,都切合特定的时和地。这首诗,从"小桥"、"稻田"和夜露之浓可以侵透"驼褐"看,其地大约是江南水乡;从夜露寒凉和草虫鸣叫看,其时大约是深秋。古人不是说:"以虫鸣秋"吗?诗人围绕早行者的寂寞旅行,写出了江南水乡的一个虽然无月、却晴朗无风的深秋之夜的独特景色,其写景之切合特定的时和地而不流于一般化,也是颇费匠心的。

陈与义(1090—1138),字去非,自号简斋,洛阳人,北宋徽宗时曾任太学博士。金兵南下,他避难南奔,经襄阳、湖南、广东、福建而抵达南宋的都城临安,累官参知政事。在南北宋之交,他要算最杰出的诗人。他的《简斋集》,在南宋已有胡稚的注本,这首《早行》七绝就在里面,似乎不存在真伪问题。南宋末期人韦居安著《梅磵诗话》(《读画斋丛书》本),在卷上引了一首诗,和这首《早行》诗只有两字之异:"露"作"雾","分"作"野"。作者呢,却说是李元膺。李元膺是北宋人,其活动时期,早于陈与义。一种较大的可能性是韦居安凭记忆引了陈与义的诗,却记错了作者,又记错了两个字。"雾",当然可以侵透"驼褐";但既然"雾"那么浓,又怎么能够看清"星斗阑干"呢?"星斗"即使"阑干",其光芒毕竟是微弱的,又哪能透过浓"雾",照得"野外"通"明"呢?有比较才有鉴别,把这只有两字之异的两首诗加以比较,更看出原作的艺术构思是多么的精密!

张良臣《雪窗小集》(《南宋群贤小集》第十册)中有一首《晓行》诗(也选入《诗家鼎脔》):

千山万山星斗落,
一声两声钟磬清。
路入小桥和梦过,
豆花深处草虫鸣。

张良臣的活动时代比较晚,他大约读陈与义的作品,很喜爱那首《早行》诗,也想作一首,却没有认真作,只来个"改头换面"。题目改《早行》为《晓行》,时间推后了,主人公自然不会因"露侵驼褐"而感到"寒",所以丢掉了原作的第一句,从第二句上打主意。既然时间推后了,天"晓"才出"行",那么还说"星斗阑干"就不合适,于是想出了"星斗落";再加上"千山万山",就有了第一句。"千山万山"中不可能没佛寺,天晓之时,寺里的和尚是要敲钟击磬的,这便作出了第二句。原作的三四两句,看来是张良臣最羡慕的,各换两字,就据为己有,一篇诗算是作成了。然而那四个字的改换,不妨说是"点金成铁"。"入"字跟"过"字相碍,句法很别扭,此其一。"路入小桥"之后才进入梦境,还说"和梦过",那"桥"就应该是数里长桥,不是"小"桥,此其二。天"晓"后才出"行",还在"桥"上做梦,哪来的那么多瞌睡?此其三。至于"豆花深处",乍看似乎比"稻田深处"色彩鲜明,但"豆花"开放在什么季节,这季节是否与"草虫鸣"合拍,也值得怀疑。

《梅硐诗话》所引的那一首、张良臣的这一首,和陈与义的《早行》诗相较,究竟孰优孰劣,自然还可以讨论;但从这里看出,陈与义的这首七绝,曾经是受到诗人们的重视的。

这篇鉴赏文章,有鉴有赏,赏析又左右逢源、旁征博引、多方比较,分析又细腻入微、精妙深刻。就赏析时运用想象、联想而言,对"露侵驼褐"四句的分析,尤为精彩。因而,这篇文章随后就被纽约《海内外》1984年第10期转载,良非偶然。

生活经验的积累,使得霍先生能够对作品做出符合生活真实的解释。如祖咏《终南望馀雪》一首,霍先生指出,一"霁"字十分重要,"终南山距长安城南约60华里,从长安城中遥望终南山,阴天固然看不清,就是在大晴天,一般看到的也是笼罩终南山的蒙蒙雾霭;只有在雨雪初晴之时,才能看清它的真面目。""所以,如果写从长安城中遥望终南而不下一个'霁'字,却说望见'阴岭'的'馀雪'如何如何,那就违反了客观真实"(《举隅》第20页)。霍先生在长安城南的陕西师范大学工作生活了几十年,对这一自然现象自是十分熟悉。但若没有对生活的留心,正像绝大多数生活在长安城中的人一样,也不会有这样的理解的。对于诗中的"城中增暮寒"一句,霍先生用了俗谚"日暮天寒"和"下雪不冷消雪冷",说明当时已寒上加寒。又用"望雪觉寒"的"通感"体验解释说:长安"城中"人"望终南馀雪"寒光闪闪而"打了一个寒颤",更"增暮寒","终南望馀雪"的题目写到这种程度,意思即确完满了。善于借助生活体验,才能把那个"增"字分析得如此细致入微。

善于调动生活经验,是欣赏文学作品的一个重要基础;而联系自己的创作体验,则对作品的理解会更有超出常人的体会。比如谈王勃的《送杜少府之任蜀川》,《举隅》指出:"首联对仗工整,为了避免板滞,次联以散调承之,文情跌宕"(《举隅》第4页),这正是霍先生自己创作经验的表达。谈陈与义《襄阳道中》"飞花两岸照船红,百里榆堤半日风",《举隅》指出这里对色彩的描写用了"显色字"与"隐色字"。对这一点,霍先生后来写有专门的论文《论诗的设色》①，有更充分地阐述。

一个热爱生活、富有创作经验的人，将生活经验与创作经验相融合，这样，对优秀的文学作品的理解，就能看出许多隐藏于字句之外的内容、洞悉笔墨之外的隐藏意与延伸意。霍先生讲杜甫《茅屋为秋风所破歌》"南村群童欺我老无力"，指出："只用一个'南'字，就把风向（由北而南）以及茅屋的位置（座落在江北）点得一清二楚"。而讲"归来倚杖自叹息"，则谓此句"'一身而二任'，告诉我们在'归来'（回到屋里）之前，诗人是挂着拐杖立在屋外的；大约是一听到北风狂叫，就担心盖得不够结实的茅屋发生危险，因而就拄杖出门，直到风吹屋破，茅草也无法收回，这才无可奈何地走回家中。'倚杖'，当然又与'老无力'照应。'自叹息'中的'自'字，下得很沉痛！诗人如此不幸的遭遇只有自己叹息，未引起别人的同情和帮助，则世风之浇薄，就意在言外了"（《举隅》第120页）。创作的经验，使得霍先生能够敏锐地体味到老杜仅用"南村"、"归来"四字暗示出许多情景；而由"自叹息"联想到世风的浇薄，则只有结合复杂丰富的生活阅历才能体会得出这种言外之意。

丰富的创作经验，使霍先生对作家的用笔技巧十分熟悉，如谈柳宗元《童区寄传》一文中的"行牧且荛"。看似平淡的四个字，却为下文埋下了伏笔，"不难设想，这个穷孩子正是在'行牧且荛'的平凡生活里得到了锻炼。他自然爬过峭壁、涉过急涧、砍过荆棘，也许驱逐过毒蛇猛兽。惟其如此，才可以做出下文要写的'奇'事来。"这，也正是先生调动了自己丰富的生活经验和创作经验，才能得出的理解和阐释。同样，自身创作的甘苦体会，使得霍先生常常能敏锐地发现诗人用墨的苦心，如他在另一篇文章中对杜甫《石壕吏》一诗的分析："杜甫和后来修《新唐书》的宋祁不同，他删减字句，并不是一味求简。他在不很必要的地方惜墨如金，正是为了突出重要的地方，为了留出篇幅，以便在最重要的地方用墨如泼。《石壕吏》一诗，将老妪'前置辞'的内容写得多么感慨淋

---

① 载《江海学刊》1993年第5期。

漓;而开头和结尾,却都着墨不多。在开头,用'逾墙走'三字将老翁推出诗篇之外,专写老妪。在结尾,用'独与老翁别'一句写自己离开石壕村,却将老妪终于被'捉'走以及老翁事后回家的情景,也透露出来了。如果是不善剪裁的人,光老妪的终于被'捉'以及老翁的事后归来,不知要费多少笔墨才能交代清楚;而在交代清楚之后,又必然分散重点,失掉含蓄之美。"①读到这样的分析,不由得令我们拍掌称快、击节叫绝!

  鉴赏,是"鉴"与"赏"的统一。首先要鉴,然后才能赏。鉴,先是要读懂原作,理解其原意,再是了解其构思布局、章法结构、意象意境,知其好坏,辨其高下,明其美丑,然后才能进入赏的层次,述其所以然。文学作品,特别是古典文学作品,由于时代变迁的原因,今天的人读起来总会有一些文字、名物等等方面的障碍,所以,要"鉴",基本的语言阅读与理解能力、音韵、版本、校勘、训诂、考证等方面的基本知识,以及历史、地理乃至其他一切人文社会科学的基本知识当然是基础。对一般的文学作品,人们大都会有一个基本正确的理解,而对一些比较费解的作品就不同了。还有的作品,表面上看似简单,其实要做出正确的笺释也颇费笔墨。如白居易的名作《买花》中的"灼灼百朵红,戋戋五束素"两句,在全诗的章法上有着十分重要的作用,但对它的解释却颇有分歧。许多唐诗选本都把"戋戋"解释为"微少",把"五束素"解释为"五把白牡丹"。霍先生认为这样解释不妥,且使下文的"一丛深色花,十户中人赋"两句失掉依据。《易·贲卦》:"束帛戋戋。"旧注曰:束帛,五匹帛;戋戋,众多也。霍先生据此指出,白诗的"戋戋五束素",显然从此化出。"素"也就是"帛"或者"绢"。"一束"是五匹,"五束"就是二十五匹。《新唐书·食货志》云:"自初定两税时,钱轻货重……绢匹为钱三千二百。"白居易作此诗时正是"初定两税时",一匹绢价值三千二百,则二十五匹绢的价值便是八万。与白居易同时的李肇在《国史补》(卷中)里说:"京城贵游尚牡丹三十余年矣……一

---

① 霍松林《尺幅万里——杜诗艺术漫谈》,刊《文学遗产增刊》第13辑。

本有值数万者。"可证白居易的这两句诗是写实。当时长安崇尚红牡丹,而白牡丹则遭人贱视,故"灼灼百朵红"的价值是"戋戋五束素"。结尾的"一丛深色花"上承"灼灼百朵红",而"十户中人赋"则上承"戋戋五束素",可谓针线细密,章法谨严。此后出版的有关此诗注释或鉴赏的著作,大多采用了霍先生的这种解释,还有的训诂学专著称此为"结合上下文进行训诂的范例"。

当然,读懂了作品的意思,并不等于就"鉴赏"或"欣赏"了作品,甚至还算不上真正的"鉴"。进一步,还要发现、分析、体悟作品的艺术技巧。文学作品的艺术技巧当然千变万化、丰富多彩;霍松林先生的文学鉴赏也有着多方面、多角度地赏析。这里,略举数例:黄庭坚的名作《寄黄几复》中"桃李春风一杯酒,江湖夜雨十年灯",向来脍炙人口。霍先生细致地分析了这两句诗的对照手法:

第一,下句所写,分明是别后十年来的情景,包括眼前的情景;那么,上句所写,自然是十年前的情景。因此,上句无须说"我们当年相会",而这层意思,已从与下句的对照中表现出来。第二,"江湖"除了前面所讲的意义之外,还有与京城相对峙的意义,所谓"身在江湖,心存魏阙"就是明显的例证。"春风"一词,也另有含义。孟郊《登科后》诗云:"昔日龌龊不足夸,今朝放荡思无涯。春风得意马蹄疾,一日看尽长安花。"和下句对照,上句所写,时、地、景、事、情,都依稀可见:时,十年前的春季;地,北宋王朝的京城开封;景,春风吹拂,桃李盛开;事,友人"同学究出身",把酒欢会;情,则洋溢于良辰美景、赏心乐事之中。"桃李春风"与"江湖夜雨",这是"乐"与"哀"的对照;"一杯酒"与"十年灯",这是"一"与"多"的对照。"桃李春风"而共饮"一杯酒",欢会何其短促!"江湖夜雨"而各对"十年灯",飘泊何其漫长!快意与失望,暂聚与久别,往日的交情与当前的思念,都从时、地、景、事、情的强烈对照中表现出来,令人寻味无穷。(《举隅》第281-282页)

像这样仔细地分析作品中的对比手法,在《举隅》中很多见。(按,正如霍先生所说,美好的感情还须完美的艺术形式来体现,鉴赏诗美需要懂得艺术。同样,鉴赏作品也需要一定的方法技巧,比较、互证的方法,是霍先生文学鉴赏常用的一种重要方法,如对张九龄《感遇》、李白《送友人》、杜甫《闻官军收河南河北》、柳宗元《酬曹侍御过象县见寄》、白居易《杏园中枣树》、白居易《买花》、陈与义《早行》、叶绍翁《游园不值》等作品的赏析,都从不同的角度运用了对比的方法。)

对于艺术技巧的分析,在《举隅》中比比皆是。如分析陆游的《游山西村》,指出该诗是用了倒叙的手法,按正常的位置,首联应在第三联之后。再如霍先生首先提出了"藏问于答"的表现手法,指出杜甫《石壕吏》一诗,只写了"妇"答,而实则是屡问屡答,"吏"问的内容,已在"妇"答中做了暗示。又如贾岛的《寻隐者不遇》,更是藏问于答:"你的师父干什么去了?""上哪儿采药去了?""在哪一处?"这些问的内容都从童子的回答中暗示了出来。像这样的例子,不胜枚举。

读懂了作品,发现了技巧,进一步,还要能领悟出作品潜在的"言外之意",这才是鉴赏的目的。对此,霍先生曾经指出:"文艺鉴赏,乃是一种艺术的再创造,而不是对作品内容的刻板复述。文艺作品所描绘、所叙述的一切有其确定性的一面,这种确定性的东西愈是显而易见,读者的鉴赏就愈有一致性。正因为这样,古今中外的名作才能被不同时代、不同民族的读者共同欣赏。然而一切优秀的文艺作品都具有含蓄美,用接受美学的术语说,都具有'意义不确定性'和'意义空白'。鉴赏家的艺术再创造,就在于从作品实际出发,凭借自己的艺术敏感和审美经验,调动所有的生活阅历和知识库存,驰骋联想和想象,细致入微地阐明作品的象征、隐喻、暗示和含而未露、蓄而待发的种种内容与含意,并补充其'空白',突现其隐秘,甚至发掘出作者本人压根儿没有意识到的东西。"①

---

① 《唐音阁鉴赏集·后记》,河北教育出版社2000年12月出版。

杜甫诗《曲江二首》,乍看起来是写赏春行乐,而霍先生细细分析,却析出了诗中的"惜春、留春之情,洋溢于字里行间。因'仕不得志'而有感,故惜春、留春之情饱含深广的社会内容,耐人寻味"(《举隅》第90页)。韩愈的《送董邵南游河北序》,是一篇送行文章,霍先生仔细地分析了这篇"因难见巧"的文章,指出文中有巧妙的伏笔、有反话,而文章的主旨则是"词唯心否,明送实留","的确是一篇送行文字。但送之正所以留之,微情妙旨,全寄于笔墨之外"(《举隅》第341—345页)。

词唯心否　明送实留
——说韩愈《送董邵南游河北序》

燕赵古称多感慨悲歌之士。董生举进士,连不得志于有司,怀抱利器,郁郁适兹土。吾知其必有合也。董生勉乎哉!

夫以子之不遇时,苟慕义彊仁者皆爱惜焉!矧燕赵之士,出乎其性者哉!然吾尝闻风俗与化移易,吾恶知其今不异于古所云邪?聊以吾子之行卜之也。董生勉乎哉!

吾因子有所感矣!为我吊望诸君之墓,而观于其市,复有昔时屠狗者乎?为我谢曰:"明天子在上,可以出而仕矣!"

韩愈的这篇《送董邵南游河北序》,不过一百几十个字,却言外见意,耐人寻味,长期以来被选入各种古文选本,是大家公认的佳作。

这篇文章的题目,有些版本(如"五百家注"本)有"游河北"三字,有些版本(如"考异"本)却没有。从内容看,的确是送董邵南游河北。因而要弄清董邵南游河北是怎么回事、韩愈是否赞成。

当时的河北是藩镇割据的地方。《新唐书·藩镇传》中说:"安史乱天下,至肃宗,大难略平,君臣皆幸安,故瓜分河北地付叛将,护养孽萌,以成祸根。……一寇死,一贼生,讫唐亡百余年,卒不为王土。"韩愈是坚决主张削平藩镇、实现唐王朝的统一的。因而在他看来,如果有人跑到河北去投靠藩镇,那就是"从贼",必须鸣鼓而攻之。此其一。

韩愈为了实现唐王朝的统一,很希望统治者延揽人才;但在这一点上,统治者常常使他失望。所以在不少诗文里,替自己、替别人抒发过沉沦不偶的感情。他有一篇题为《嗟哉董生行》的诗,也是为董邵南写的。诗里说:"……寿州属县有安丰,唐贞元时,县人董生邵南隐居行义于其中。刺史不能荐,天子不闻名声,爵禄不及门。门外惟有吏,日来征租更索钱……"全诗在赞扬董生"隐居行义"的同时,也对"刺史不能荐"表示遗憾。这位董生隐居了一阵子,大约不安于"天子不闻名声"的现状,终于主动出山了。但是"举进士",又"连不得志于有司"。对于他的"郁郁不得志",韩愈自然是同情的。此其二。

然而,这位因"隐居行义"而受到韩愈赞扬的董生,却由于在唐王朝"不得志",竟然要投奔藩镇去了。当他临行之时,韩愈要写一篇序送他,看来很难措辞。赞成他去吗,那就违背了他一贯的主张。声色俱厉地"责以大义",阻止他去"从贼"吗,那就变成了"留行",不合"送序"的体裁;何况对于"怀抱利器"而无处施展的董生毕竟是同情的,不忍太严厉。

"惟陈言之务去"的韩愈写文章常常是困难见巧的。这篇短序的构思、造语,就相当"巧"。

一上来先赞美河北"多感慨悲歌之士";接着即叙述董生"怀抱利器"而"不得志于有司",因而要到河北去;然后两相绾合,作一判断:"吾知其必有合也。"这很有点为董生预贺的味道。再加上"董生勉乎哉!"仿佛是说:你就要找到出路了,努力争取吧!

作者还嫌不够,又深入一层说:像你这么个怀才不遇的人,只要是"慕义强仁"的人都会爱惜的,何况那些"仁义出乎其性"的"燕赵之士"呢?又将河北赞美一通,为董生贺。意思仿佛是:你的出路的确瞅对了!

这其实是些反话,所谓"心否而词唯"。

作者在称赞河北时有意识地埋伏了一个"古"字。为什么说"埋伏"了一个"古"字呢?因为特意在"古"字下用了个"称",放了些烟幕,使"古"字隐藏其中,不那么引人注目。如果不用"称"字,写成"燕赵古多感慨悲歌之士",那"古"字就十分显眼,等于说"燕赵今无感慨悲歌之士",下面的文章就很不好作。而下连"称"字,就是另一种情况。"古称"云云,即"历史上说"如何如何。历史上说"燕赵多感慨悲歌之士",则现在可能还是那样,所以先就"古称"落墨,送董生游河北,断言"必有合"。然而"古称"究竟不同于"今称"。"历史上说""燕赵多感慨悲歌之士",则现在可能还是那样,也可能不是;因而"到底是与不是"的疑问终归要提出来。于是用"然"字扳转,将笔锋从"古称"移向现实。不难看出,写"古"正是为了"借宾定主",为下文写"今"蓄势。

"今"之燕赵是不是仍"多感慨悲歌之士"呢?在作者心目中,这答案当然是否定的。但他并不立刻否定,却提出了一个原则:"风俗与化移易(风俗人情,跟着政令、教化的改变而改变)。"既然"风俗与化移易",则河北(燕赵)已被"反叛朝廷"的藩镇"化"了好些年,其风俗怎能不变?风俗既然变了,变得更没有"感慨悲歌之士",那么董生到那里去,就未必"有合"。"风俗与化移易"的前提一经提出,分明造成了箭在弦上的形势,眼看要作如上的推论。但作者真像在他的《雉带箭》诗里所说的那样:"将军欲以巧伏人,盘马弯弓惜不发"。只提出"吾恶知其今不异于古所云耶"的疑问而不作判断。"今"是不是异于"古","聊以吾子之行卜之也"——姑且拿你的出游试试看。

当时的藩镇为了壮大自己的声势,"竞引豪杰为谋主"。董生到河北去,"合"的可能性是很大的。如果"合"了,岂不是就证明了"今"之燕赵"不异于古所云"吗?但作者是早有埋伏的。他说"燕赵古称多感慨悲歌之士",又说"感慨悲歌"的"燕赵之士""仁义出乎其性"。预言董生与"仁义出乎其性"的人"必有合",这是褒扬董生。而先"扬"正是为了后"抑"。"风俗与化移易"一句既然点出了当时掌握河北政权的藩镇;而当时的藩镇呢,恐怕连董生(他不能没有忠君的观念)也不好说他们"仁义出乎其性"吧!既然如此,那么董生与藩镇"合",就只能证明他丧失"仁义"罢了。"聊以吾子之行卜之也"的"卜",与其说是"卜"燕赵,毋宁说是"卜"董生。"勉乎哉"云者,勉其不可"从贼"也。

作者怕董生不懂，又照应前面的"古"字，提出原为燕国大将，被迫逃到赵国，被封为望诸君，却念念不忘燕国的乐毅来。"为我吊望诸君之墓"，是提醒董生应妥善处理他和唐王朝的关系。还怕他不懂，进一步照应前面的"古"字，委托他到燕市上去看看还有没有高渐离那样的"屠狗者"；如果有的话，就劝其入朝效忠。连河北的"屠狗者"都劝其入朝，则对董生的投奔河北藩镇抱什么态度，也就不言而喻了（劝"屠狗者"入朝还有另一层意思，下面再谈）。

全文表面上一直是送董生游河北。第一段就"燕赵古称多感慨悲歌之士"立论，预言董生"必有合"，是送他去的。第二段怀疑燕赵的风俗可能变了，但要"以吾子之行卜之"，还是送他去。结尾委托董生吊望诸君之墓、劝谕燕赵之士"归顺朝廷"，仍然是送他去。总之，的确是一篇送行文字。但送之正所以留之，微情妙旨，全寄于笔墨之外。

这篇文章的中心思想是反对董邵南游河北，但其内容远不止此。与此相联系，第一，向往古燕赵的感慨悲歌之士，从而指斥了当时割据河北的藩镇。第二，反对董生游河北，但肯定他是"怀抱利器"的，"怀抱利器"、却"连不得志于有司"，因而只好到河北去谋出路；这又流露了对"有司"的不满，似乎在责备他们"为渊驱鱼"。第三，董生明明是"不得志于有司"才投奔藩镇的，却委托他劝谕河北的"屠狗者"入朝做官；"屠狗者"如果真的跑到唐王朝去，"有司"会让他"得志"吗？在这些地方，作者不仅暗暗地责怪"有司"，而且隐隐然在向最高统治者敲警钟。从董生的遭遇看，所谓"明天子"其实不很"明"，但作者却希望他"明"。根据历史记载，当时的唐王朝"仕路壅滞"，失意之士纷纷投奔藩镇；而藩镇呢，又"竞引豪杰为谋主"：因而藩镇益强而"朝廷"益弱。企图实现大一统局面的韩愈，在给他曾经赞美过的董邵南送行的时候，真是感慨万千！惟其感慨万千，才能写出这篇内容深广的短文。

这篇序词约而意丰，文短而气长，以"古""今"分层次，以"吾知""吾恶如"相呼应，转折出人意外，而脉络又极分明。作为创作经验，还有可资借鉴的地方，值得有志于写好散文的人重视。

这篇赏析文章本身,亦是"词约而意丰"。此后学界对此文的分析,大都认同和接受了霍先生的观点,还有人为此写出了鸿篇巨制,但说到底也只是对霍先生的讲法加以发挥而已。

　　就诗歌创作的境界而言,古人曾经提出了"状难状之景如在目前,含不尽之意见于言外"的观点(欧阳修《六一诗话》引梅尧臣语)。什么样的作品才算达到了这样的境界呢?霍先生举例分析了梅尧臣《秋日家居》中的两句:"悬虫低复上,斗雀堕还飞。""从'悬虫'一联看,所展现的是这样的画面:悬在自己吐出的丝上的虫子,逐渐低垂,又逐渐上升;飞翔的鸟儿互相打斗,双双堕落,接着又逐一飞起。这当然是动景,但作者却在尾联说'无人知静景'。这'静',可以从两方面看。一方面,以动的小景表现静的大景。鸟儿在眼前打斗,其'秋日家居'的环境之寂静,已不言可知;倘若是车马盈门、笑语喧哗,怎会有这般景象?另一方面,也是更重要的一方面,以景物之动表现心情之静。一个人能够循环地注视'悬虫低复上',又注视'斗雀堕还飞',其心情之闲静,也不言可知。至于那闲静之中究竟包含着愉悦之情、还是寂寞无聊之感,更耐人寻味的。"(《举隅》第244页)

　　更有典型性的,如李白的《送友人》这样的作品,全诗如下:"青山横北郭,白水绕东城。此地一为别,孤蓬万里征。浮云游子意,落日故人情。挥手自兹去,萧萧班马鸣。"此诗既未写友人姓名,也未写送别之地和友人要去的地方,读来让人摸不着头脑。霍先生分析此诗,一开始就和王维的《送梓州李使君》一诗做对比,王诗写李使君要去的梓州的景物是"万壑树参天,千山响杜鹃。山中一夜雨,树杪百重泉"。对此,霍先生指出:"王维把被送者要去的地方写得那么优美,意在鼓励他愉快地去做一番事业……李白写送别之地山横水绕,则表明'此地'尚堪留恋,笔端饱含惜别之情;所以以下六句,全都是惜别之情的自然流露。"进一步,霍先生分析道:"从'孤蓬万里征'和'浮云游子意'等句看,那位'友人'行踪无定,渺无归宿;所以题目只说'送友人',而不说送友人到什么地方去。诗中也只能写送别之地,至于友人要去的地方,那是无法作具体描写的。"而"从'此地一为别,孤蓬万里征','挥手自兹去,萧萧班马鸣'的语气看,又仿佛兼指自己,很有点'君向潇湘我向秦'的味道","只写人各西东,耳畔犹闻马鸣,就戛然而止",而"不尽"之意,尽皆传出。(《举隅》第39-42页)

鉴赏前人的文学作品,说到底,是为了今天的社会和生活,除了要给当今的文学创作提供借鉴外,更重要的,是为了给当今的人们提供一些精神食粮,使生活在现在的人们得到一种愉悦的审美享受,进而构建一种和谐融洽的社会氛围。所以,文学作品中的意境美、感情美,是鉴赏者最终要探寻、领悟和研究的东西。

优秀的文学作品,尤其是中国古典诗词,总能创造出一种令人神往的优美意境。这种意境,有的十分醒目、很容易感觉到,而有的却需要用艺术审美的眼光去发现。霍松林先生的文学鉴赏,总能发掘出古典诗词优美的意境。不仅对完整的作品的整体意境,即便是一两句诗,霍先生也能还原出其优美的意境。王湾《次北固山下》一诗中有"风正一帆悬"的句子,霍先生从这一小景中看出了"平野开阔、大江直流、波平浪静等等的大景"(《举隅》第25页)。至于王维《终南山》一诗中的"白云回望合"一句,霍先生则这样描述:"诗人身在终南山中,朝前看,白云弥漫,看不见路,也看不见其他景物;仿佛再走几步,就可以浮游于白云的海洋;然而继续前进,白云却继续分向两边,可望而不可即;回头看,分向两边的白云又合拢来,汇成茫茫云海。"(《举隅》第33页)这句诗所写的情景,是许多有游山经验的人都会有的体验,但难得的是,王维却用简短的语句把这种人人都会有而不一定人人都能描述出来的体验写得如此的真切,而霍先生又能从这简短的五个字中把这种奇妙的意境描绘得如此的生动。这,就不是一般人所能做到的了。

对意境美的探寻之外,霍先生的文学鉴赏,还十分重视对作品中感情美的发掘。霍先生曾有这样的表述:"诗可以写景,可以叙事,也并不排斥特定情境下的说理。然而从本质上看,诗是抒情的。'情动于中而形于言',而使诗人动情的一切自然景物、社会事件以及蕴藏其中的哲理，都从属于感情的抒发而通过艺术构思进入形象体系，融合而成完美的诗境。因此，鉴赏诗作，捕捉诗美，归根结底就是要充分领会体现于整个形象体系、整个诗的意境中的情感美和心灵美。"①

霍先生的鉴赏实践，正是他这种主张的实现。对于描写自然的诗篇，如杜甫的《春夜喜雨》，霍先生充分地分析了诗中所写的雨的可喜、可爱，谓此诗"写出了典型春雨的也就是'好雨'的高尚品格，表现了诗人的也是一切'好人'的高尚人格"；并与李约《观祈雨》一诗中的"朱门几处看歌舞，犹恐春阴咽管弦"做对比，进而说明"杜甫对春雨'润物'的喜悦之情难道不是一种很崇高的感情吗？"(《举隅》第116页)。读白居易《邯郸冬至夜思家》，霍先生仔细地分析了全诗中盈溢的思家思亲之情，并赞其"以己之情动人之情"(《举隅》第154-155页)。读杜甫的《月夜》，霍先生细致地分析了该诗的"饱含激情，感人肺腑"，并指出诗中"'独看'的泪痕里浸透着天下乱离的悲哀，'双照'的清辉中闪耀着四海升平的理想"(《举隅》第64页)。而对杜甫的《闻官军收河南河北》一诗，霍先生更是仔细地分析了诗人老杜忽闻叛乱已平的捷报而急于奔回老家的喜悦之情。(《举隅》第126-131页)至于杜甫的名作《自京赴奉先咏怀五百字》、《北征》、《石壕吏》等篇，霍先生则着重分析了诗圣的忧国忧民之情。

正是如此，以《举隅》为代表的霍松林先生的文学鉴赏，由于深入、细致地发掘作品中的意境美、心灵美，使得原本就富有艺术感染力的古典名作，在霍先生的笔下，更透出人性的美好光芒；并且，通过先生优美的文笔，把这种美好的意境、美好的感情，传达给更多的读者。

《举隅》出版后，读者反应非常热烈，该书也供不应求，50000册很快销售一空，出版社又组织重印，读者面也就更为广泛，影响更巨。

对《举隅》一书，不仅众多的普通读者十分欢迎，也有不少专家写过评论文章，谈论读后感，如薛天纬先生的《评〈唐宋诗文鉴赏举隅〉》、吴

---

① 霍松林《谈陈志明教授的诗歌鉴赏》，《唐音阁随笔集》第246页。

功正先生的《博观细察赏佳篇——喜读〈唐宋诗文鉴赏举隅〉》、罗宗强先生的《研究、还原、再创造——从〈唐宋诗文鉴赏举隅〉说到古典诗歌鉴赏中的一些问题》、韩幼公先生的《居高视远,抉微探幽——谈霍松林先生的诗文鉴赏》等。就该书所体现出的艺术敏感、知识内涵、理论深度、独到见解,以及鉴赏方法等等做了深入探讨①。直到2007年,山东大学著名教授马瑞芳在她的一本十分新潮的新书中还说:"上世纪80年代以来兴起的古典文学鉴赏热潮,霍松林的《唐宋诗文鉴赏举隅》可谓开风气之先,用今天的话来说,霍松林应该算是学术研究走向大众生活的开创者之一。其实,霍先生的鉴赏之作早在五六十年代便广为人知。我读大学是'文革'前,在中华书局出版的《中华活页文选》上,经常看到霍先生写的这类文章,视野之开阔,行文之活泼,的确引人入胜。我曾经多次把霍先生的诗词赏析抄到卡片上。"②

《唐宋诗文鉴赏举隅》1984年初版,1986年再版。1983年,上海辞书出版社推出至今仍不断重印的《唐诗鉴赏辞典》,霍松林先生是领衔撰稿人之一。此后,霍先生又出版了《唐宋名篇品鉴》(中国社会科学出版社1999年出版)、《历代好诗诠评》(中国社会科学出版社2000年出版)、《唐音阁鉴赏集》③等鉴赏专著,与人合撰了《李白诗歌鉴赏》(上海教育出版社1989年出版),主编了《历代绝句精华鉴赏辞典》(陕西人民出版社1993年出版),等等,对中国古典诗文的鉴赏及普及教育,做出了不可磨灭的贡献。

---

① 上述诸文,先在有关刊物发表,如薛文原载《唐代文学研究年鉴》1985年卷;罗文原载《中国古典文学论丛》第三辑,人民文学出版社1985年版;后俱收入《霍松林先生八十寿辰纪念文集》。

② 马瑞芳《这张魔鬼的床》,作家出版社2007年8月出版。

③ 霍松林《唐音阁鉴赏集》河北教育出版社2000年出版,为《唐音阁文集》五种之一,涵诗词曲文鉴赏165篇,2001年5月再版。

十三、博士点的建立与学科建设

1990 年首届博士答辩合影

1985 年,霍松林先生被聘为国务院学位委员会第二届学科评议组成员,参与全国博士学位点的评审工作。1987 年,霍先生为陕西师范大学建立了古代文学博士学位点,自己也开始招收博士研究生。

20 世纪 80 年代的博士点,审批程序相对简单,国家有个学位委员会,下设相关学科的评议组。评议组成员都是众望所归的专家。每次评议,专家们审阅申报材料,然后讨论通过某人为博士生导师。"博士生导师"的头衔直接指定到具体的人。这和后来的评审程序有所不同。若干年后,评审办法有了改变,学位委员会只评博士学位授权点,相关学校拿到学位点后再自己评聘导师。评审程序从表面上看来更规范化了，然而在具体操作上却更加复杂化了。各个申报学位点的院校，使出各种招数，拜访评委，请客送礼。每到评审前夕，相关学校派出数量可观的"公关"人员，"冠盖使，纷驰骛"，飞机火车，忙个不亦乐乎。申请一个博士点的各项费用，由初时的几千几万元发展到后来的几十万上百万。一旦申请下来，则皆大欢喜，弹冠相庆。如果申请不下来，有了初次或二次三次"公关"的基础，下次申报时便再接再厉，继续"公关"。进而，不仅仅是学位点，学术研究与评审的各个方面也染此恶习。古人有言"窃钩者诛，窃国者侯"，而向来被视为"净土"的学术研究以及相关评审机构，竟也以"公关"见高下、占位置。斯文扫地，中华文化之不幸，中华民族之不幸！

好在80年代的审批程序简单而透明，也是单纯的专家凭水平评审，所以就出现过一些若干年后人们想都想不到的事情，比如第一届评审，苏州大学申报了古代文学硕士学位点，钱仲联先生为梯队成员之一。但专家们评审的时候认为钱仲联先生的水平应该带博士生，因而申报硕士生导师却给评了博士生导师。在1986年的评审会上，作为评委的霍松林先生因为牵涉到自己而回避。其他专家讨论。当讨论到霍先生时，学

国务院学位委员会合影（局部）

科组召集人、复旦大学章培恒教授说:"霍先生的水平和成就是有目共睹的。他作为评审博士生导师的人,自己却不是博士生导师,这合理吗?"与会专家一致鼓掌。就这样,博士点就算是拿下来了。

博士点之外,霍先生还为自己所在的陕西师范大学中文系争到了国家文科基础学科人才培养和研究基地。

1994年11月24至27日,国家教育委员会主持的文科基地评审会在北京召开。霍先生被聘为评委。当时,霍先生的首届研究生马歌东教授任陕西师范大学中文系系主任,力劝霍先生参加,霍先生答应了,坐火车前往北京参加评审会。

根据国家教委的文件规定,文史哲三系有1个博士点或5个硕士点以上的,才有资格申报。从申报材料看,委属院校15个中文系中,有7个博士点的2系,6个博士点的1系,2至3个博士点的8系。陕西师范大学中文系只有1个博士点,处于明显劣势。教委确定评选的原则为"扶重保强,合理布局"。陕西师大显然非"重"非"强",不在"扶""保"之列,只能从"合理布局"方面做文章。霍先生抓住这一点,在评审会上做了半个小时的发言。先说:"我系僻处西北,条件较差,从博士点数量和教学设备的完美等方面看,显然不能与兄弟院校的中文系相比;但是,我有充分理由,要求各位评委必须给我们评上文科基地。"接着申述理由,着重汇报了本校本系数十年来狠抓基础教育,在培养合格的中学语文教师方面所做的大量的工作,如实指出:我系毕业生虽然也有分配在北京等地工作的,但90%以上则遍布西北地区,为发展西北教育做出了不可磨灭的奉献。如今,西北的"孔雀"只想"东南飞",东南的"孔雀"还有多少愿意飞向西北? 实际上,广大西北地区的语文教师至今仍然主要靠我系培养,我系每年的毕业生人数众多,不仅大批走向陕西各地的工作岗位,还有不少人远赴甘肃、宁夏、青海、新疆、甚至西藏。目前国家正大力发展西部,而发展西部的关键是发展西部教育。从"合理布局"的原则考虑,西部的中文系至少应有一两个文科基地,而我系在发展西部教育方面所肩负的重任是无法取代的,必须大力改善办学条件……

评审会上发言是并不鼓掌的。而霍先生的发言却赢得了热烈的掌声。最终,陕西师范大学中文系被评为国家基础学科人才培养和科学研究基地。

这次参加评审会,是坐 42 次特快列车,经山西到北京的。在返回西安的火车上,霍先生写了六首诗。其中第一首写道:

广育英才未敢忘,岂容西部久荒凉。
为谋发展求基地,破雾冲寒过太行。

作为国务院学位委员会第二届学科评议组成员,霍先生于 1986 年 5 月和 1990 年 6 月,参加了两次学科评议会,评定中文学科的博士生导师和博士学位授权点。1991 年任职期满,国务院学位委员会颁发了精美的金属纪念牌,中间三行金色大字:"向为建立和完善中国学位制度做出贡献的同志致以崇高的敬意。"下边三行金色小字:"霍松林同志:一九八五年至一九九一年任国务院学位委员会第二届学科评议组成员。特此纪念。"

霍先生培养博士生,有一个明确的指导思想:强调品学兼优,知能并重。

在"品"方面,着重要求学生宏扬忌恶扬善、爱国爱民,"以天下国家为己任"的中国文化精神,树立起对国家、对民族的强烈的使命感与责任感。关于"知",霍先生既要求"博",又要求"精",强调博与精结合,才能有所创获。关于"能",指的是"能力"、"创造力"。霍先生所说的"能力",包括三个方面:一是指学术研究的能力、发现问题和解决问题的能力;二是指擅长文学创作。霍先生认为,搞一点创作,有一点创作经验、创作甘苦,能够更深刻地理解文学作品,为讲课和研究打好基础;"能"的第三个涵义,是指"学以致用"的"用"。霍先生一贯强调培养"有用"的人才,每当弟子有机会担任各种领导职务的时候,都鼓励他们勇于承担,以便发挥才能,做出更大的贡献。

1990年7月,霍先生招收的第一届博士生毕业答辩。他们是:

尚永亮,学位论文题目《元和诗人与贬谪文学考论》。

邓小军,学位论文题目《唐代文学的文化精神》。

程瑞钊,学位论文题目《汪元量及其诗歌之研究》。

参加这次答辩会的答辩委员有:南开大学教授王达津先生,中华书局编审傅璇琮先生,南京师范大学教授郁贤皓先生,广西民族学院教授梁超然先生,江苏省社会科学院研究员吴功正先生,陕西师范大学教授高元白先生、郭子直先生,王达津先生任主席。答辩秘书为霍先生的第二届博士生陈飞。

毕业答辩以后,几位博士将各赴新的工作岗位,设宴谢师。霍先生赋诗以赠:

斯文重振迈前修,哲士宁忘黎庶忧?
九曲黄河通大海,瀛寰放眼看潮流。

尚永亮毕业后先后在陕西师范大学、湖北大学、武汉大学任教,在武汉大学带博士研究生,并担任过武汉大学文学院院长。发表过专著《贬谪文化与贬谪文学》、《唐代文人的精神风貌》等。

邓小军毕业后先在四川师范大学工作,后调至首都师范大学,任教授、博士生导师。发表过专著《诗史释证》、《唐代文学的文化精神》等。

程瑞钊毕业后在四川南充师范学院(后更名为西华师范大学)工作,后被评为教授,发表过专著《汪元量诗歌及其词之研究》、《陈尧佐诗词校注》等。再后来不幸英年早逝。

1992年6月,霍先生的第三届博士研究生毕业答辩。他们是:

陈桐生,学位论文题目《中国史官文化与〈史记〉》。

刘怀荣,学位论文题目《兴与诗:古典诗歌功能与特质的原型研究》。

答辩委员会委员为：北京大学陈贻焮先生，西北大学韩理洲先生、郗政民先生。陕西师范大学霍松林先生、高海夫先生。陈贻焮教授任答辩委员会主席。

陈桐生毕业后先后在汕头大学、湖北大学任教，后调至广东外语外贸大学，任教授、博士生导师。发表过专著《〈史记〉与诸子百家之学》、《孔子诗论》等。

刘怀荣毕业后到青岛大学工作，后任该校文学院副院长、特聘教授，兼山东师范大学博士生导师。发表过专著《赋比兴与中国诗学研究》、《中国古典诗学原型研究》等。2007年入选"教育部新世纪优秀人才支持计划"。

1993年6月，霍先生的第四届博士研究生毕业答辩。他们是：
徐子方，学位论文题目《关汉卿研究》。
孙明君，学位论文题目《汉末士风与建安诗风》。
答辩委员会委员为董丁诚先生、郗政民先生、高海夫先生、霍松林先生、王达津先生。南开大学王达津教授为答辩委员会主席。

徐子方毕业后到南京的东南大学文学院工作，先后创办东南大学中文系和东南大学文科学报。任东南大学中文系、艺术学院教授、博士生导师，东南大学学报（哲社版）主编，发表过专著《关汉卿研究》、《明杂剧史》等。

孙明君博士毕业后去北京大学做博士后，出站后在清华大学中文系工作，任教授、博士生导师，发表过专著《三曹与中国诗史》、《汉魏文学与政治》等。

1994年6月，霍先生的第五届博士研究生毕业答辩。他们是：
范子烨，学位论文题目《〈世说新语〉研究》。
张海沙，学位论文题目《唐代佛教禅学与诗歌创作》。
答辩委员会委员为：卞孝萱先生、郗政民先生、师长泰先生、董丁诚先生,南京大学卞孝萱教授为答辩委员会主席。

范子烨毕业后先后在黑龙江大学、中华书局等单位工作,后调至中国社会科学院文学研究所。发表过专著《中古文人生活研究》、《〈世说新语〉研究》等。

张海沙毕业后到广州暨南大学文学院工作,任教授。发表过专著《初盛唐佛教禅学与诗歌创作》等。

1995年6月,霍先生的第六届博士研究生毕业答辩。参加答辩的博士生为:

王素美,学位论文题目《元诗发展史》。

马茂军:学位论文题目《宋代儒学与文学》。

许文军:学位论文题目《陆游研究》

答辩委员会委员为:龚克昌先生、董丁诚先生、郗政民先生、师长泰先生、李培坤先生、霍松林先生、尚永亮先生,山东大学龚克昌教授为答辩委员会主席。

王素美毕业后到河北大学中文系工作,后被评为教授,发表过专著《刘因理学思想与文学》等。

马茂军毕业后到华南师范大学工作,后被评为教授,发表过专著《宋代散文史论》等。

许文军毕业后在陕西师范大学文学研究所工作,后调至该校外语系。

1996年6月,霍先生的第七届博士研究生毕业答辩。参加答辩的博士生是史小军,学位论文题目《明代七子派及其文学复古运动研究》。

答辩委员会委员为:葛晓音先生、郗政民先生、师长泰先生、霍松林先生、尚永亮先生,北京大学葛晓音教授为答辩委员会主席。

史小军毕业后到广州暨南大学工作,后评为教授、博士生导师。发表过专著《复古与新变——明代文人心态史》等。

1997年6月,霍先生的第八届博士研究生毕业答辩。参加答辩的博士生为:

刘锋焘,学位论文题目《金词研究》。

祝菊贤,学位论文题目《魏晋南朝诗歌意象论》。

聂永华,学位论文题目《初唐宫廷诗风流变考论》。

白政民,学位论文题目《黄庭坚诗歌研究》。

张强,学位论文题目《帝王文化与西汉文学》。

王承丹,学位论文题目《公安派研究》。

任海天,学位论文题目《晚唐诗风研究》。

答辩委员会委员为:钟振振先生、董丁诚先生、郗政民先生、师长泰先生、尚永亮先生、霍松林先生,南京师范大学钟振振教授为答辩委员会主席。

刘锋焘毕业后留陕西师范大学中文系工作,后评为教授、博士生导师,任文学研究所副所长、古代文学教研室主任,创办《中国古代文学研究年鉴》并任执行主编。发表过专著《金代前期词研究》、《宋金词论稿》等。

祝菊贤毕业后到西北大学中文系工作,被评为教授、博士生导师。发表过专著《艺术的审美情感与形式》、《中国美学思想简史》(合著)等。

聂永华毕业后到湖北大学、郑州大学等校工作,后调至天津师范大学文学院工作,任教授。发表过专著《初唐宫廷诗风流变考论》等。

任海天毕业后到黑龙江大学工作,后任文学院副院长、教授。发表过专著《晚唐诗风》等。

白政民毕业后到宁夏大学工作,后调至咸阳师范学院中文系,任副教授。发表过专著《黄庭坚诗歌研究》等。

张强毕业后到淮阴师范学院工作,后担任该院副院长、教授。发表过专著《司马迁与宗教神话》等。

王承丹毕业后到曲阜师范大学工作,后调至厦门大学文学院,任副教授。发表过专著《明代诗文综论》等。

1998 年 6 月,霍先生的第九届博士研究生毕业答辩。参加答辩的博士生为:

李浩,学位论文题目《唐代关中士族与文学》。

张新科,学位论文题目《唐前史传文学研究》。

答辩委员会委员为:卞孝萱先生、董丁诚先生、费秉勋先生、郗政民先生、霍松林先生、杨恩成先生、马歌东先生。南京大学卞孝萱教授为答辩委员会主席。

李浩毕业后到西北大学工作,任文学院院长、教授、博士生导师。发表过专著《诗史之际——唐代文学发微》、《唐代关中士族与文学》等。

张新科毕业后在陕西师范大学工作,任教授、博士生导师,后担任文学院副院长。发表过专著《史记学概论》、《唐前史传文学研究》等。

1999 年 6 月,霍先生的第十届博士研究生毕业答辩。参加答辩的博士生为:

吴言生,学位论文题目《禅诗研究》。

李钊平,学位论文题目《中国近古小说叙事研究》。

答辩委员会委员为:董丁诚先生,郗政民先生,霍松林先生,杨恩成先生,马歌东先生,西北大学董丁诚教授为答辩委员会主席。

吴言生毕业后在陕西师范大学文学研究所工作,后调入该校宗教研究中心,任教授、博士生导师,发表过专著《禅宗三书》等。

李钊平毕业后到北京的中国青年出版社工作,编辑《青年文摘》杂志,任主编,将一本深受青年人喜爱的刊物编得像模像样。

2000 年 6 月,霍先生的第十一届博士研究生毕业答辩。参加答辩的博士生为:

李安纲,学位论文题目《孙悟空形象文化论》。

舒红霞,学位论文题目《宋代女性文学审美论》。

康震,学位论文题目《长安文化与隋唐诗歌》。

李乃龙,学位论文题目《道教与唐诗》。

答辩委员会委员为:郗政民先生、阎琦先生、杨恩成先生、张学忠先生、张新科先生、师长泰先生、李浩先生、霍松林先生、霍有明先生。西北大学郗政民教授为答辩委员会主席。

舒红霞毕业后到大连大学工作,后被评为教授。发表过专著《女性·审美·文化——宋代女性文学研究》等。

李安纲毕业后任山西运城学院中文系教授,后兼任中国社会出版社编审。发表过专著《李安刚批评〈西游记〉》等。

李乃龙毕业后到广西师范大学文学院工作,任教授。发表过专著《庄子分解》等。

康震毕业后先去南京师范大学文学院博士后流动站,后到北京师范大学文学院工作,任副院长、教授。发表过专著《长安文化与隋唐诗歌》等。

2001年6月,霍先生的第十二届博士研究生毕业答辩。参加答辩的博士生为:

许兴宝,学位论文题目《文化视域中的宋词意象初论》。

周相录,学位论文题目《元稹生平与作品考索》。

答辩委员会委员为:霍有明先生、杨恩成先生、张新科先生、李浩先生、赵逵夫先生。西北师范大学赵逵夫教授为答辩委员会主席。

许兴宝毕业后先后在西北第二民族学院、宁夏大学工作。后调到苏州科技大学,任教授。发表过专著《春江花月夜——宋词主体意象的文化诠释》、《文化视域中的宋词意象》等。

周相录毕业后到河南师范大学文学院工作,后被评为教授,发表过专著《元稹年谱新编》、《〈长恨歌〉研究》等。

2002年6月,霍先生的第十三届博士研究生毕业答辩。参加答辩的博士生为:

傅绍良,学位论文题目《唐代谏官与文学》。

汪聚应,学位论文题目《唐代侠风与文学》。

田耕宇,学位论文题目《元和到元祐文学的创新与建构》。

答辩委员会委员为:董丁诚先生、李浩先生、霍有明先生、张学忠先生、张新科先生。西北大学董丁诚教授为答辩委员会主席。

傅绍良毕业后留陕西师范大学工作,后任文学院教授、图书馆馆长、博士生导师。发表过专著《唐代谏官与文学》、《盛唐文学的文化透视》(合著)等。

汪聚应毕业后到天水师范学院文学院文史学院工作,后任该校教务处处长、教授。发表过专著《唐代侠风与文学》等。

田耕宇毕业后到西南民族大学工作,任校图书馆馆长、教授。发表过专著《中唐至北宋文学转型研究》等。

2003年6月,霍先生的第十四届博士研究生毕业答辩。参加答辩的博士生为:

刘生良,学位论文题目《庄子文学研究》。

高一农,学位论文题目《汉赋专题研究》。

张振龙,学位论文题目《建安文人的文学活动与文学观念》。

答辩委员会委员为:霍有明先生、张学忠先生、张新科先生、魏耕原先生、张弘先生、吴言生先生。陕西师范大学霍有明教授为答辩委员会主席。

刘生良毕业后留陕西师范大学工作,后评为教授。发表过专著《庄子文学研究》等。

高一农毕业后到西安外国语大学对外汉语学院工作,后评为教授。发表过论文《汉大赋衰变探微》、《汉代都邑赋述论》等。

张振龙毕业后到河南信阳师范学院中文系工作,后评为教授。发表过专著《建安文人的文学活动与文学观念》等。

2004年6月,霍先生的第十五届博士研究生毕业答辩。参加答辩的博士生为:

汪祚民,学位论文题目《〈诗经〉文学阐释史(先秦－隋唐)》。

郭海文,学位论文题目《唐五代女性诗歌研究》。

答辩委员会委员为:钟振振先生、杨海明先生、霍有明先生、张新科先生、刘锋焘先生。南京师范大学钟振振教授为答辩委员会主席。

汪祚民毕业后到安徽安庆师范学院工作,任学报主编、编审。发表过专著《〈诗经〉文学阐释史(先秦－隋唐)》等。

郭海文毕业后到空军工程大学工作,后评为副教授。发表过论文《武则天诗歌研究》、《唐五代女性诗歌的传播方式》等。

2005年6月,霍先生的第十六届博士研究生毕业答辩。参加答辩的博士生为:

沈文凡,学位论文题目《排律文献学研究》。

蒋鹏举,学位论文题目《李攀龙研究》。

孙鸿亮,学位论文题目《佛经叙事文学与唐代小说研究》。

霍建波,学位论文题目《隐逸诗研究(先秦至隋唐)》。

答辩委员会委员为:钟振振先生、李浩先生、霍有明先生、张新科先生、张学忠先生、吴言生先生、刘锋焘先生。南京师范大学钟振振教授为答辩委员会主席。

沈文凡毕业后到吉林大学文学院工作,被评为教授、博士生导师,发表过专著《排律文献学研究》(明代篇)、《名家讲解唐诗三百首》等。

蒋鹏举毕业后在陕西师范大学文学院工作,后被评为副教授,发表过专著《复古与求真——李攀龙研究》等。

孙鸿亮毕业后到延安大学鲁迅艺术学院工作,任副教授。发表过专著《佛经叙事文学与唐代小说研究》等。

霍建波毕业后到延安大学文学院工作,任副教授。发表过专著《宋前隐逸诗研究》等。

2006 年 6 月,霍先生的第十七届博士研究生毕业答辩。参加答辩的博士生为:

潘定武,学位论文题目《〈汉书〉文学研究》。

柯卓英,学位论文题目《唐代的文学传播研究》。

蔡静波,学位论文题目《唐五代笔记小说研究》。

梁静,学位论文题目《中古"河东三姓"文学研究》。

白爱平,学位论文题目《姚贾接受史》。

张小丽,学位论文题目《宋代咏史诗研究》。

答辩委员会委员为:赵逵夫先生、李浩先生、张新科先生、霍有明先生、刘锋焘先生、吴言生先生、傅绍良先生。西北师范大学文学院赵逵夫教授为答辩委员会主席。

潘定武毕业后到黄山学院中文系工作,任副教授,发表过专著《〈汉书〉文学论稿》等。

柯卓英毕业后到西安石油大学人文学院工作,任副教授。发表过专著《唐代的文学传播研究》等。

蔡静波毕业后到渭南师范学院中文系工作,后评为教授,发表过专著《唐五代笔记小说研究》等。

梁静毕业后到西安外国语大学汉学院工作,发表过论文《试论王绩诗文的独特意蕴》、《中古河东薛氏门风述略》等。

白爱平毕业后到西安石油大学人文学院工作,发表过专著《姚贾接受史》。

张小丽毕业后到上饶师范学院中文与新闻传播系工作,任副教授,发表过专著《宋代咏史诗研究》。

2007 年 6 月,霍先生的第十八届博士研究生毕业答辩。参加答辩的博士生为:

任刚,学位论文题目《〈史记〉人物取材研究》(战国、秦汉之际)。

卢静,学位论文题目《〈礼记〉文学研究》。

答辩委员会委员为:詹福瑞先生、李浩先生、霍有明先生、张新科先生、刘锋焘先生、傅绍良先生、吴言生先生。国家图书馆馆长詹福瑞教授为答辩委员会主席。

任刚毕业后到西安工程大学人文学院工作,任副教授。发表过论文《论非文字材料对〈史记〉撰写的影响》、《从〈淮阴侯列传〉看非文字材料对〈史记〉的影响》等。

卢静毕业后在陕西师范大学民族教育学院工作。发表过论文《〈礼记〉文学研究综述》、《试论〈礼记〉的文章风格》等。

2008年6月,霍先生的第十九届博士研究生毕业答辩。参加答辩的博士生为:

田恩铭,学位论文题目《两〈唐书〉中的中唐文学家传记研究》。

朱大银,学位论文题目《唐代论诗诗研究》。

答辩委员会委员为:赵逵夫先生、李浩先生、傅绍良先生、刘锋焘先生、霍有明先生、吴言生先生、张新科先生。西北师范大学文学院赵逵夫教授为答辩委员会主席。

田恩铭毕业后到黑龙江八一农垦大学工作,任副教授。发表过专著《唐宋词人审美心理研究》等。

朱大银毕业后到巢湖学院中文系工作,发表过论文《论诗诗在魏晋南北朝时期的发展》、《照隅室杜、元二家论诗绝句笺释要旨》等。

2009年6月,霍先生的第二十届博士研究生毕业答辩。参加答辩的博士生为:

王渭清,学位论文题目《张衡诗文研究》。

郑继猛,学位论文题目《宋代都市笔记研究》。

答辩委员会委员为:莫砺锋先生、李浩先生、霍有明先生、刘锋焘先生、傅绍良先生、张新科先生、吴言生先生。南京大学莫砺锋教授为答辩委员会主席。

王渭清毕业后到咸阳师范学院中文系工作。

郑继猛毕业后去安康学院中文系工作。

在博士研究生的培养方面,由于霍先生严格的要求及独具特色的培养方法,所培养的博士大都有较高的水平,得到了社会的认可。如20世纪90年代影响甚巨的台湾文津出版社出版的"大陆地区博士论文丛刊"就收录霍先生门下的博士论文五部。该社主编在给入选论文作者徐子方的信中说:"在我社审过的博士论文中,发觉贵校霍教授、川大缪钺教授、吉大金景芳教授三位所培养的博士生最具水平。"[1]

现在,霍先生依然在指导着博士研究生,在校的学生还是三个年级。

---

[1] 参见徐子方《霍师、霍门、我》,收入《霍松林先生八十寿辰纪念文集》。

十四、杜甫研究与中国杜甫研究会

杜甫研究,是霍松林先生学术研究的一个重要方面。早在20世纪40年代,霍先生在南京中央大学读书时,就在当时的《中央日报》副刊《泱泱》上连续发表了多篇关于杜甫的论文。半个多世纪以后,还找到其中的七篇:《杜甫论诗》、《论杜甫的创体诗》、《论杜诗中的诙诡之趣》、《杜甫在秦州》、《杜甫与严武》、《杜甫与李白》、《杜甫与郑虔》,收入2007年8月出版的《青春集》中。《青春集》出版时,著名学者赵逵夫教授和钟振振教授都为此写了读后感,给予了高度评价①。

霍先生为天水南郭寺杜甫祠题额:诗史堂

中华人民共和国建国以后,霍先生先后又发表了《尺幅万里——杜诗艺术漫谈》(《文学遗产增刊》第13辑)、《从杜甫的〈北征〉看"以文为诗"》(《人文杂志》1979年第1期)、《论〈茅屋为秋风所破歌〉》(《南京

---

① 赵逵夫《读霍松林先生青年时代的一束论文》,钟振振、王志谨《读霍松林先生在大学本科读书时期发表的七篇学术论文》,俱收入霍松林《青春集》,西安出版社2007年8月出版。

大学学报》1979年第3期)、《含蓄一例——说杜甫〈曲江〉二首》(《文艺理论研究》1982年第1期)、《杜甫与偃师》(《运城高专学报》1999年第1期)等。此外,霍先生与门人李浩教授合作,为《十大诗人》撰写《杜甫评传》(三秦出版社1998年出版);与门人傅绍良教授合著《盛唐文学的文化透视》(陕西师范大学出版社2000年出版),其第六章论杜甫;为《杜甫研究》(中州古籍出版社1995年出版)、《毛选选楷书杜甫秦州杂诗》(紫禁城出版社1995年出版)、《杜少陵律法通论》(湖北人民出版社1996年出版)等书撰写的序言,都体现了他对杜甫其人其诗的研究心得。至于用四言诗形式所撰的长达1300多字的《诗圣颂》(《苏州科技学院学报》(社会科学版)2004年第4期),则是对杜甫人品诗品的描状和讴歌,仰慕之忱,溢于言表。

1994年10月31日至11月3日,中国杜甫研究会成立大会暨第一次学术研讨会在河南巩义市召开。霍先生致开幕词:

各位领导、各位代表、各位朋友:

中国杜甫研究会在杜甫故里河南省巩义市成立,并召开首届学术研讨会,谨表示热烈的祝贺。

杜甫于唐玄宗先天元年(712)生于河南巩县,是诞育于中原大地的伟大诗人。他成长于"奉儒守官"的家庭,"读书破万卷",从优秀的传统文化中吸取精神营养,树立了治国泽民的宏图大愿,渴望"致君尧舜上,再使风俗淳"。当他在长安考试、求官一再碰壁之后,逐渐认识到了朝政的黑暗,而自己饥寒交迫甚至饿死孩子的困苦生活,又使他从思想感情上逐渐靠近人民。安史之乱以后,他"陷贼",逃难,辗转陇右,漂泊西南,深入社会生活,与广大人民群众一同受难。其兼济苍生、治国平天下的夙愿与苦难现实相碰撞,发为忧国忧民的浩歌。对中华优秀文化传统的继承,对《诗经》、《楚辞》以来丰厚的诗歌遗产的广泛吸取,对国家危亡的无限忧虑,对人民苦难的深厚同情,使得杜甫的诗歌创作开辟了前所未有的广阔天地,达到了前所未有的高峰。正因为这样,杜甫赢得了

"诗圣"、"情圣"的崇高称号。就承前说，如中唐诗人元稹所称赞："上薄风骚，下该沈宋，言夺苏李，气吞曹刘，掩颜谢之孤高，杂徐庾之流丽，尽得古今之体势，而兼人人之所独专。"就启后说，从中唐直到当代，凡有成就的诗人都在不同程度上从杜甫的诗歌创作中得到教益。杜甫的影响还不限于国内。就全世界范围说，杜甫也是举世公认的伟大诗人。1962年，在杜甫诞生1250周年之际，世界和平理事会在斯德哥尔摩会上将杜甫列为世界文化名人，并决定在世界各国的首都举行纪念活动。

杜甫关心国计民生，对社会现实有深刻了解，其创作题材非常广阔。杜甫兼擅各种诗歌体裁，善于运用不同体裁的优势反映相适应的题材。从现存的一千四百多首诗歌看，题材广阔，体裁多样。每一种体裁，不论是五古、七古、乐府、歌行、五律、七律、五绝、七绝，乃至长篇排律，都有不少脍炙人口的杰作。在杜甫手里，每一种原有诗体都在表现新题材的过程中得到新的发展、新的开拓。例如他的《自京赴奉先县咏怀五百字》，是用传统的五言古诗的体裁写成的。五言古诗，是汉魏六朝以来盛行的早已成熟的诗体，在杜甫之前，已经产生了无数佳作。仅就"咏怀"之作而言，如阮籍的《咏怀》、左思的《咏史》、庾信的《咏怀》、陈子昂的《感遇》、张九龄的《感遇》之类的组诗都各有特色，万口传诵，"转益多师"的杜甫当然从汉魏六朝以来五言古诗的创作经验中吸取了营养。但把《自京赴奉先县咏怀五百字》和所有前人的五言古诗相比较，就立刻发现在体制的宏伟、章法的奇变、反映现实的广阔深刻和艺术力量的惊心动魄等许多方面，都开辟了新天地，把五言古诗的创作提高到新的水平。对于其他各体(特别是七律)的完善和拓展，亦复如此。

杜甫的诗，内容和形式是多种多样的，很难一概而论。但其万丈光芒，都迸发于爱国爱民的火一样的热情。

"民为邦本，本固邦宁"，一个真正的爱国者自然真诚地爱民。杜甫"穷年忧黎元，叹息肠内热"，不仅同情人民疾苦，而且往往把人民的苦难置于自己的苦难之上。当他从长安赶到奉先县看望家小的时候，"入门闻号咷，幼子饿已卒"，邻居们都为之呜咽，他当然很痛苦。然而又

"默念失业徒,因思远戍卒",想到那些比他处境更惨的"平人",便"忧端齐终南,澒洞不可掇"。当他从梓州回到成都草堂的时候,自己的生活略有好转,而他却想到穷人无以为生,写出了"敢为故林主,黎庶犹未康"的诗句。大家都熟悉他那首传诵不衰的《茅屋为秋风所破歌》,自己屋上的茅草为狂风卷走,"床头屋漏无干处,雨脚如麻未断绝",结尾却说:"安得广厦千万间,大庇天下寒士俱欢颜,风雨不动安如山。呜呼!何时眼前突兀见此屋,吾庐独破受冻死亦足!"正因为热爱人民,所以对一切危害人民的社会现象都不能容忍。他把一切残民以自肥的贪官污吏斥为"蟊贼",尖锐地提出:"必若救疮痍,先应去蟊贼。"对于剥削、压迫人民的虐政,他揭露不遗余力,写出了"庶官务割剥","索钱多门户","一物官尽取","朱门酒肉臭,路有冻死骨","高马达官厌梁肉,此辈杼柚茅茨空","乱世诛求急,黎民糠籺窄","况闻处处鬻男女,割慈忍爱还租庸","征伐诛求寡妇哭","哀哀寡妇诛求尽,恸哭郊原何处村"等无数惊心动魄的诗,而渴望"谁能叩君门,下令减征赋",主张"众僚宜洁白,万役但平均","君臣节俭足,朝野欢呼同"。

杜甫爱国爱民、决定了他对战争的态度。杜甫诗集中以战争为题材的诗占很大比重。天宝年间,唐王朝穷兵黩武,多次向吐蕃、南诏用兵,给人民造成沉重负担,杜甫因而警告统治者:"君已富土境,开边一何多!""苟能制侵陵,岂在多杀伤!"在《兵车行》里,更对开边战争给人民带来的种种苦难作了集中而生动的反映。对安史之乱引起的内战,则既从爱民的角度写出了"积尸草木腥,流血川原丹"的惨象和统治者的昏庸、残暴,又从爱国的角度渴望平定叛乱,维护国家的统一。组诗《三吏》、《三别》及《春望》、《闻官军收河南河北》等名篇,是这方面的代表作。他不仅写诗,还渴望以实际行动平息叛乱。他不怕千难万险,从沦陷于叛军之手的长安奔赴唐肃宗的"行在"凤翔。"麻鞋见天子,衣袖露两肘",企图为光复祖国效力。他时常为战乱未息而忧心如焚,"不眠忧战伐,无力正乾坤","向来忧国泪,寂寞洒衣巾","时危思报主,衰谢不能休","天地日流血,朝廷谁请缨!济时敢爱死,寂寞壮心惊",乃至愿

"剖心血"以饲养作为"王者瑞"的凤雏,"再光中兴业,一洗苍生忧",其爱国爱民的丹忱,感人肺腑。

杜甫爱国爱民、忧国忧民的激情不仅被国家大事所激发,而且被自然风光和日常生活所唤起,如《春望》的"国破山河在,城春草木深。感时花溅泪,恨别鸟惊心。……"《登楼》的"花近高楼伤客心,万方多难此登临。……北极朝廷终不改,西山寇盗莫相侵……"等等,其例举不胜举。毫不夸张地说,杜甫为祖国、为人民忧虑了一生,歌唱了一生。直到临终留给后人的一首诗还为"战血流依旧,军声动至今"自己却无力挽回危局而叹息不已。

杜甫是不朽的,杜甫的诗是不朽的。一部杜诗,可作为我们振兴中华诗词的借鉴,又可作为我们进行爱国主义教育的教材。

研究杜诗,已有悠久历史。到了宋代,已出现"千家注杜"的盛况,南宋刘辰翁曾整理、评点出《千家注杜诗全集》(成都杜甫草堂藏有明万历九年重刊本)。到了金代,元好问首倡"杜诗学",明人李东阳简称"杜学"。明清以来,注释、评论杜诗的著作更多。解放以来,关于杜甫的研究可分为三个阶段:

一、全国解放至"文革"前夕

50年代初专家们试图以马克思主义观点研究杜甫,出版了《杜甫传》(冯至)、《杜甫研究》(萧涤非)、《杜甫诗论》(傅庚生)及苏仲翔、冯至和黄肃秋等的几种杜诗选注本,发表了一批论文,如刘大杰的《杜甫道路》等等。由于自50年代中期开展了所谓对资产阶级学术思想的批判,因而总的来说,50年代关于杜甫研究的论著不多。60年代初,由于贯彻八字方针,杜甫研究的现状略有好转。到了1962年,杜甫被世界和平理事会列为世界文化名人,决定在各国首都举行纪念活动,因而在全国掀起了杜甫研究的高潮。仅1962年这一年,全国各报刊发表的有关杜甫的各类文章,达三百多篇,涉及杜甫及其诗歌的许多方面,不乏学术水平较高的论文。特别是这年4月12日在北京举行的纪念杜甫诞生1250周年的大会上,冯至所作的题为《纪念伟大诗人杜甫》的主题报告,对杜甫及其诗歌作了精当的评价。郭沫若在开幕词中也赞扬杜甫"接近了人民",认为"朱门酒肉臭,路有冻死骨"是"响彻千古的名句",并说"李白和杜甫是像亲兄弟一样的好朋友,他们在中国文学史上的地位,就跟天上的双子星座一样,永远并列着发出不灭的光辉"。这和他1953年为成都杜甫草堂撰书的楹联"世上疮痍,诗中圣哲;民间疾苦,笔底波澜"的精神是一致的。

二、"文革"时期

"文革"期间,文化界一片沉寂,关于杜甫的评价却多少有点例外:一是1972年出版了郭沫若的《李白与杜甫》,以"扬李抑杜"为宗,"以阶级斗争为纲",与前面提到的著者在50年代初和60年代初的论点形成强烈的对照。一家独鸣,无人敢提异议。二是1975年"四人帮"大搞"评法批儒",其御用文人把杜甫定为"法家诗人",抛出了署名梁效的《杜甫的再评论》,因而引出了一批文章,或说杜甫是法家,或说杜甫是儒家,都谈不上什么学术价值。

三、1977年至今

粉碎"四人帮"之后的前几年,多数文章批驳了"文革"中对杜甫其人其诗的种种歪曲;又由于毛泽东《给陈毅同志谈诗的一封信》发表,不少专家从形象思维的角度探讨杜诗的艺术成就。这几年,可算杜甫研究"拨乱反正"时期。紧接着,便随改革开放的春风,杜甫研究蓬勃开展。从1982年以后,关于每年杜甫研究的概况,在我主编的《唐代文学研究年鉴》中的《杜甫研究》专栏里都有比较详细的综述,可供参考。概括地说,从1977年至今,是"杜诗学"的复兴和繁荣时期,百家争鸣,百花齐放,盛况空前。其主要特点是:

(一)研究领域不断扩大。对杜甫的生地、生活、游踪、交游、逝地、墓地等作了考证、考察和研究;对杜诗的承前启后、思想深度、艺术成就以及杜甫的"诗圣"地位作了深入探讨;对杜甫的各体诗包括七绝、五律、七律、排律以及写不同题材的诗如咏物诗、咏史诗、山水风景诗等作了分别论述;对杜甫的许多名篇,有今译,有鉴赏;对杜诗中的某些词语和有关的名物、制度等作了考辨;对杜甫的两川诗,夔州诗、湖湘诗分别召开会议,进行研讨。

(二)研究方法不断更新。除以杜注杜、以史证诗、诗史互证、实地考察以外,还注意到了港、台及国外研究信息,将摄影录像、现代统计概率手段及模糊论、比较研究等方法引入杜诗研究领域。

总而言之,改革开放以来的十几年,杜甫研究取得了很大成绩,论著数量极大,质量较高,研究资料日益丰富,研究领域和研究方法不断拓新,研究队伍也不断壮大,形势喜人,前景光辉灿烂。

现在,在杜甫的出生地成立了中国杜甫研究会,这是杜甫研究历程的新的里程碑。我们学会的优越条件是许多学会不能比拟的。因此,我认为我们学会可以开展许多工作:

(一)成立杜甫研究基金会。

(二)广泛搜集古今中外关于杜甫诗文的各种版本、注本、译本和各种研究专著、论文以及有关杜甫的诗词、散文、书画、文物等等,建立杜甫研究资料中心。

(三)前人注杜、研杜的著作较有价值而尚未重版者,应依次整理出版,以广流传。国内和国外研究杜甫的论文数量极大,散见各处,应尽量搜集,汇编出版,并在汇编的基础上出版论文选集。

(四)开展有关杜甫的诗书画创作,精选前人和今人有关杜甫的诗书画佳作,建立杜甫碑林。

(五)出版雅俗共赏的高水平的杜甫传记、杜甫选注、杜诗鉴赏、杜诗今译等等,并运用影视手段,开展普及工作,提高广大群众的文学素养、审美能力和爱国爱民的精神境界。

(六)各有侧重地举办各种杜甫研讨会,如长安诗研讨会、秦州诗研讨会等,继续拓展杜甫研究领域和研究方法,多层次、多角度、全方位地研究杜甫其人其诗,把杜甫研究从广度、深度上推向更高水平。

(七)创办刊物,发表杜甫研究文章和有关的诗书画作品。

最后,祝愿各位领导、各位代表身体健康、精神愉快!预祝中国杜甫研究会兴旺发展,在研究杜甫、宏扬中华文化、振兴中华、振兴中华诗词方面作出日益突出的贡献!

谢谢大家。

会上,来自全国各地的杜甫研究专家宣读论文,各抒己见,就杜甫研究中的重要问题进行了热烈的讨论,而集中于弘扬爱国主义旋律。就在这次会上,代表们选举出了首届杜甫研究会理事会和领导成员。霍先生被选为会长,廖仲安、邓绍基、张忠纲、林从龙等先生被选为副会长。

杜甫曾流寓秦州(今甘肃天水市)。霍先生是天水人,与当地各界人士关系密切,所以由他联系并筹资,中国杜甫研究会第二次学术研讨会于1996年9月10日至9月14日在天水市举行。这也是一次专家云集的盛会,与会学者主要围绕杜甫的秦州诗做了深入的讨论。首都师范大学廖仲安教授、北京师范大学邓魁英教授、山东大学张忠纲教授、兰州大学林家英教授、西北师范大学胡大俊教授、厦门大学黄拔荆教授、福建省社会科学院蔡厚示研究员、香港著名诗人叶玉超先生、澳门大学施议对教授等都做了精彩的发言。

会议期间,展出了《二妙轩碑帖》及霍先生写的长篇序言。代表们赞叹不已。清初著名诗人宋琬任陇右道佥事时不仅为秦州百姓办了许多好事,还捐俸集王羲之等名家书法摹刻杜甫秦州诗。诗妙,字妙,后人称为《二妙轩碑》。经历来岁月的沧桑,《二妙轩碑》已不复存在。90年代,天水市政府为了弘扬地方文化,决定筹建诗圣碑林。霍先生向有关方面负责人提供线索,他早年曾在某位乡前辈家里见过二妙轩碑的拓本。当地有关人员根据这一线索,广泛调查,终于在漳县从那位"乡前辈"的后人手里获得了二妙轩碑的拓本,随即专赴西安,请霍先生鉴定。稍后的天水伏羲文化研讨会期间,霍先生又亲赴天水,详细评说了二妙轩拓本,指出此乃天水一宝,应极早光耀于世。后来,《二妙轩碑帖》终于正式出版了,一为影印纸质出版物,一为碑刻,霍先生分别写了序言。不久,天水市委、市政府就决定对《二妙轩碑》实行开发式保护。霍先生赋诗以贺:"山阴王字美,陇右杜诗雄。二妙传羲里,群贤赞宋公。访碑南郭寺,揽胜隗嚣宫。喜作秦州颂,腾飞舞巨龙。"此次杜甫研讨会期间,代表们参观的就是影印的出版物。

2000年10月,中国杜甫研究会第四次学术研讨会在山东济南市舜耕山庄举行。

《史记·五帝本纪》载:"舜耕历山。"舜耕山庄为济南市著名的四星级酒店,坐落于风景秀丽的千佛山下,风格独特,为泉城十大景观之一。时值金秋,天高云淡,空气清新,与会学者倍觉神清气爽、意气风发。

在此次会议的理事会上,霍先生提出自己已年满80岁,辞去会长职务,被推为名誉会长,会长一职由山东大学张忠纲教授接任。霍先生赋诗曰:

> 诗教衰微哲士忧,少陵学会创中州。
> 几番研讨发精蕴,万古江河浩荡流。
>
> 又见群贤四海来,山庄明丽讲筵开。
> 济南自古多名士,倡雅宁无济世才①。

会议期间,东道主山东大学诸教授设宴为霍先生祝寿。霍先生欣赋一律:

> 四凶留命沐晨曦,钓渭年华力未疲。
> 路远徒嗟增马齿,山高犹愿奋牛蹄。
> 欲师杜甫吟三吏,敢效梁鸿赋五噫?
> 珍重群公祝嵩寿,青灯不负五更鸡。

虽然从杜甫研究会会长的职位上退了下来,但霍先生的杜甫研究并

---

① 此处自注:"我因年老辞去会长职务,推选山东大学张忠纲教授接任。"

没有停止。直到 2005 年,还发表了《杜甫卒年新说质疑》[①]。2006 年,又发表了《纪行诸赋的启迪,五言古风的开拓——杜诗杂论之一》[②]。前者对杜甫的卒年问题提出了自己的看法;后者另辟蹊径,首先考察杜甫以前赋体文学的发展,再对照一系列的赋体名篇,详析杜甫的名作《自京赴奉先县咏怀五百字》与《北征》,从而得出结论:纪行赋对杜甫的取材谋篇,起了决定性的作用。从中可见杜甫的继承与创新,也可见赋体文学对唐诗的影响。

[①] 霍松林《杜甫卒年新说质疑》,《文学遗产》2005 年第 6 期。

[②] 霍松林《纪行诸赋的启迪,五言古风的开拓——杜诗杂论之一》,《文学遗产》2006 年第 4 期。

十五、扶桑讲学

1996年日中汉诗友好协会讲台照片

1987年9月初,应日本明治大学客座教授之聘,霍松林先生东渡讲学。

当时,西安尚无直达日本的航班。霍先生先飞到上海,住在华东师范大学,老同学徐中玉、钱谷融二位教授设宴送行。华东师范大学中文系主任齐森华教授亲自代办相关手续,送至机场。起飞后,霍先生坐在窗边,时而看云,时而看海,不知不觉间就已经到了东京。做诗一首:

徜徉天外览寰球,鲲化鹏抟汗漫游。
眼底云涛方变灭,已随海客到瀛洲。

出了机场,明治大学的岩崎富久男教授已在等候。岩崎教授曾携全家在长春的东北师范大学教日语多年,能讲流利的汉语。此次霍先生在日本期间,岩崎始终负责接送陪同,所以不会有坐错车走错路的顾虑。霍先生赠岩崎诗有句:"万象纷纭万籁鸣,游踪半月遍东京。风驰电掣不迷路,多赖岩崎管送迎。"

在明治大学作了几次学术报告后,由东道主策划,霍先生作了一次"公开讲演"。"公开讲演"比较隆重,听讲者多半是东京各大学的讲师、教授,还有从松本、横滨、京都、名古屋等地赶来的中国文学研究者。霍先生讲演的题目是《最近十年唐诗研究》,由著名汉学家今昔凯夫教授担任翻译。讲演稿被收入明治大学《外国人研究者讲演录》(1988年3月东京版)。

岩崎教授十分热情,陪霍先生参观了东京大学图书馆、东洋文库、静修堂文库等许多单位。参观静修堂文库时,库长米山寅太郎带客人观看宋、元珍本。每看一种,都夸赞道:"这是国宝!"令霍先生听得很伤心。这些"国宝"原本不是日本的,而是中国的。清光绪年间做过福建盐运使的陆心源,在故乡归安(今浙江湖州市)筑"皕宋楼"藏宋元旧刊,筑"十万卷楼"藏明及明后秘刻,筑"守光阁"藏寻常刻本。一时名噪江南,为清末四大藏书家之一。陆心源去世以后,其子树藩耽于逸乐,以十万金卖给日本静嘉堂文库。中国的国宝,竟沦为日本的"国宝"了。霍先生赋诗写道:

珍藏一夜付东流,太息江南皕宋楼。
库主连声夸国宝,几番回首望神州。

岩崎教授怕霍先生思念家乡,特意将他接到家里吃饭,又请他到横滨逛华人街,吃中国饭。

10月10日至11日,日本的"中国学会"在名古屋大学召开第三十九回大会,邀请霍先生参加。因为日本已经有"历史学会",所以这个"中国学会"的研究范围只包括中国的文学、语言学和哲学。因刚好在日本讲学,霍先生便接受了邀请。

明治大学本来就有送霍先生游奈良的安排。名古屋在东京、奈良之间,便由岩崎教授陪同,先赴奈良,重点参观了唐代东渡日本的鉴真和尚的唐招提寺,然后折回名古屋参加会议。

一进会场,霍先生就碰见了他的首届研究生马歌东。马歌东此时正在日本福井大学讲学,也是赶来参加中国学会的。师生不期而遇,惊喜异常。马歌东先代老师交了会务费、合影费和会餐费,然后一同开会。

这次会上,霍先生又结识了日本几位著名的学者,如广岛大学铃木修次教授、东北大学村上哲见教授等。

稍后,松本信州大学人文学部的西岗晴彦教授邀请霍先生到信州大学讲学。征得明治大学的同意,霍先生乘新干线到了信州大学。

西岗晴彦教授此前曾多次访问西安,并在陕西师范大学的专家楼住过很久,与霍先生讨论学术问题,成为好朋友。此次一到信州,西岗教授便请霍先生到他家里吃饭,而后邀霍先生游上高地。

上高地是一个著名的风景区。西岗教授的好友桥本功教授开着自己的车,一行三人朝目的地出发。一路上碧水时现,红叶扑面,赏心悦目。遥望西高地,雪峰连绵,与天际白云相接。渐行渐近,两边叠嶂层林,中间是宽阔的河滩,白石鳞峋,青溪潺潺。到了山下,出车观看,从溪边至山腰,秋林如绣,或翠绿,或青苍,而以浅黄、淡红、深黄、鲜红点缀其间,层次丰富,色彩绚丽。山腰以上,一望雪白,仔细辨认,方知那白皑皑的不是积雪,而是山的本色。天空一片澄蓝,偶有白云从山巅飘过,则不辨是云是山。

10月23日上午,在信州大学人文学部讲学。听众中有来自北京、上海等地的中国留学生,提问很踊跃。答问毕,他们又一一拿出宣纸,请霍先生题写唐诗、宋词,然后满意称谢而去。

信州大学讲学后,霍先生又回到明治大学,完成自己的讲学任务。

明治大学创办于明治维新时期,有上百年的校史,校歌有"自由摇篮"之语,校风崇尚学术自由。讲学结束的时候,该校校长和几位同事到亚细亚文化会馆来给霍先生送酬金和纪念品,致问候之意。谈话中郑重提出:"明治大学建校以来,中国留学生很多,但被聘为客座教授的中国人,您还是第一位。"作为回赠,霍先生在宣纸上写了一首诗:

巨厦连云作大猷,骏河台畔万花稠。
维新伟业光三岛,明治高风动五洲。
广育英才扶正义,宏扬文化壮清流。
我来喜唱摇篮曲,从古蓬莱重自由。

岩崎教授给校长做了讲解,校长很高兴,约了几位院长和汉语教授与霍先生合影,然后坐车到一家餐馆就餐。值得一提的是,明治大学没有校车,出门坐电车。请客也不用公款,除了客人不需出钱,其他人都平均摊派,现场掏钱包。点菜也不多,够吃即可。霍先生说:"你们的习惯真好,不浪费!"他们说:"这大概是二战后挨饿的教训,说不上好不好。"而这一请客习惯,也给霍先生留下了深刻的印象。

10月31日,霍先生离开日本,返回家乡。这一天,恰好是中国传统的重阳节。从机窗里望出去,云海翻腾,忽而有如怒潮倒立,忽而有如羊群漫空,忽而像是平空铺了一层柔软的棉花,忽而又堆起硕大无比的云山。霍先生诗兴大发,吟诗一首:

扶桑争赏菊花黄,把酒持螯忆故乡。
归路登高万馀米,闲看云海过重阳。

时隔九年,1996年,霍先生再次应邀赴日本讲学。

这一年的7月,日本国日中友好汉诗协会派吉艳秀女士向霍先生送来热情洋溢的《邀请书》:

今年,日中友好汉诗协会迎来了自1986年成立大会以来的创立十周年。作为十周年之纪念活动,将于11月24日举行国际汉诗交流会暨纪念庆典。届时,我们将邀请陕西师范大学文学研究所所长、中华诗词学会副会长霍松林先生前来作关于汉诗的讲演。先生不但是现今世界上最卓越的汉诗理论家,而且是杰出的诗人;不仅在中华人民共和国国内,而且在国际上也受到极高的评价。在此日中友好汉诗协会创立十周年之际,使日本汉诗界能聆听到先生的汉诗理论,这对于现代日本汉诗界来说,是最为渴望的事情。基于以上认识,我们特发出这一邀请。

后面的署名是:"邀请保证人日中友好汉诗协会理事长棚桥篁峰。"
　　这位棚桥篁峰先生,热爱中国传统文化,尤其热爱中国传统诗歌,对诗圣杜甫等古典诗人极其崇拜。其时已来过中国九十余次,自言已沿着杜甫当年的足迹完整地考察过,宣称"杜甫与我们同在"!
　　11月19日,霍先生乘机飞抵名古屋,由棚桥先生和吉秀艳女士接到京都,住在花园会馆。这期间,吉女士和棚桥先生陪同游览了岚山、奈良和京都北山。京都地区常年多阴雨。而这几天天气却非常好,碧空如洗,风景如画。吉女士说:"前些天老是下雨,我们都祝愿雨霁天晴,好迎接霍老。我们的祝愿还真灵,霍老一来,天就晴得这么好!我来京都多年,觉得京都的天空特别蓝,但还没见过这么蓝的蓝天。老天爷也在欢迎霍老呀!"棚桥先生也说:"我在京都生活了几十年,第一次碰上这么晴朗的天气,第一次看到这样蔚蓝的天空。这一切,都是霍老带来的,但愿每年秋天霍老都能来。"霍先生也十分高兴,即兴吟诗数首,其中一首这样写道:

　　　　京都迎我祝皇天,磨洗晴空格外蓝。
　　　　更把层林着意染,红黄碧绿绣岚山。

　　京都士女爱好中国书法,托棚桥先生向霍先生求书者甚众。22日上午、下午都在写字。23日是墨水篁峰吟咏会创立20周年吟咏发表会。几位会员登台吟诗,抑扬婉转,各臻妙境。最后由棚桥篁峰会长吟唱,有如九霄鹤唳,逸响遏云,赢得了经久不息的掌声。吟咏结束,时间尚早,棚桥便请霍先生做了40多分钟的演讲,由吉秀艳女士翻译。

24日全天,霍先生讲演。按主办方的要求,两个月前已将讲演稿寄给他们,由棚桥先生和吉女士反复推敲,用日语译出全文。这次讲演,由吉女士逐段翻译。上午讲《绝句的类型和作法》,下午讲《论诗的设色》。讲演时主席台后的墙壁上,悬挂着东道主精心装裱的霍先生特意为此活动写的书法作品:

一衣带水碧盈盈,千首诗传两岸情。
大吕黄钟歌友谊,铜琶铁板唱和平。
神州斗韵来东土,仙岛联吟迓汉朋。
十载扶轮风雅盛,更迎新纪创新声。

11月26日,霍先生又应邀赴松本信州大学讲演。11月27日的《朝日新闻》以《第六十八届信州大学中国文学谈讲会》为题登出消息"谈讲会将于28日午后一时在信州大学人文学部会议室举行。届时,将邀请中国古典诗研究家、中国陕西师范大学文学研究所霍松林教授作题为《中国唐代诗歌的色彩语——以杜甫、王维、白居易为中心》的演讲。听讲自由,定员五十人。询问处:信州大学人文学部松冈研究室。电话(从略)"

28日下午1时谈讲会开始,下午4时结束。1996年11月29日的松本《市民时报》以《诗人也巧妙地使用电影——中国霍松林教授在文学恳谈会上的演讲》为题,作了报道:

信州大学第六十八届中国文学恳谈会28日于松本市信大人文学部召开,中国陕西省西安市陕西师范大学文学研究所霍松林教授在会上作了题为《中国唐代诗歌的色彩语》的演讲。

霍先生是中国古典诗研究的最高权威,作为书法家也很有名,现任中国唐代文学会顾问,中华诗词学会副会长、西安书法学院顾问等职。霍先生此次是应邀参加于京都府召开的中日友好汉诗协会的演讲而来,之后应信州大学人文部西岗晴彦教授之邀而参加本届恳谈会的。恳谈会除学生和教职员之外,也向一般市民开放。

先生在演讲中说:"如同画家着意调色一样,诗人也巧妙地使用色彩效果。"在介绍杜甫、王维、白居易等诗人优秀作品的同时,说明了作为味外之味的色彩的丰富表现手法。

霍先生说:"由于中国唐诗对于色彩的巧妙运用,得以表现出超越现实的美,而于此也含蕴着诗人们希望现实也能如诗一般美的愿望……"

28日下午,霍先生在信州大学的讲演结束,被邀至人文学部办公室饮茶。学部长说:"信大古老的校歌中有'春寂寥'一语,我们都喜欢它表现的幽美境界。请霍先生大笔书写,我们将装裱悬挂。"霍提笔写了三个大字,并应邀署名,赢得了热烈的掌声。霍有诗曰:

信大校歌"春寂寥",倩余书写树高标。
围观教授齐拍手,窗外枫红似火烧。

中日两国人民之间的友谊,伴随着中日文化的交流,亦是如火如荼。进一步促进这种交流和友谊的发展,正是一代又一代学人的责任与使命。

十六、写诗、评诗与中华诗词学会

作为诗人,霍松林先生一生没有断了写诗、论诗、评诗。

写诗,霍先生一生没有停止。论诗,主要体现在一些学术性的论文和相关著作的序言等方面。

对今人,霍先生论诗更多的是谈诗词的创作。

霍先生论诗的创作,涉及到许多方面,谈到做诗的原动力①,谈到诗歌创作中用数量词②,谈到诗词创作的革新③,谈到新诗与传统诗词的关系④,等等。

对一些重要问题,霍先生花大力气,写出长篇论文,如《论诗的设色》一文,发表于《江海学刊》1993 年第 5 期,可以说是一篇典型的融合着创作体验的学术论文。文章多角度地论述了诗歌创作中的设色问题,如色彩的运用产生的视觉效果、运用设色法制造警句、设色制造的运动感、通感、色彩的象征意蕴及其造成的感情联想、显色词与隐色词的运用、颜色词的虚与实,并举杜甫的"桃花细逐杨花落,黄鸟时兼白鸟飞",李颀的"白日登山望烽火,黄昏饮马傍交河",郑谷的"雨昏青草湖边过,花落黄陵庙里啼"等诗句分析说明,读来很受启发。又如《简论近体诗格律的正与变》,该文在《文学遗产》杂志 2003 年第 1 期发表以后,《中

---

① 如《人为什么要作诗》(刘肯嘉诗词集《垦稼诗词稿》序)。收入《唐音阁随笔集》。
② 如《诗用数词的艺术特点》,收入《唐音阁随笔集》。
③ 如《陈元方的诗改理论与实践》,《律诗及其"改革"》,收入《唐音阁随笔集》。
④ 如《在继承的基础上创新》(赵安志诗词集序),《新诗与传统诗词应优势互补》(曾刚诗词集《心声录》序),收入《唐音阁随笔集》。

华诗词》2003年第4期、第5期又转载,并加了编者按:"这是一篇极有分量的精彩学术论文,凝聚了著名学者、教授、诗人、诗论家霍老松林孜孜穷年的研究成果和矻矻实践的创作心得。文章以大量名家名篇名句为例,充分论证了近体格律诗的'正体'与'变体',持之有故,言之成理,说服力很强。此论既具理论学术价值,又具创作指导意义,极有助于今人解放思想,实事求是,增进对诗词格律的正确理解和科学运用,以提高创作质量,促进中华诗词的合理改革与振兴。"

评诗,对古代作家的诗词创作的研究论文,应该说都是评诗。此处只重点介绍一下霍先生对当代人诗词创作的评论和评选。

1983年,诗坛部分资深人士提出组建中华诗词协会的倡议,并积极筹备。1986年9月20日,中华人民共和国文化部批准成立中华诗词学会。11月,中华诗词学会筹备会在北京召开。霍先生作为发起人之一参加了筹备会。

1995年温州评诗会场照片

1987年5月31日(端午节)上午,中华诗词学会成立大会在全国政协礼堂隆重开幕。参加大会的正式代表260人,列席代表60人,特邀代表及顾问60人,来宾60人,共440人。中国共产党中央政治局委员习仲勋到会祝贺并讲了话。杨静仁、楚图南、钱昌照、赵朴初等相关领导出席了会议。中国共产党中央宣传部、统战部及部分省、市、自治区的相关领导，以及全国文联、中国作家协会、中国民间文艺家协会的代表到会祝贺。老一代教育家叶圣陶、中宣部副部长贺敬之、北京市副市长陈昊苏给大会发来了贺信。加拿大籍华人叶嘉莹教授、日本日中友好汉诗协会代表棚桥篁峰、新加坡新声诗社副社长张先辑、美东中华诗友会代表黄思超、香港诗人叶玉超等友人也都到会并作了发言。

这次会上，选举产生了中华诗词学会的理事会，推举赵朴初、楚图南、周谷城、叶圣陶、唐圭璋为名誉会长，钱昌照为会长，姜椿芳、周一萍、马识途、许士杰、齐光、张报、张璋、张恺帆、陈雷、陈昊苏、毕朔望、汪海粟、吴丈蜀、钟敬文、林林、林克武、谈立人、夏征农、杨第甫、杨植霖、霍松林等为副会长。此后几届中华诗词学会的换届选举中，霍先生一直担任副会长。至2000年6月以后，改任名誉会长。这期间，中华诗词学会的许多活动，霍先生都参加或参与筹备。

中华诗词学会所组织的一项有效的工作，就是每年由某地承办一次全国性的诗词研讨会。这其中，第八届研讨会在银川召开，会后出版了《中华当代边塞诗词精选》，由秦中吟先生主编，霍先生写了长篇序言。第九届研讨会在重庆召开，霍先生在闭幕式上作了总结发言。第十届研讨会于1997年10月在昆明召开，霍先生任组委会主任，在开幕式上作了《开创吟坛新局面》的主题发言。第十一届研讨会于1998年8月在新疆石河子市举行，霍先生任组委会主任，并致开幕词。此后的第十二届至第十五届中华诗词研讨会，霍先生都参加，且致闭幕词。

中华诗词学会为振兴中华传统诗词所做的另一项卓有成效的工作就是组织各类全国性诗词大赛。这其中，1992年由中华诗词学会、新华社、中央电视台、光明日报等单位主办的首届中华诗词大赛，1994年由广东中华民族文化促进会、广东炎黄文化研究会、广东中华诗词学会举办的"李杜杯"全国诗词大赛，1995年由中华诗词学会和温州诗词学会主办，浙江诗词学会、河南诗词学会协办的"鹿鸣杯"全国诗词大赛，1997至1998年由中华诗词学会和中华诗词社等单位主办的"回归颂"中华诗词大赛，1997年举办的"嵩山杯"全国诗词大赛，1998年举办的

"黄果树杯"全国诗词楹联大赛,1999年举办的"世纪颂"中华诗词大赛等多次全国性中华诗词大赛,霍先生都担任评委会主任,并为多次大赛的获奖作品集(如《金榜集》、《鹿鸣集》、《回归颂》、《世纪颂》等)写了序言。

经过多次全国性诗赛的评选工作,逐渐形成了颇有威望的评委班子。霍松林、刘征、李汝伦、林从龙、周笃文、羊春秋、王澍、丁芒、刘人寿、林岫、宋谋瑒、袁第锐、蔡厚示、叶元章、杨金亭、侯孝琼诸先生,都是著名诗人,有的擅长创作,有的擅长评论,优势互补,在评选工作上,能够令人信服。

霍先生评诗,强调"运用多种诗体多方面、多角度地表现现实生活,讴歌真善美,鞭笞假恶丑,体现时代精神和爱国主义主旋律,题材新、观念新、感情新、语言新"①。

霍先生参与评选工作的情形,湖南人杨杰、叶志芬所写的《大家风范——记霍松林教授在常德的几件小事》中有这样的回忆:

1996年6月,霍老和夫人胡老如请来到常德,主持诗墙当代人诗词评审会议。诗墙当代人诗词作品来源很广,作者面很宽,有诗人、教授、专家、将军、教师、工人、农民、干部等等,全国许多省、区、市、台湾、香港、澳门以及美国,都有稿件,共2100余首,经过初选、复评,得226首。评审前已不记姓名油印送给了七位终审评委。因此,评委得到的是无作者姓名、身份、生平情况的弥封卷。评委阅卷后以无记名方式投了票。一位评委因健康原因未能到会,实际上只有六票。评审之前,评委议定:(一)两票以下未过半数,不算入选;(二)三票以上为入选,予以评议;(三)为了不漏选好诗,无论得票多少都须再议一次;入选诗不稳妥者应逐句逐字修改。评委们极为负责、认真地开始了评审工作。霍老十分谦虚、十分严谨地主持着会议,而大家对他都很尊敬。有一组题为《挑炭

---

① 霍松林《诗国起雄风》,《回归颂中华诗词大赛获奖作品集》序言,收入《唐音阁随笔集》。

吟》的律诗，因为有的句子不很美，只得两票，未能入选。霍老说："这组诗有真情实感，是写得较好的，个别词句可以调整，请大家再议一议。"评委们经过仔细品味，认为是"劳人思妇"之诗，一致同意入选。决定之后，我们介绍：作者是桃源山区的一位农民，他写的《挑炭吟》是自己多年从高山挑炭入市的实际感受，而不是从旁观察写他人的劳动。听后，大家极其称赞、佩服霍老的眼力。当即将欠妥的四句作了小的调整，成为好诗，决定选两首刻石上墙。有一首赞咏常德沅江大桥建成通车的诗："百尺朱楼响玉箫，武陵无处不藏娇。归来不识桃园路，认取沅江第一桥。"得票较多，大家认为颇有风致，同意入选。霍老强调"藏娇"二字欠妥，易产生歧义，提议改为"妖娆"。评委觉得此议甚好，应当改为"妖娆"，同时将"响玉箫"的"响"改为"弄"字。这样，此诗就更加风雅、鲜明了。还有一首《攻克常德即事》，是1943年12月参加"常德会战"的国军第五十八军军长鲁道源写的，写于常德城被日寇占领后，我军反攻胜利之时。诗云"儿郎对对武陵围，血肉霜风向北吹。城破负隅犹巷战，问他倭虏几时归。"评委羊春秋教授提出：此诗描写当时敌我鏖战情况是好的，只是结句缺乏气势，提议将"几时归"改为"几人归"。我们简要介绍了作者情况，说明已不在人世，过去报纸发表过。评委听后有些犹豫，觉得改一字气势顿变，确有必要；但又认为作者已经去世，且早已发表，不便改动。霍老说："应当改，因为诗墙要流传久远，不比一般报刊。作者如在，也会赞同的。"大家认为霍老站得高，看得远，说得有理，于是一致同意将"时"字改为"人"字，使得此句大壮中华志气，尽扫日寇威风，而全诗收得十分有力。①

除过中华诗词学会组织的全国性诗词大赛外，陕西省内的众多诗词活动及比赛，霍先生也多参与其中，主持评选。

---

① 《霍松林先生八十寿辰纪念文集》第475–476页。

十七、寻根祭祖

中华民族有着悠久的历史。炎黄子孙,也每每在一些重要的时刻祭祀祖先、继承传统,激励后人。

1987年,霍松林先生参加了公祭黄帝陵的典礼,并受陕西省人大常委会的委托,撰写了祭文。此文现在刻石于黄帝陵所在的桥山:

皇皇元祖,继武羲农。崛起神州,斩棘披荆。诸侯宾服,百姓康宁。大展鸿猷,始肇文明。功高万代,泽被后昆。绵绵瓜瓞,咸秉懿行。建功立业,虎跃龙腾。光辉历史,越五千春。引吸弥巨,凝聚日增。子子孙孙,继继绳绳。世居本土,永播清芬。流寓海外,亦皆寻根。时逢盛世,节届清明。瞻望桥山,霞蔚云蒸。心香亿方,恭献黄陵。缅怀往烈,誓振天声。共兴华夏,壮志凌云。四化宏业,鼓舞群英。双百方针,花放鸟鸣。邃密群科,勇攀高峰。开发智力,选贤任能。四美教育,蔚成新风。改革深化,除旧布新。开放收效,取精用宏。加强法制,正气愈伸。发扬民主,众志成城。艰苦创业,克俭克勤。文化昌盛,经济繁荣。一国两制,五洲共钦。

霍先生撰《祭黄帝陵文》,现立碑于黄帝陵

祖国一统,华胄同心。昆仑毓秀,黄河澄清。美好现实,锦绣前程。人歌乐土,史著丰功,敬告我祖,以慰威灵。尚飨!

1996年,霍先生再一次参加了黄帝陵公祭典礼。中央电视台记者现场采访,请霍先生就黄帝其人、黄帝与中华民族、黄帝与中华文化、在桥山祭黄帝陵始于何时、现在祭黄帝陵有何意义等问题一一作答。稍后,公祭黄帝陵及采访霍先生的场面在中央电视台播出,反响极佳。

霍先生为黄帝陵撰写过两幅楹联:

一

根在黄陵,五千年古柏参天绿;
泽流赤县,九万里春潮动地来。

二

首奠宏基,肇启文明仰初祖;
勃兴伟业,频添锦绣壮中华。

又为炎帝陵撰联:

岐山毓秀,姜水钟灵,遍五洲炎黄裔胄,龙腾虎跃,致富图强,咸知此是寻根处;
北岭迎阳,双庵破晓,逾百代华夏文明,霞蔚云蒸,飘香吐艳,共喜今逢结果时。

1998年4月,霍先生又应邀参加了陕西合阳县的"戊寅清明合阳祭扫帝喾陵"典礼,并作诗曰:"洽川胜境久闻名,百劫犹存帝喾陵。祖德宏扬拓新宇,中华文化播寰瀛。"而在此前,霍先生题写的"帝喾陵"三个大字,早已刻石于此。

甘肃天水,是霍先生的老家。天水是"羲皇故里",城区有伏羲庙。距城区数十里的渭河沿岸,也有与伏羲有关的许多名胜古迹。其中一座小山据说是伏羲画八卦的地方,故名八卦山,上有画卦台和伏羲庙。近年来,海内外"龙的传人"多有至天水寻根祭祖。1996 年 9 月,中国杜甫研究会第二届学术研讨会在天水召开,霍先生曾陪同与会专家参观伏羲庙,并在庙里的"唐槐"古树前接受地方电视台的采访。后来,天水各界公祭伏羲庙,霍先生应邀撰写了祭文:

煌煌华夏,地灵人杰;自强不息,乃创鸿业。
慎终追远,缅怀太古;曰有伏羲,世称人祖。
生于成纪,史有明文。乘时崛起,清渭之滨。
观法于地,观象于天;始画八卦,文字起源。
民处草昧,茹毛饮血;始作网罟,以渔以猎。
历史发展,有此阶段;如草方萌,如夜初旦。
继此而往,代有贤能;耕耘教化,日进文明。
四凶咸殛,日月重光;绳其祖武,民气恢张。
深化改革,坚持开放;奋发图强,前途无量。
顾我西部,开发甚早。先哲遗泽,润及枯槁。
丝绸之路,横跨亚欧;汉唐文化,光耀寰球。
宋元以来,渐趋落后;人谋不臧,地利如旧。
今逢盛世,中华振兴;同奔四化,岂甘后人?
卦台效灵,麦积挺秀;羲皇故里,车马辐辏。
陇右贤达,海外赤子;齐心协力,繁荣桑梓。
人文蔚起,经济腾飞;工歌农舞,水美田肥。
敬告太昊,用表决心;超唐迈汉,共建奇勋。

此外,霍先生还为天水卦台山伏羲庙撰写了楹联:

纳皮兴嫁娶,结网教畋渔,渭河犹奏立基乐;

设象契神明,布爻穷变化,陇坂长留画卦台。

对于这些事情,霍先生自述:"作为炎黄子孙,深感欣慰。"①

---

① 《霍松林影记》第 107 页。

十八、香港回归赋

香港与澳门,自古就是中国的领土。自从被列强割据以后,牵系着多少华夏儿女的心!

霍松林先生以前未曾到过港澳,但与其他华夏儿女一样,对港澳始终充满了关切。

1996年1月,澳门中国语文学会和澳门中华诗词学会邀请霍先生赴澳进行学术交流。1月10日,霍先生携夫人胡主佑教授先乘飞机到珠海。11日下午,澳门中国语文学会理事长胡培周先生来珠海迎接。到澳门后,胡先生多方照顾,连续几天,陪霍先生夫妇游览了澳门的所有景点,参加了各种活动。

霍先生在澳门学术交流期间,各种新闻媒体采访直播,友好相继宴请,深切地体会到了"血浓于水"的感受。

1996年1月9日《市民日报》以"应澳语文学会邀请陕师大教授伉俪访澳"为题,作如下报道:

陕西师范大学文学研究所所长霍松林教授及其夫人胡主佑,应澳门中国语文学会和澳门中华诗词学会联合邀请,于本月12日至15日一连四天进行学术交流活动。

霍松林教授长期从事高等学校文艺理论和中国古代文学的教学、科研工作,并培养硕士、博士研究生,成绩卓著。曾任中国国务院学位委员会第二届学科评议委员,中国唐代文学学会第一届副会长、第二至第五届副会长兼秘书长及会刊《唐代文学研究年鉴》主编,日本明治大学客座教授。现任中华诗词学会副会长,中国杜甫研究会会长,纽约四海诗社名誉社长,陕西诗词学会会长,美国国际名人传记中心研究员兼指导委员会副会长,堪称誉满中外。

霍教授著作宏富,已出版之专著有《文艺学概论》、《文艺散论》、《唐宋诗文鉴赏举隅》等二十多种,主编书籍有《万首唐人绝句校注集评》、《唐诗探胜》、《辞赋大辞典》等四十多种。其诗词创作《唐音阁吟稿》、《唐音阁诗词集》分别由大陆和台湾出版,在海内外有广泛影响。其夫人胡主佑教授亦为诗人及研究古典文学之专家。

澳门中国语文学会和澳门中华诗词学会特定于本月14日(星期日)下午3时半至5时假座筷子基美居大酒楼举行唐代文学讲座,由霍教授主讲《唐诗和长安之关系》,欢迎各界人士出席。

同一天的《华侨报》以"陕西师大霍松林教授访澳,应诗词及语文两会办讲座"为题发表《特讯》,内容与《市民日报》报道大致相同。

1月13日《澳门日报》刊登了澳门中华诗词学会理事长冯刚毅先生的七律《呈霍松林教授伉俪》:

    鸾凤偕鸣过九州,唐音缭绕碧空浮。
    飞来峡里前年见,澳氹桥头此日游。
    发带秦川川外雪,身随镜海海中鸥。
    大儒至论当聆听,一代宗风据上游。

1月14日《澳门日报》以"陕师大文研所所长霍松林夫妇访澳,今出席唐代文学讲座"为题,发表《本报消息》:

陕西师范大学文学研究所所长霍松林教授及其夫人胡主佑教授,由澳门中国语文学会理事长、澳门中华诗词学会监事长胡培周陪同,于前(12)日自珠海来澳,将进行一连四天的学术交流活动。当晚7时,澳门中华诗词学会顾问林佐瀚假座葡京酒楼为霍松林伉俪洗尘,应邀出席的尚有佟立章、胡培周、冯刚毅、陈颂声、陈炳强、陈永盛等诗人、学者。席间谈诗论词,举杯畅饮,气氛融洽。

今(14)日下午3时半,澳门中国语文学会和澳门中华诗词学会假座筷子基美居酒楼联合举办唐代文学讲座,邀请霍教授为主讲嘉宾,主讲《唐诗和长安之关系》,欢迎各界有兴趣之人士参加。

同一天的《大众报》以"陕西学者莅澳交流,今午举行讲座"为题刊出《特讯》,内容基本相同。同一天的《华侨报》以"《唐诗和长安关系》讲座,霍松林今美居酒楼主讲"为题发表《特讯》,内容较详。

15日的《澳门日报》登载了霍先生的《呈澳门诗友》诗:

图南万里豁双眸,好友相邀意气投。
横跨彩虹观镜海,笑迎红日上琼楼。
人文蔚起诗风盛,经济腾飞商战优。
愿与群贤挥健笔,金瓯一统颂神州。

17日的《澳门日报》以"陕西省诗词学会会长霍松林教授伉俪访澳五天,进行学术交流,昨返回内地"为题发表《本报消息》:

全国性的中华诗词学会副会长、陕西师范大学文学研究所所长霍松林教授及其夫人胡主佑教授,应澳门中国语文学会和澳门中华诗词学会联合邀请,于本月12日来澳进行学术交流活动,经已圆满结束,霍松林伉俪亦于昨天(16日)离澳。

在澳期间,霍松林伉俪获有关方面及友好的热情款待,12日晚7时,澳门中华诗词学会顾问林佐瀚假座葡京酒楼设宴为他俩洗尘。14日下午3时,霍教授伉俪出席由澳门中国语文学会和澳门中华诗词学会联合主办的唐代文学讲座,当日出席者相当踊跃。讲座首由澳门中华诗词学会会长梁雪予致欢迎词,跟着由澳门中国语文学会理事长胡培周介绍嘉宾给与会者认识。霍教授在会上赠送其著作及主编书刊给主办单位，分别由澳门中华诗词学会会长梁雪予、澳门中国语文学会监事长林朗接受。霍教授又代表陕西师范大学文学研究所致送兼职教授聘书给澳门中国语文学会理事长胡培周。仪式结束后，霍教授在会上主讲《唐诗与长安的关系》，内容有论有据，深获与会者欢迎。当日下午6时半，两主办单位并在筷子基美居大酒楼设宴款待霍教授伉俪，出席者尚有两会理事、监事。

15日晨，霍教授在《澳视晨彩》节目中接受访问。下午6时半，梁雪予会长在新海洋大酒楼设宴款待霍教授伉俪，双方谈诗论词，抚今追昔，逸兴遄飞。

霍教授夫妇在澳期间，还游览了澳门新八景和几个公园，观看了马赛、舞蹈，他俩对澳门印象颇佳，觉得不仅风景优美，而且文化活动丰富，在澳期间，又得遇新知旧雨，话旧谈心，感到收获甚丰，心情舒畅。希望今后西安、澳门两地加强学术文化交流，以收互相促进之效。

19日的《澳门日报》又发表了胡培周和谭任杰两先生的赠诗。谭任杰《呈霍松林伉俪用冯刚毅原韵》云：

振翮翱翔万里游，为敦兰玉访南州。
此行料必诗囊满，镜海西安喜结俦。

胡培周《奉和霍松林教授步冯刚毅韵》云：

当年请益在兰州，今喜鸾凰到澳游。
美景卢园宜探胜，斋堂普济好寻幽。
长虹镜海飞双翼，葡韵龙环集百鸥。
评说唐诗公最健，文坛主讲会群俦。

胡培周先生与霍先生是老朋友,他为这首诗的第一句"当年请益在兰州"加了注:"1984年,余赴兰州出席中国唐代文学学会第二届年会,得以当面向霍教授请益。"冯刚毅先生也是老朋友,他曾在赠霍先生的诗中说:"飞来峡里前年见。"1994年冬全国中青年诗人在广东清远开会,霍先生应邀作学术发言。会上喜遇冯先生,与众诗友畅游飞来峡,曾合影于飞来寺前。此后霍先生应邀为他的诗集《镜海吟》作序,为他参编的《华侨报》撰文,二人常有书信往来。在澳门,冯先生又邀请霍先生在他家里品茶、赏兰花。兰花是他自己培育的,名优品种无数,蔚为大观。至于《澳门时报》报道所说的"致欢迎词"的"梁雪予"就是著名诗人和书法家梁披云先生,梁先生1927年在上海大学学习,深得校长于右任先生器重,师生关系密切。其后梁先生远赴南洋,创办学校,发展教育事业,声誉日隆。抗日战争期间,率团回国慰问前线抗日将士,卓有贡献。晚年居澳门,负责侨务工作,创立澳门中华诗词学会。霍先生久闻其名而深以未能见面为憾,这次到澳门,一住进宾馆,便想前往拜访,而足未出户,梁先生竟以90高龄先来看望。其后又主持讲座,就像相处多年、亲密无间的老朋友。二人都是于右任先生的学生,对于先生的缅怀之情,把二人联在了一起。梁先生到宾馆看望霍先生。分手后,霍先生做了一首以《初抵澳门,欲谒梁披云词丈而先承过访》为题的七律:

神驰镜海仰名家,笔舞龙蛇口吐霞。
新建诗坛鸣盛世,曾挥铁腕救中华。
南游忽枉高轩过,伟论频闻暮鼓挝。
同忆髯翁思化雨,相期老树绚新花。

在澳期间,还有澳门大学施议对先生数次造访。施议对博士与霍先生早有交往,他几次来宾馆看望霍先生,邀请霍先生到澳门大学去讲学,霍先生因实在挤不出时间,只得谢绝。

1997年,香港回归前夕,霍先生满怀激情地撰写了《香港回归赋》:

东亚明珠,南疆巨港。帆扬碧海,集万国之珍奇;绿涨珠江,输宗邦之营养。瑞龙吐瑞,已为世界之名都;香岛飘香,原是中华之沃壤。睹石器之遗存,炎黄之伟烈如见;发古墓之文物,秦汉之声威可想。盖自洪荒以降,驱虎黑,辟榛莽,战飓风,斗鲸浪,以猎以渔,以耕以纺而垦此热土,建此良港者,皆华胄之勋劳,宜五洲之景仰者也。

慨晚清之腐败,愤英帝之侵吞。贩鸦片以掠我金银,更戕害吾民之肉体与灵魂。林公奋起,销毒虎门。英军避锐,北犯天津。道光震恐,竟贬忠臣!屏藩尽撤,揖盗媚秦。虽有义民之肉搏,良将之献身,抛头颅而洒热血,惊天地而泣鬼神;其奈舰冲炮击,豕突狼奔,强占香港岛,劫掠广州城,连陷厦门、镇海、宁波、上海、镇江而直逼南京!清廷被迫,城下缔盟;赔银割地,举国吞声!香江流恨,米字旗升。先例既开而列强竞效,外侮频仍。丧权辱国,剜肉餧鹰。而九龙、新界,亦相继割让、租借而泣别尧封矣!

溯港英之殖民统治,哀同胞之处境悲惨。港督为英皇之代表,属吏皆总督之干员。行政则保障英伦之利益,立法则维护英人之特权。极种族之歧视,居处则华洋隔离;夺华人之自由,行动则保甲束籍。开埠伊始,工程浩繁。华工效命,万役争先。而工资低微,温饱犹难。风餐露宿,苦何可言!况复税至人头,吸髓之剥削孰忍?令极宵禁,擢发之压迫何堪?乃不得已而罢工罢市,争生存之权利与尊严。孰料横遭镇压,弹雨遮天!"沙田"惨案,血迹斑斑。痛史俱在,其能忘焉!

神州解放,新国初建。英即承认,明智堪赞。香港之与内地,呼吸畅通;内地之与香港,血脉流贯。供淡水石油,送果蔬肉蛋。辅之以华南之资源劳力,济之以上海之资金技术与经验。凭地理条件之优越、贸易政策之自由与港人之勤奋干练,香港之经贸乃日趋繁荣,如百花之竞艳矣。

四凶既殛,华夏龙翔。改革开放,惠及香江。"三资"企业,遍布城乡。办厂则提供廉价之原料劳工与土地,销售则畀以十二亿人口之需求与九百六十万平方公里之市场。而从内地转口贸易中获取之利润,亦奚啻金山银海,炜烨而闪光。港人振奋,百业齐昌。船王地王,富追海国;

华资中资,势压洋商。遂使弹丸之地,名重五洋。广厦争高,摩银汉以披云锦;明灯竞丽,乱繁星而耀艳阳。驰道连网,盘山腰而穿海底;公园铺绣,陋金谷而藐天堂。工业村中,望不尽林立工厂;金融街内,数不清栉比银行。船队联翩以出入,吞吐五洲之财富;机群络绎而升降,送迎万国之冠裳。伟哉香港,中华之窗。握国际金融之枢纽,总五洲航运之大纲。睹闾阎之富庶,忆历史之沧桑。痛百年之宰割,思合浦而珠垂泪;忍五世之睽违,望丰城而剑有光。剑合珠还,时其远乎? 荸荣花艳,愿可偿焉!

一国两制,春雷乍响。恢复主权,港人治港。以情动众,盼统一者欢腾;以理服人,欲阻挠者怅惘。谈判虽极艰辛,结局未违理想。中英之联合声明,遂公布于世而邀万邦之激赏矣。

九七七一,云消浪静。香港回归,普天同庆。交接之盛典空前,祝贺之高轩盈径。旗除米字,始雪瓜分之耻;徽绽荆花,终圆璧合之梦。载歌载舞,喜四美之相兼;吹埙吹篪,乐二难之得并。展自由港之优势,纳宝聚财;绘基本法之蓝图,腾蛟起凤。迎澳门之踵至,动台胞之归兴。尽补金瓯之缺,慰祖宗而裕后昆;大兴赤县之利,除积弊而拓新境。猗欤休哉!亿万斯年,中华永盛。

这篇长赋,《光明日报》、香港《大公报》及各省市数十家报刊先后发表,霍先生手书稿也收入人民出版社出版的大型书画集《世纪之光——"九九归一"书画篆刻集》第1卷,被誉为"一代鸿文"。十年之后,2008年第3期《中华辞赋》上还发表了该刊主编黄彦的文章《浩魄光天德,椽笔壮国风——评霍松林〈香港回归赋〉》,称此赋为"厚重——异乎寻常的厚重,且远不止于厚重";更盛赞此赋之结尾"旗除米字,始雪瓜分之耻;徽绽荆花,终圆璧合之梦"数句曰:"欢庆,告慰,影响,展望,一切尽在其中,令举国举世中华儿女华裔华胄扬眉吐气,好不快哉!霍公于年近八旬之际,慨然命笔作赋,拳拳之意,眷眷之情,亦委实令人钦敬!人有大德,赋有巨美。霍公此赋真可谓润色鸿业,鼓吹休明,风雅一首提也。在承古赋而扬真髓、创造无愧时代新赋方面,也予人颇多启迪。三复斯文,无任钦佩。区区一赋,兼具司马迁述史般的纪功碑的功能和王勃、李白讴歌般的颂世赋的神韵,曷可有甚于此者哉?"

十九、八十大寿

为了表彰霍先生在教学、科研和学科建设方面所做出的卓越贡献,陕西师范大学成立了"庆祝霍松林教授八秩华诞及从教六十周年筹委会",编辑出版了八十多万字的纪念文集。海内外数百位专家学者寄来了祝贺的诗词书画作品。这其中,有科学家兼长文史的唐稚松、杨叔子院士;有80至90高龄的郑文、胡守仁、易颂洛、成应求、潘力生、姚奠中、宋景昌、祖保泉、姚公骞、朱金城、林恭祖、陈子波、周本淳、谢叔颐、宋亦英、羊春秋等著名专家、教授。书画作品之外,许多祝贺的诗、词、曲、联,也都用宣纸书写,体现了很高的艺术水准。93岁高龄的著名学者钱仲联先生为《庆祝霍松林先生八十寿辰书画集》题写了书名。

2000年八十大寿时与众弟子合影

11月28日,陕西师范大学举行隆重的"庆贺霍松林先生从教六十周年暨八十寿诞学术研讨会"。来自全国各地的霍先生的弟子、亲友和相关学者一百多人出席了庆典。陕西省政协主席安启元、陕西省委常委栗战书、陕西省教育厅厅长胡致本、陕西省文联主席李若冰、甘肃省天水市市委书记王洪宾,以及陕西省政府、省委宣传部、省文化厅、省社联、省作协、西安市人民政府、天水市人民政府、河南省偃师市市委市政府等单位的领导到会祝贺。相关新闻媒体派出记者采访。场面宏大,气氛热烈,会议大厅内外展列的诗书画界名流为霍先生寿辰创作的近百幅书画作品,洋溢着对这位学界泰斗的真诚祝嘏。天水市委书记王洪宾、陕西师范大学校长赵世超分别代表霍先生的故乡天水市和霍先生工作的单位讲话。赵世超教授讲话说:

各位领导,各位专家,各位来宾:

今天我们欢聚一堂,共庆霍松林先生八十华诞及和胡主佑先生金婚纪念。这是学术界的盛事,也是我们陕西师大的喜事。在此,我代表校党委校行政向松林师和主佑师致以热烈的祝贺!祝二位前辈桑榆倍明,福寿无疆!

霍先生是海内外著名的古典文学家、文艺理论家、诗人、书法家,是我校学科建设的奠基人。曾任国务院学位委员会第二届学科评议组成员、国家"七五"哲学社会科学规划委员会委员、中国唐代文学学会副会长兼秘书长、陕西师大文学研究所所长等职;现任中国杜甫研究会会长、中华诗词学会名誉会长、香港学术评审局专家顾问,陕西师大文学院名誉院长、博士生导师。半个多世纪以来,他把自己的全部智慧和心血都奉献给了我国的学术事业和教育事业,特别是为陕西师大的建设和发展做出了难以估量的贡献。在此,我代表学校全体师生向霍先生致以崇高的敬意和诚挚的感谢!

作为一代学术宗师,霍松林先生不仅博闻强记,学识渊博,而且具有强烈的适应时代、勇于创新的开拓意识。50年代初,新中国刚成立,百废待兴。中文学科也是筚路蓝缕,创业维艰。新时代需要新的文学和文学理论。在没有现成的参考书和教材的情况下,霍先生勇挑重担,知难而进,承担起了文艺理论的教学和科研工作。他认真学习马列主义和毛泽东文艺思想,把新的理论和方法与中国文学和世界文学相结合,从文艺创作的实际出发,独立思考,探索文艺的特殊规律,撰写了《文艺学概论》。这是解放后我国最早出版的一部新型文学理论专著,奠定了我国新时期文艺理论的基础。从50年代至今,这部书和80年代修订出版的《文艺学简论》作为大学教材或必备参考书,为新中国文学人才的培养及文学理论的拓展发挥了积极的作用。处于世纪之交的我们,也面临着许多新的时代课题,我们应该学习霍先生的这种开拓意识,适应时代的要求,努力创造,勇攀科学高峰。

霍先生有句名言:"我的岗位工作是教学,所谓研究,其实是备课",他把科学研究与教学结合在一起,具有脚踏实地、一丝不苟的敬业精神。霍先生自从参加工作以来,一直处于教学一线。对教学任务,他从不挑三拣四,总是任劳任怨,勤勤恳恳。先后讲授了文艺学、现代诗歌、现代文学、古代文论、中国古典文学等多门课程。他正确地处理了教学与科学研究的关系,从不恃才自满,而是从严要求,刻苦钻研,教什么,研究什么,撰写系统、全面而见解独特的讲稿。因而他所讲授的各门课,效果突出,备受好评,先后被评为陕西省优秀教师、全国教育系统劳动模范,享有崇高的声誉。不仅如此,他所讲授的每一门课,都能写出许多高质量的论文和专著,取得了突出的科研成果。以教学促进科研,以科研提高教学,这是霍先生的成功经验,也是他留给我们的宝贵财富。它将激励我们广大教师调整自我,完善自我,把自己锻造成为一名教学科研都合格的人民教师。

在"文化大革命"中,面对灾难和折磨,霍先生表现出了坚持真理、百折不挠的顽强品格。霍先生学风严谨,思维敏锐,追求科学,不盲从,不随波逐流。早在50年代中期,就对形象思维、文学遗产、文学与生活、世界观与创作方法、内容与形式、题材与风格多样化等问题提出了自己独到的见解,产生了广泛的影响。特别是《论形象思维》一文,更是国内第一篇以专题形式论述形象思维问题的长文,显示了一个学者卓越的见解和超凡的胆识。然而在当年的极"左"思潮中,霍先生的理论思想却长期被视为"右"和"修"而多次受到批判。"文革"一开始,更因此被揪斗、抄家、关牛棚、扣工资、下放劳改,受尽磨难。无限上纲的批判和常人难以承受的摧残,没有使霍先生屈服。粉碎"四人帮"之后不久,他又发表了《重谈形象思维》、《诗的"直说"及其他》等一系列文章,重申自己的观点,并澄清了当时学界在形象思维方面的诸多模糊甚至简单片面的认识。实践证明,霍先生的见解是从艺术实际出发、符合艺术创作规律的,是科学的。"岁寒然后知松柏之后凋",霍先生的学术人生就印验了这一点。

近20年来,霍先生培养的研究生有18名获硕士学位,30多名获博士学位,遍布北大、清华、首都师大等全国许多高校,绝大多数都是所在单位的教学、科研骨干,有不少人已是卓有成就的中青年学者。霍先生指导研究生,强调品学兼优,知能并重。在指导研究生治学方面,他着重指点治学门径和治学方法,同时提出在各方面必须达到的严格要求,然后放手让他们自己去读书、去研究、去创新,从而最大限度地调动他们自学的积极性、主动性和创造性。在指导研究生树立高尚人品方面,他着重要求他们宏扬忌恶扬善、爱国爱民,"以天下国家为己任"的中国文化精神,同时对他们在学风、文风、生活作风方面出现的问题,也从不放过,不但耳提面命,有时还要开会批评。因此,霍先生培养的研究生,绝大多数都能自觉地向品学兼优的方向努力。关于知能并重的"知",霍先生既要求"博",又要求"精","博"是"精"的前提。对于研究中国古代文学的人来说,其眼光和知识领域,既不能局限于某一作家、某一作品,也不能局限于中国古代文学。当深入研究某一课题的时候,必须从当前的先进观念和时代精神出发,放眼古今中外,广泛搜集、钻研有关的资料,从纵向与横向、宏观与微观的结合上提要钩玄、探微抉秘,才能有所创获,才能走向"精"。关于知能并重的"能",指的是"能力"、"创造力"。

霍先生所强调的"能力",包括三个方面。一个方面指学术研究的能力、发现问题和解决问题的能力。如果学问很渊博,却不能发现问题、解决问题,写不出像样的论著,那就是有知无能,也就是古人讥笑的"两脚书橱",对学术文化的发展起不了重要作用。这种能力,是在不断研究、不断写作中培养和提高的。因此,霍先生要求研究生勤研究、多写作,出成果;如果有人在一段时期或长时期不出成果,即使早已毕业了、当教授了,一见面还要批评。霍先生所说的"能",还有一个方面,那就是文学创作。霍先生在谈治学经验的文章中指出:从事中国古代文学教学和研究的人,应该搞一点创作。比如讲汉赋,最好自己能作赋,讲诗、词、古文,最好自己能作诗、词、古文。当然,不一定古代的每一种文体都会作,都作得好,但至少要有一点创作经验、创作甘苦,才能比较深刻地理解文学作品,为讲课和研究打好基础。霍先生培养的博士生,有不少人会作诗词,也会写文言文,研究与创作互相促进,相得益彰,这是霍门弟子的一大特色。霍先生所说的"能",还指"学以致用"的"用"。他一贯强调培养"有用"的人才,每当他的弟子有机会担任教学行政或学术文化方面的领导职务的时候,他都鼓励他们勇于承担,以便发挥才能,做出更大的贡献。霍先生"品学兼优"、"知能并重"的培养方法,实际上是一种高素质人才的培养方法。正如他以前的博士生、现任东南大学教授的徐子方在《霍师、霍门、我》这篇文章中所说:"对霍先生这种高屋建瓴的指导,我们不但很适应,而且简直是'如鱼得水',很快就跳出了多年来'被动学习'的牢笼,最大限度发挥了自学的积极性和主动性。因此,我们不仅出色地完成了学位论文,而且毕业后能迅速适应新的环境,独立地开展工作。就我个人而言,来东大数年,不管是个人钻研还是单位工作,从来不敢懈怠。除了出版百余万字的专业著述而外,还作为中文系首任系主任和校文科学报首任主编,大力主持了东大文科中两个部门的创建工作。"

对学生的培养,"言传"很重要,"身教"更重要。霍先生在他强调的"品学兼优"、"知能并重"方面,都能"以身作则",起"表率"作用。就从他强调的"三能"看,他不仅有很强的学术研究能力,而且著述宏富,直到年近八旬的近几年,还不断在权威期刊发表论文,在权威出版社出版专著。不少人劝他节劳,他总是说:"学校还没让我退休,我还在带博士生。我如果不出成果,有什么资格要求博士生写出高质量的论文呢?"至于他在诗文词赋创作方面取得的卓越成就和这种成就在他的古代文学教学、研究中形成的优势,都是举世公认的,对于他的研究生来说,当然有示范作用。关于"学以致用"的"用",只要有机会,他也从不放弃。从50年代前期到"文革"前夕,他一直担任古典文学教研组主任工作,经常组织教师互相听课,然后开讨论会,研究如何改进教材和提高教学质量。那时候,古典文学教学最受欢迎。80年代前期他担任中文系主管科研的副主任,提出重点研究唐代文学,并于1982年初春在我校召开了首届全国唐诗研讨会,专家云集,盛况空前,并在此基础上成立了中国唐代文学学会。霍先生在担任中国唐代文学学会副会长兼秘书长的十年时间内,主编会刊《唐代文学研究年鉴》十卷,在国内外有广泛影响;筹办唐代文学国际学术研讨会五次,促进了国内、国际文化交流。《文学遗产》等权威期刊发表论文,认为改革开放以来唐代文学的研究取得了令人羡慕的成就,这和中国唐代文学学会的组织、推动作用是分不开的。中国杜甫研究会成立,霍先生被选为会长,先后召开过四次国际学术研讨会,而国内杜甫研究所取得的成就,也是有目共睹的。改革开放以后,霍先生目睹中华民族的振兴,多次提出了"振兴诗教"的倡议,并参与发起、筹备成立中华诗词学会的工作。中华诗词学会成立以后,他作为副会长,与其他领导人一起,召开了十三次全国性、国际性的中华诗词研讨会,多次会议,他或致开幕词,或致闭幕词作总结。在中华诗词学会等单位举办的历次诗词大赛中,他都被推举任评委会主任,慧眼公心,选优拔萃,促进了诗词队伍的不断壮大和诗词创作水平的不断提高。他一再呼吁当前的诗词创作必须求变求新,用新观念、新感情、新语言表现新时代、新现实。率先主张用新声新韵取代旧声旧韵,并用新声新韵创作了《金婚谢妻》和《八十述怀》二十七首七律。《中华诗词》发表的评论和读者来信,公认这两组诗是"新声新韵的奠基之作,在中华诗史上有划时代意义"。应该强调指出:"学以致用"是我国学者的可贵传统,霍先生在他力所能及的范围内,充分发扬了这种可贵传统。

今天,我们祝贺霍松林先生八十寿辰,更强烈地感受到了霍先生这一代学术大师的人格魅力。我们要通过这次祝嘏活动,学习霍先生勇于创新的开拓意识,培养高素质人才的教学经验,一丝不苟的敬业精神,坚持真理的顽强品格,无私奉献的学者风范,使师大的教学和科研再上一个新台阶。

"高歌盛世情犹热,广育英才志愈坚。假我韶光数十载,更将硕果献尧天。"这是霍先生《八十述怀》诗抒发的豪情,也是我们共同的心愿。我们再次衷心祝愿霍先生诗兴长浓,宏文常著!祝愿霍先生和胡先生生活美满,健康长寿!

这一年,也是霍先生和夫人胡主佑教授的金婚之年,霍先生创作了《金婚谢妻》七首、《八十抒怀》二十首,总结几十年的风风雨雨并表达了自己的人生体会。兹录如下:

《金婚谢妻》(七律七首)(新声新韵)①
　　合并图书便缔姻,不贪财势爱知音。
　　鸾迁凤徙终离蜀,虎斗龙争不帝秦。
　　百炼漫言成铁汉,三杯何幸庆金婚。
　　百灵呵护频频谢,患难扶持更谢君。

1949年余与主佑同在重庆南林学院中文系任教时结婚。次年夏应兰州大学中文系主任冯国瑞教授之邀,离蜀赴陇。

---

① 载《中华诗词》2000年第1期。诗下简释为作者原注。

滩险风狂浪打头,竟将微命付扁舟。
三朝未过黄牛庙,半月方登鹦鹉洲。
愧我临危忽病喘,怜君有喜却分忧。
肩扛手抱搬行李,挤进车厢赴郑州。

自重庆乘木船出三峡,风急浪大,惊险万状。余忽发哮喘,行动维艰。主佑怀孕已六月,至汉口后既搬行李,又扶余上岸登车。

火车拥挤汽车颠,扪腹时时唤小泉。
终喜全生归故邑,却愁失业愧新天。
客堂宽敞茅房锁,老友真诚主妇嫌。
产后怜君犹忍饿,屠门肉好叹无缘。

自汉口乘火车经郑州转宝鸡,改乘无篷汽车赴天水。火车汽车均无固定座位,拥挤不堪;汽车翻山越涧,摇摆颠簸。主佑于小温泉怀孕,故名所怀之儿为小泉。每于剧烈拥挤颠簸之后,扪腹呼唤小泉,看他有无活动。抵天水后怀孕已七月,不敢乘汽车赴兰,乃于友人家借宿。

灾害连年害万民,吾家口众更艰辛。
微掺杂面蒸糠饼,略放精盐煮菜根。
减膳惟求儿女饱,勤耘切盼蕙兰芬。
肝伤胃溃犹劳动,闯过难关独赖君。

困难时期我家口众粮少,人人浮肿。主佑一味照顾我和孩子,食少事繁,患了肝炎、肾下垂、胃溃疡等病,至今未愈。

我是吴晗汝沫沙,虽无邓拓亦三家。
烟村竟敢开黑店,诗海居然纵恶鲨。

经典抄残天暗淡,刺刀拼罢日昏斜。

押回牛圈驱归寓,莫对娇儿泪似麻!

60 年代初,《陕西日报》为我辟《诗海一瓢》专栏,每期发一首唐宋诗词及赏析文章,颇有影响。另一位教师也撰稿,而"文化大革命"初作为"西安的三家村"批斗时,因我已被《红旗》点名,关入牛棚,故只揪斗我与主佑。"拼刺刀"是当时揭发批斗的一种最"革命"的方式,强调"刺刀见血"。

《红旗》上线罪滔天,"吉网罗钳"更不堪。

停俸抄家馀四壁,牧羊涤厕越十年。

闺中幸有英雄在,浪里方知砥柱坚。

分谤挨批教子女,补衣挑菜抗饥寒。

《试论形象思维》发表于《新建设》1956 年第 2 期,1966 年《红旗》第 5 期点名批判,无限上纲,我即被"揪出"批斗、抄家、劳改。唐天宝初,奸相李林甫任吉温、罗希奭为御史。吉、罗承李旨意,深文罗织,诬陷无辜,制造冤狱,时称"吉网罗钳",见《旧唐书·酷吏传》。

拨乱平妖万象新,蒙冤"牛鬼"也翻身。

相夫教子功尤巨,著论吟诗世亦钦。

窃喜儿曹争鼓翼,还期孙辈早成人。

好将馀热殷勤献,莫负尧天雨露恩。

余夫妇与三男一女及其配偶皆获高级职称,人称"教授之家"。余 1980 年始平反,子女因受株连都结婚甚晚,孙子年龄最大的才上西安交大二年级。

八十述怀七律二十首(新声新韵)①

童心未改不知愁,况遇晴阳照九州。
招手笑迎新世纪,引吭欣献好歌讴。
填平苦海甜方美,拔尽穷根富始优。
回顾航程瞻远景,布帆无恙水东流。

童年读《孟子》,即有志于做"不失其赤子之心"的"大人"。稍后读李卓吾《童心说》而此志益坚,数十年来虽多次吃亏受骗,备受摧抑,依然未改童心,耻做"小人"。

呱呱堕地秀才家,清渭迎门枣径斜。
无乳未殇慈母爱,见书即喜众人夸。
吟诗始解寻诗味,种豆方知赏豆花。
读史常思开眼界,龙山极顶望天涯。

我出生于天水琥珀乡之霍家川,老院门迎渭水,背倚龙山。祖上以耕读传家,童年在家乡,家父既教我读书,又教我务农,12岁上高小前,已读熟四书五经,涉猎《子史精华》,并学会各种庄农活。

翻山越岭赴新阳,自做羹汤自背粮。
夜诵三冬心更暖,日餐两顿味尤香。
作文特异多传写,考课全优屡表扬。
高小三年成绩好,神童美誉慰爹娘。

新阳小学乃当时全县名牌学校,创办者胡汝翼先生是家父同学,时任校董,故舍近求远,赴新阳读书。校内有学生灶,交钱即可吃饭。我为

---

① 载《中华诗词》2000年第3期。诗下简注为作者原注。

减轻家庭负担,每周末下午上完课,即连翻两座高山回家背柴米,用小炉砂锅做饭吃。来不及做早饭,故日餐两顿(在天水县城上初中时亦如此)。然成绩优异,"神童"之名噪乡里,全县会考,以第一名毕业。

卢沟怒炮扫妖氛,负米求师更恪勤。
邃密群科谋济世,磨砻四体欲从军。
河山百战诗修史,敌寇全歼血写文。
"以笔为枪"诚有愧,奖牌垂老竟酬勋!

在县城上省立天水中学初中、国立第五中学高中之时,正值全民抗日,屡欲投笔从戎而终未如愿。在学好正课及课外博览群籍之馀,常以抗日为主题,撰写杂文、新诗及旧体诗词在大后方各报刊发表。《陇南日报》辟有专栏,又曾主编《风铎》文艺副刊。1995年纪念抗战胜利50周年,中国作家协会特列名于"抗战时期老作家"名单中,颁赠"以笔为枪,投身抗战"奖牌。

龙蟠虎踞会群贤,白下游学正少年。
六代诗文延寿史,后湖烟柳莫愁船。
国师讲舍传精义,时彦吟坛结胜缘。
钟阜长歌干气象,尚留佳话至今传。

余上南京中央大学时,中文系名师云集、各有专精,汪辟疆、胡小石、陈匪石、卢冀野、罗根泽、朱东润、张世禄诸先生皆开必修课及专书选读,其他文史哲各系名教授亦多登门求教,获益甚多,乃开始撰写学术论文。其有关杜甫研究之系列论文发表于《泱泱》,《燕丹子考》发表于《人文》,《和平日报副刊》辟《敏求斋随笔》专栏,发表杂论八十余篇。南京为六朝烟水之地,多名胜古迹,结合游览阅读李延寿《南史》及萧统《文选》中南朝诗文,时有吟咏发表于《今代诗坛》。丁亥重阳,于右任、贾景德、张继三先生柬召登紫金山天文台，与会者七十余人，余年最少，作五古六十韵，颇受商衍鎏、冒鹤亭、刘成禺、陈仁先、李宣龚诸前辈赞许。此后应邀参加"青溪诗社"及"白门雅集"，结识名诗人益多。

> 抟风破雾到渝州，主讲南泉乐事稠。
> 济老情诗同品鉴，鹤翁乐府屡赓酬。
> 论文正喜交良友，鼓瑟旋知是好逑。
> 永忆结姻游赏地，数峰江上几回眸！

业师陈匪石先生号倦鹤，其词集名《倦鹤乐府》。1949年5月余随于右任先生至羊城，留数月。当时陈先生任重庆南林学院中文系主任，约余任教，乃于8月间飞渝赴南温泉校舍。同系教授如穆济波、萧印塘等皆名流。穆先生为创造社初期重要成员，其妻秦德君与当时名作家多有接触，竟随茅盾东渡。穆先生辑与秦氏恋爱、结婚及婚变后诸诗为《海桑集》，尝邀余小酌，出此集共读，兼述往事，嘱余题诗，余为题七古一首。后闻穆先生反右时陷文网，"文革"中下落不明，此集或亦化为灰烬矣。南温泉风景秀丽，有花溪、仙女洞、虎啸口、温泉、建文峰、飞泉诸胜，暇日陪鹤翁出游，翁作《南泉六咏》及《浪淘沙慢》等词，皆命余属和。主佑与余同任教，因论文而相知，终偕连理。主佑湘人，故诗中借用钱起《湘灵鼓瑟》字面以写真情实景。

> 浪高滩险惧翻船，遥望庭帏眼欲穿。
> 腰鼓声中归故里，秧歌队里舞新天。
> 分班授课秦风暖，携手承欢陇月圆。
> 更喜生儿如虎健，匡时淑世盼他年。

余久思返里看望双亲，适冯国瑞先生任兰州大学中文系主任，邀余任教，因与主佑乘木船出三峡，至武汉改乘火车、汽车抵天水，回家拜见父母。家父见中天月满,朗吟杜甫秦州诗"陇月向人圆"之句以喻骨肉团圆。此时主佑怀孕已七月,无法赴兰。生产后同在天水师范任教,备受欢迎。

    半载秦州广艺禾,长安设帐又弦歌。
    新知博采开新课,旧史精研改旧科。
    讲义交流评语好,论文发表赞声多。
    夫妻共鼓冲天劲,育士兴邦颂共和。

  1951年初应西北大学侯外庐校长之聘,赴西安任该校师范学院语文系讲师。当时尚沿袭旧型大学惯例,专任教师必须担任三门课程,系主任高元白先生便让我讲文艺学、现代诗歌及现代文学史。这几门都是新课,既无教材,亦乏参考资料,只好自编讲义。经过日夜奋战,至1953年师范学院从西大搬出,改称西安师范学院(其后又改为陕西师范大学)之后,文艺学讲义被选为教育部交流讲义,颇获好评。此时古典文学教时增加,系主任便让主佑讲文艺学而让我讲古典文学。我结合教学撰写论文,有关文艺学者多发表于《新建设》,有关古典文学者多发表于《光明日报·文学遗产》、《语文教学》及《文学遗产增刊》。当时报刊不多,学术论文甚少,故我所发表者读者面颇广,影响颇大。

    钢花稻浪竞妖娆,放眼神州意气豪。
    薪水虽微儿女小,课程愈重热情高。
    京华盛会频参与,寰海名流亦见邀。
    岂料初鸣便贻祸,孤松何计御狂飙!

  自全国解放至"反右"前,国家形势蒸蒸日上,余夫妇干劲很高,亦颇受重视。余任古典组主任,赴北京开会,主佑则升为讲师。1956年暑假教育部召开教学大纲讨论会,因我系有文艺学及古典文学自编教材,故我与主佑皆应邀赴京,在西苑宾馆参与教学大纲的讨论和编写。我为古典文学大组召集人之一,兼任元明清小组召集人。不料1957年"反右",因我刚出版的《文艺学概论》中有"写共产党员也可以写缺点"的提法及鸣放中的个别言论而被批判。虽未戴帽,却种下祸根。

> 马列居然是外衣,钻研诚意竟怀疑。
> 怒诛私货充公货,竟砍白旗树赤旗。
> 每有新书便挨整,况留旧著屡遭批。
> 心思跃进身无力,灾害连年腹久饥。

1958年"反对厚古薄今"运动,我是全校惟一的批判对象,罪状是:讲古典文学作品特别富有激情和感染力,把学生的爱好全吸引到古典文学方面来了,以致对现代文学不愿学;古典文学作品包含封建毒素,现代文学作品体现无产阶级革命思想,由我造成的"厚古薄今",其实质是阶级敌人向无产阶级进攻。此后长达数年的"批判修正主义文艺观点"运动和"拔白旗"运动,我是全校的惟一对象,也是全市的主要对象。批判者从我50年代出版的《西厢记简说》、《诗的形象及其他》、《文艺学概论》等书中找问题,断章取义,深文罗织,居然为我建构了一个包含"写真实论"、"人性论"、"世界观与创作方法矛盾论"等"黑五论"的"修正主义文艺体系"。由于的确有许多马列主义观点无法否认,便给我加上"披着马列主义外衣贩卖修正主义私货"的罪名。其实,我正遵照指示进行"脱胎换骨"的"自我改造",哪敢暗藏"私货"!

> 形象思维岂妄谈?《红旗》上线罪滔天!
> 灵魂狠触神犹旺,肉体频修骨尚坚。
> 钱产图书齐掳掠,友朋妻子任株连。
> 牧羊种菜开荒地,劳改年年叹逝川。

《新建设》1956年5月号发表了我《试论形象思维》的长篇论文,引起较大反响,对文艺界重视文艺创作的特殊规律起过推动作用。在批判者为我构建的"修正主义文艺体系"中,也没有"形象思维论"。《红旗》杂志1966年第5期抛出了郑季翘火药味十足的《在文艺领域里必须坚持马克思主义认识论——对形象思维论的批判》一文,多次点我的名、引我的有关论述无限上纲,说什么"所谓形象思维论不是别的,正是一个反马克思主义的认识论体系,正是现代修正主义文艺思潮的一个认识论基础"。在当时,《红旗》杂志至高无上的权威性是家喻户晓的,郑季翘又是一个省的省委文教书记,此文抛出后又荣升为"中央文革小组"成员。因此,大家都断定我已被"判处死刑",人人得而诛之。"文化大革命"还未开始,揭批我的大字报已覆盖了整个校园,随之而来的是抄家、批斗、关牛棚、扣工资、送农场劳改,株连全家。直至1977年毛泽东论"诗要用形象思维"的一封信公开发表,才略感宽松,直至1980年春,才彻底平反。"文化大革命"中造反派把"批斗"叫"触及灵魂",把"毒打"叫"修一修"或"修理修理"。我被触及灵魂时也往往被修理肉体,幸未伤筋动骨。

乍震雷霆殛巨奸,牛棚闻讯舞蹁跹。
三中幕启春潮涌,四化花开旭日妍。
屡赴神京振文艺,重开绛帐育英贤。
打翻十载终爬起,又见鹏飞万里天。

1979年秋招收首届硕士研究生五名,并为助教班讲课。同年冬进京参加中国文学艺术工作者第四次代表大会,聆听小平同志代表党中央在大会上的祝辞。两年后又进京参加中国作家代表大会。两次文艺盛会都受到中央领导同志的亲切接见,合影留念。

枉掷华年可奈何,人间应有鲁阳戈。

> 紫毫练字盈千本，朱墨笺书越五车。
> 雪夜摛文鸡报晓，花朝缀韵鸟赓歌。
> 雄心跃动伤痕退，欲上高山览大河。

粉碎"四人帮"后，为补出被"文化大革命"剥夺的十余年宝贵时光，撰文、著书、吟诗、练字、选注诗文名篇，常日夜兼程。《淮南子·览冥训》载：鲁阳公与韩作战，日暮未分胜负，便挥戈拨转日头再战。朱墨，用朱砂制的墨。

> 研讨唐诗集胜流，曲江日丽万花稠。
> 忧民李杜心胸广，济世韩刘思虑周。
> 联袂关中创学会，扬旗国际著宏猷。
> 筹资改稿编刊物，《年鉴》风行五大洲。

1982年4月初在我校主持全国唐诗研讨会，专家云集，盛况空前，由我主编出版了论文集。同年5月上旬，全国唐代文学学会在西安成立，我被推选为第一届副会长，其后连任第二至第五届副会长兼秘书长，筹办、主持历届全国、国际学术研讨会，主编会刊《唐代文学研究年鉴》。

> 科教兴国战略高，攻读学位竞前茅。
> 叨陪硕彦评博导，忝列宗师育俊髦。
> 敢诩荫门桃李艳？还期构厦栋梁饶。
> 人才自古关成败，身教言传岂畏劳？

1985年起任国务院学位委员会学科评议组成员，数次进京评审全国高校及科研单位博士生导师及博士授权点。中华人民共和国国务院学位委员会特颁赠纪念牌，牌上大字为"向为建立和完善中国学位制度做出贡献的同志致以崇高的敬意"，小字为"霍松林同志：一九八五——一九九一年任国务院学位委员会第二届学科评议组成员。特此纪念。"自1979年至今，本人作为硕士、博士生导师培养的研究生，获硕士学位者十八人，获博士学位者三十余人，皆卓有成就，颇受好评。

    银翼穿云掠太阳，腾飞两度到扶桑。
    东京讲赋夸炎汉，松本谈诗赞盛唐。
    访古初游清水寺，观书三上静嘉堂。
    一衣带水常来往，珍重邻邦是友邦！

  1987年秋和1996年冬，应明治大学客座教授之聘和日中友好汉诗协会之邀，两度赴日，在东京、松本、名古屋、京都、奈良、横滨等地讲学、游览，备受欢迎。静嘉堂文库在东京郊区山麓，库藏多我国宋元明清珍本。

    少小耽吟述壮怀，却留诗案继乌台。
    欣逢盛世昌文运，喜见骚坛出俊才。
    大赛十年频奖励，华章四海竞飞来。
    愧无玉尺量多士，赖有良朋共鉴裁。

  中华诗词学会于1987年端午节在北京成立，我以筹备委员资格参加，被选为副会长。此后由中华诗词学会等单位联合举办的历次诗词大赛，我都被推举任评委会主任。乌台为御史台的别称。苏轼作诗讥议朝政，被人弹劾，下御史台问罪，时称"乌台诗案"。

    童年习字父为师，洗砚门前柳映池。
    壮岁犹思追索靖，浩劫哪许继张芝！
    岂知地覆天翻后，又展龙跳虎卧姿。
    室亮桌宽情绪好，笔飞墨舞颂明时。

张芝,东汉书法家,甘肃酒泉人,善草书,被称为"草圣"。索靖,西晋书法家,甘肃敦煌人,书法继承张芝而有创新。

     杜甫诗传济世心,百回吟诵百回亲。
     河南嗣响追遗韵,陇右扬芬访旧闻。
     往圣精神多取法,时贤德慧更超群。
     承前启后开新宇,应有鸿篇胜古人。

  中国杜甫研究会于1994年秋在杜甫故里巩义市成立,我被选为会长,主持首届学术研讨会。1996年在甘肃天水市召开第二届会议,研讨杜甫陇右诗、考查杜甫遗迹遗闻。其后又在襄樊、济南召开杜甫学术研讨会。

     未酬壮志鬓先斑,已届姜公钓渭年。
     四海奇书思遍览,千秋疑案待重勘。
     高歌盛世情犹热,广育英才志愈坚。
     假我韶光数十载,更将硕果献尧天。

  姜太公年届八十钓于渭水,简称"钓渭"。陆游《访隐者》:"人如钓渭客。"

  这两组诗,其实正是霍先生自己一份自传式的总结,将霍先生自己一生的经历与甘苦、体会与理想尽皆道出。"假我韶光数十载,更将硕果献尧天",正是"烈士暮年,壮心不已"的心态表达。

二十、书法集的出版

"童年习字父为师,洗砚门前柳映池"①。霍松林先生自小便注意练习毛笔字,这一方面是那个时代读书人的共同特点,另方面也是因为父亲的严格要求。他的父亲霍众特老先生年轻时曾考中过秀才,名列前茅。后来听说如果考试时字要是写得好些,名次还可以更靠前。此事对他刺激很深,于是对自己的儿子霍松林在写字方面一开始就严格要求。霍松林小的时候临习过《颜家庙》、《多宝塔》、《麻姑仙坛记》等。上中学后,又临习了《玄秘塔》、《醴泉铭》、《庙堂碑》、《兰亭序》、《圣教序》等。到南京上大学时,又专程赴上海拜访沈尹默先生,得沈先生指授执笔五字法。沈先生要求他从褚遂良上溯二王。于是霍松林又写《孟法师碑》、《同州圣教序》、《雁塔圣教序》等及二王的法帖。

大学期间,是霍松林先生研习书法的重要时期。这一时期,他的老师胡小石先生不仅是国学大师,更是近代著名的书法大师,其书论、书法对近代书坛影响很大。其他老师如卢冀野、罗根泽、汪辟疆、陈匪石等先生在书法方面都有很深厚的功底和很高的造诣。霍松林向老师们学习文化知识,书法方面也深受他们的影响。还有一个重要的书缘,霍松林此时与于右任先生相识并深得于先生的器重,跟随于

---

① 霍松林《八十述怀二十首》之十九。

先生的三年里，书法方面自然也深受于先生的影响。霍松林第一次去拜访于右任先生，于先生看了他的字，就要他在写唐楷的基础上写北碑，拓出新路子。至于于右任先生向他说的"有志者应以造福人类为己任，诗文书法，皆馀事耳。然馀事亦须卓然自立，学古人而不为古人所限"，对他的启发尤其大。因此，霍先生虽然未曾有意识地效仿于先生的字体，但平时耳濡目染，亲见于先生的书法创作，在字的结体、气韵等等方面深受影响；而于先生对书法的见解对他则有着更重要的影响。此后，经过几十年的努力，霍先生的书法形成了自己的特色，正如他自己的论书诗中所说"刚健含婀娜，韶秀寓清淑"，法度谨严而又飘逸秀美，洋溢着浓郁的书卷气息。而且，霍先生的书法有几个特点：一、多是书写自己的诗词作品，以书抒怀，而不是抄录他人或古人的作品；二、与他的诗文创作一样，其书法创作也大都与时代的脉搏紧密关联，这一点也得到了社会的认可。如其自书《香港回归赋》就被编入人民出版社出版的《世纪之光——九九归一翰墨抒怀》大型书画篆刻集第一卷。

关于霍先生的书法，媒体及行内人士多有评论。

霍先生为西安兴庆宫遗址公园内沉香亭题匾：终南积翠

《三秦书画报》第27期曾发表《书法教育报》主编李正峰教授的文章《霍松林先生的书法艺术》，文章指出：

我一直很喜欢霍先生的书法，尤其佩服的是以下两个方面：

一是典雅。先生以大半生的精力，从事唐代诗歌的研究，因此，唐诗那雄阔的意境、悠扬的情韵，不仅滋养了他的诗风，也渗入了他的书风。欣赏他的书法，令人感到温文尔雅，洋溢着浓郁的传统文化气息，既有骨力，又有风姿，正如他在《论书诗》中所说的那样："刚健含婀娜，韶秀寓清淑"。其中弥漫着一派书卷之气，而绝无时下常见的某些书法作品里的霸气、野气和江湖气。

二是独特。霍先生的书法，虽然来自对晋唐书法的继承，却不囿于某家某派的风貌，能够广取博收，为我所用，得心应手，自出机杼。从他的字里，很难找得到摹仿古人的痕迹，而古法却时时优游于笔端。古人云："妙在能合，神在能离。""合"，是在法度和神韵上与古典书法的一致性；"离"，是在体态和笔致上的独特性。能做到这两点，才是出神入妙的高超境界。霍先生作书，运用之方，全由己出，无法而有法，已进入此等境界。

《文化艺术报》1998年4月18日第3版发表周学敏的文章《学者书家霍松林》。文章指出：

霍先生书法书卷气浓郁，书体精妙多样，唐楷尤精，而最为见长的是行草书法。观霍先生行草书法，字里行间神采飞动，用笔之妙胜于用墨，干净利落，无拖泥带水之感，"有如兔走鹰隼落，骏马下注千丈坡，断弦离柱箭脱手，飞电过隙珠翻荷。"一气呵成。书如其人，字如其人，直率、洒脱、无犷悍气，形成了独具特色的个人书法风格，书中钟王的气势、颜柳的伟岸、于大师的笔风、沈先生的笔法，全然浸透于纸上。"各师成心"，书中有我，成自家面目而独步文坛书界。读霍先生之书作，如饮甘泉，使人顿感清新别致。霍先生曾于丙子老年节手书抒怀诗云："插菊盈头莫笑狂，老年节喜遇重阳。登高敢望摩云汉，行远犹思越海洋。种菊经霜终结果，滋兰历劫又飘香。壮心未已身常健，待看神州入小康。"

字里行间无不透射出霍先生宽阔的胸襟和高尚的情怀。

1995年第3期《新大陆》杂志发表了时任中国书法家协会副主席的钟明善先生的文章《草圣薪传是此翁——霍松林先生的诗和书》，随后被澳门《华侨报》1995年9月18日转载。文章说：

从书法形式美的角度讲，霍松林先生有他深厚的由父辈手把手教出的基本功，更有青年求学时期极好的文化环境的影响。他的字也像他的诗一样"刚健含婀娜，韶秀寓清淑。"笔法严谨而笔势活泼多变。纵笔挥洒，波澜起伏，留笔敛气，蓄势画末，方圆兼备，疾涩得体，寓刚于柔，潇洒自若。结字中宫紧收而舒放其笔，斜侧取势而中心平稳，险绝而归于平正，直率而不拘成规。在当今学者书家中已形成自己独具的面目。

欣赏他的书法作品，我总觉得有一种和读他的诗一样的感觉：清新、明丽、自然、冲淡、典雅、舒放中时时透出刚健、豪放、浑厚之气。对一位闻名遐迩的学者、诗人、教授霍松林先生来说，书法也不过是"馀事"而已。然而他的书法也像他的诗一样"卓然自立，学古人而不为古人所限"。此诗翁的诗文、书法确是得了当代草圣于髯翁等老一辈学者、书家、诗人的薪传，而成了当今文坛、艺坛的翘楚。

2003年夏，陕西电视台以"骚坛泰斗，笔走龙蛇"为题，拍摄了《霍松林书法》专题片，详细介绍了霍先生的书法。

近日，又从网络上看到"盛静斋"的文章《笔底见风雷，涛声出松林——霍松林先生书法摭谈》对霍先生的书法艺术做了探讨和评价：

翻开霍松林先生的书法作品集，其作品的含蓄蕴藉和内美深长的韵味，吸引我一页一页细细品读着。特别是以下几点让我非常感怀：

一、无意作书家，却自成一家

霍松林先生和历代大学者一样，无意成为书家。但正因为毫无功利目的地听任心腕之交应,朴实不拘,日积月累中很自然地写出了很多人一生都难以企及的风格面貌和独具个性的意象心线。

二、拙中见巧,朴实内美

霍先生的书法作品,点画坚浑开张,运笔舒缓沉着,结体茂密雄秀,章法朴实自然。从单字到整体,稳健洒落、一任自然而顾盼有致。没有丝毫的刻意讨俏、故作姿态。诚然,"作书如作人"。表面的华丽其实不难,难的是从内里让人玩味、深思,给人以启发。书法艺术在夯实厚重的国学基础之后,才能彰显文化之美,形成具有个性特征的书品。深厚的文学修养和创作体验可以提高书法的意境。霍先生的书法之所以如此真切朴实,拙中见巧,富有精神内涵,别具一种活生生的生命风采,正是他内在的品格、学问、事功、阅历、胸襟、气度在书法上的展现。

三、血浓骨老,内劲充盈

霍松林先生的书法擅逆笔涩进,通过笔锋内藏的运动,使点画内部饱满,显示出一种沉雄雍容的大度大气的美感。一般的书写都是顺着点画走势行进的,然而霍老的行笔却如"逆水行舟",铺毫充分开张,八面出击,将墨运送到点画的各个部位。这样的笔墨自然内劲充盈,血浓骨老。包括从笔势到笔意等无形的内涵。逆笔涩进书写出来的点画,沉实不飘浮、紧密不松夸,其点画两端锋不外露,圆浑钝厚,将力量积蓄在点画之内,这是一种向内聚拢的运动,同时是一种向内生发的势,因而能产生一种沉实饱满的内劲,静中寓动,增强了点画的生命意味。我以为,这也是霍松林先生的书法之所以耐看的重要原因所在。

四、几点启发

1. 面对文革中的非人遭遇,霍松林先生却能够将深重的苦难转化为成就道业的资粮。也许这正是霍松林先生对"囚境"的一种"自救"和精神的超越。人格精神是艺术进入崇高境界的必要因素。没有崇高的人格精神,就不可能产生崇高境界的艺术作品。"以艺进道"是艺术家高扬大自然的道德精神,提高人格境界,升华人性的必由之路。这不仅是为了改善艺术创作的层次、生活的状况,同时也是摆脱环境际遇等生成的个人的孤陋偏私的一种"自救"。在这样的自救中,我们能够避免或减轻我们的不幸与茫然,从而更多更好地感知宇宙人生的真相,获得精神的超越。

2. 书法显示着作者的学识胸襟才情。反之,作者的学识胸襟才情也决定着书艺的境界。二三年可以快速集训出一批获奖高手,却培养不出真正的书法高手。当今书坛,能写一手好字的委实不少,有的是刻意聪明、争奇斗艳。但能将字写得有法近道、直指人心、感人肺腑者就少之又少。艺术一旦沦为争名夺利的实用手段,其结果将是精神理想的幻灭,艺术的品位、情趣、境界就无由滋生。

3. 艺术是鱼,文化是水。书法之美,从人心流出,同时也流出人心之美,是作者的文化素养和书写技巧的全息协同。诗文语义在于兴发胸中之意,通过语句营造意境;书法则在于借助文字点画,通过笔墨的挥运营造意境。诗文与书法的全息相契,是中国艺术复合性、整体性的体现,也是重要的书法传统之一。时下的书坛,正缺少像霍松林先生这样能"情动形言",文书两得,能表现自我心声,留下生命印迹的作品。以自作诗文为书法作品的题材,有利在神、意、势、情、韵等多方面的互相生发,同时也是一个使书法作品更具内蕴、更具"学问文章之气"的有效途径。①

李林的文章《书法要合时而著》,指出"书法家要以强烈的政治意识和时代责任感,为时代而歌",并举例为证:"中华诗词学会名誉会长霍松林自撰自书的1311字的书法巨制骈体散文《香港回归赋》,这一书法作品作为国礼,曾赠送外国国家元首。这一作品还参加了2007在北京中国美术馆举办的'长安雅集·陕西书画三百年'大展"。②

2006年,《霍松林诗文词联书法选》出版发行。这部作品集,霍先生

---

① 网址:http://blog.sina.com.cn/s/blog_4bb1e5ce010009we.html。后从霍松林先生处看到文章原文,作者为苏州的杨军、盛静斋。

② 文章出处:http://www.artyy.com/y/e_showarticle.asp?articleid=177&userid=388。作者为《铁路建设报》主任编辑。

最初自定的书名是《霍松林自书诗文词联选》，后来书法界的朋友们都认为霍先生太过谦虚，中国书法家协会副主席、北京书法家协会主席林岫先生题写书名时便直接题为《霍松林诗文词联书法选》。中国书法家协会主席、著名书法家沈鹏先生题诗："一卷能涵世纪心，岂惟韵语接唐音。森然筋骨闲暇事，物态情思笔屈金。"中国书法家协会副主席、西安交通大学教授钟明善与陕西省书法家协会名誉主席、西安美术学院教授茹桂分别作序。

钟序曰：

几千年来，中国人写字的目的主要是实用。不过，在实用的同时追求字的形式美，也是历代文化人自发的艺术行为。把"天生丽质"的汉字写得漂亮，追求用笔、结字、章法、气韵的美，更成就了古往今来无数的艺术大家。

如果从成章、成篇的甲骨文算起，中国书法已有五千年的历史。按古文字学家唐兰先生的论断，长篇金文已具备了书法的基本要素。西汉，萧何为他主持兴建的未央宫前殿"覃思三月，以题其额，观者如流水"。这件盛事表明书法既有实用功能又有观赏价值，是人们自觉进入书法创作和书法欣赏的重要标志。同时代长安人陈遵的尺牍，主人"皆藏以为荣"，是载入史册的书法鉴藏的第一页。这也是古代文化人自觉在书法创作中追求完美、欣赏书法美的优良传统。在应用中，美化汉字成了几千年来中国文化人的自觉审美追求与积习，成了文化人代代相传的生命基因。由此产生了历代灿若群星的伟大书法家，留下了无数书法艺术瑰宝。

值得注意的是，历代大书法家无一例外的都是诗人、学者、文学家、哲学家。《石鼓文》的"文"实际上是四言诗，诗作者即书写者，其诗其书的艺术水平，都堪称战国时代的巅峰。"书圣"王羲之的《兰亭序》既是书法佳作，也是散文名篇。作品的文学性与书法的形式美在静气、雅韵、境界诸方面达到了最完美的契合，被后世誉为"天下第一行书"。李太白的《上阳台》既是潇洒奔放的书法杰作,更是诗中佳构。诗人豪放、洒脱、浪漫、傲世的性格在诗、书中宣泄得淋漓尽致。颜鲁公的《祭侄文稿》,文情与书情相契,被后世誉为"天下第二行书"。苏东坡的《寒食诗》,诗意的隽永与书韵的萧散相辅相成,并臻佳妙。郑板桥的"六分半书"与他的诗情、竹韵、兰气浑然一体,才情横溢,俱称奇崛。近代书法大师于右任先生大气磅礴的书风正是他豪情如虹的诗心的再现。

我的恩师霍松林先生幼承家学,从唐诗唐楷入手,打下了扎实的诗歌与书法传统基础。读大学时不但得到过沈尹默、高二适、柳翼谋、胡小石等学者型书法名家的亲传,更得到过近代书法大师于右任先生的关爱、激赏、指点与提携。霍先生也像历代文化巨匠一样,是在长期使用毛笔书写诗文的同时自然地步入书法艺术殿堂的一位诗人、学者、书法大家。学习、欣赏他的诗、文、书法,你会自然地被带入一个美妙而深邃的艺术境界。

霍先生把他在时代风云变化中的人生际遇俱寓于诗卷之中。有抗日救亡的长篇,有忧时感事的巨制,有为人民的创造、国家的进步而放歌的华章,亦有对"三面红旗"时代弄虚作假、浮夸冒进的鞭笞和嘲讽,有对"文革"遭遇的记录,有对祖国发生可喜变化的讴歌。其个人的坎坷际遇、感情起伏始终与国家的兴衰、人民的命运血肉相连。先生的一部《唐音阁诗词》跨越了两个世纪,成了中华民族近现代的"史诗"与"诗史"。

"笔挟风云干造化,酒兵十万助戈矛。扰龙为马行太空,天阶踏碎飞琳球。广厦区区羞杜二,弹指即现百琼楼。无肉瘦人坡有说,更须入海掣潜虬。倚栏大嚼三万六千日,人间富贵等浮沤。"(1947年冬南京《雪夜醉歌》)气吞山河,壮志凌云,其诗风直追太白,秦陇雄风跃然词句之间。

《石林行》长达六十多句四百余言,时而往昔,时而今朝,时而眼前,时而神驰,时而绘形,时而绘声,由平静入曲静,"寻声"、"攀援"、"拾级"、"倚栏"、"赞叹"。由"人间安得此奇境"而后"驰骋想象",长歌如江河直下，波澜起伏，太白吞吐奇峰、范宽胸中丘壑，"鲧化黄熊"、"大禹"治水、"龙宫"、"琼花琪树"、"云师"、"风伯"、"雷公"、"鬼母"、"彩凤"、"长剑"……天上地下，人间仙境，其形象思维之驰骋，意识流之波变，使人自然的联想到了屈子的《离骚》、《天问》。煞笔处"海桑巨变谁能料，人间正道愁天公。"笔锋一转，因景即事，"回想往年关牛棚，钳舌垂首腰似弓。岂意终能笑开口，八方冠盖此相逢。揽胜小试谈天技，论文初奏雕龙功。"有对昔日"文革"之控诉，有苦尽甘来之喜悦。诗如波涛，大起大落，情如游云，翻卷自若，非大手笔、大襟怀所不能为。

读霍先生的诗词你会感到如李廷先教授所说："不图处此季世而复闻唐音，令人神往。非才情富艳如霍翁者，孰克臻于此境乎？"其雄浑、豪放、博大不让太白、苏、辛，沉着、典雅、深厚不让杜甫、韩愈，平淡、自然、清奇直似陶元亮、王摩诘、白香山。特别是近年之作更以清新明丽冲淡自然为胜。"发纤浓于简古，寄至味于淡泊。"用苏东坡此语去映照霍先生之近作，你会感到淡泊平易的语言之外的人生"至味"，你会感到他的诗词巨大的艺术魅力。

"笔墨精良人生乐事，气质变化学问深时。"品霍老书法作品，你首先会被他字里行间所映照出的浓浓的书卷气所吸引。作为中华民族传统文化思想最凝练的物化形态的书法艺术，也是意象艺术的代表。一根有意蕴、有个性、有感情的线，既是形式又是内容。所谓"书为心画"就是从这个意义上讲的。霍老书作中纵收得体而又流动波变的线条，结构绵密、中宫紧收而又多具辐射的结字所映照出的不激不厉平和静谧的儒雅风韵会洗涤你心中的俗气、尘念。这正是霍老书法的高雅气质在我们心中的共鸣。

古往今来对书法艺术作品的高要求提出了书法作品文学性与形式美高度统一的审美理想。这里除了对笔法笔势的个性化要求外，又提出了更高更难的境界，即诗境与书境的有机统一。这正是霍老书法作品中自然袒露的最佳意境。

"千秋书史开新派，一代骚坛唱大风。"这是纪念于右任先生诞辰

125周年时霍先生所撰并书的八尺巨幅大联。右老是伟大的爱国主义者,是激情满怀的伟大政治家与诗人,是近代大气磅礴的书法大师,也是有恩于霍老的长者。当年把年轻的霍先生带入中国诗坛的就是右老。霍老此联是对右老精神业绩的高度概括与深深的敬意。其词也博大,书也雄奇,气势夺人,令人振奋、鼓舞。诗情、书韵高度统一,堪称楷模。与右老当年所书"大文开日月,盛业纪尊彝"、"圣人心日月,仁者寿山河"诸联薪火相传,遥相呼应。当年霍老曾为右老书法集联,其气势之豪迈,笔力之雄健更得右老真传。倘以书法论,右老行草书的魏碑成分更多一些,而霍老的行书则更有欧阳询、颜鲁公、褚遂良之遗韵。

先生所撰并书的"崇山怀万有,大水会群流"、"雄风盖百世,大度包群伦"、"写就中华新历史,作成世界大文章"、"奋进天行健,宽容地好生"、"正气弘扬兴汉业,颒风力挽振唐音"、"目存沧海心存佛,胸有阳春笔有神"等楹联以豪情入联、豪情入书,第一等博大雄深之襟怀,与第一等高远奇丽之形象思维自然契合,确有"盖百世"之"雄风"、"包群伦"之"大度",真是"目存沧海"、"胸有阳春",笔力千钧,神采飞扬。他所书"碧海骑鲸"、"青天揽月"、"长松沐雨"、"高阁迎阳"等,其雄阔之气魄正与词意相映成辉。

在先生大量的自书诗词、楹联、散文中,我们更多地感受到的是他以平静而饱含深情的心态所体现的艺术的魅力。

先生自书《劫后游香积寺》:"盛唐留佛寺,香积㵎河边。殿倚三明树,池开七宝莲。红尘千劫换,净土一灯燃。塔际晨钟响,霞飞万里天。"(已刻石于香积寺)描绘了众香之国香积寺作为佛教净土宗的发源地,虽历经劫难仍不失为一方净土,仍如朝霞般充满无限生机,这是唐代宝刹的命运,又何尝不是先生内心的写照呢?虽历经磨难,仍怀有一颗赤子之心,仍然豪情满怀。这与王维所作的《过香积寺》的静谧、闲淡迥异其趣。其书法笔势之浑厚、结体之绵密,更增加了诗作的厚重感与力量感。

《北大荒建书法长廊》七绝:"绿畴无际米粮乡,旧貌难寻北大荒。

林海深藏书法海,丰碑十万展长廊。"(已刻石于北大荒)不但写出北大荒改天换地着新装,而且林海茫茫、丰碑浩瀚,有"敢叫日月换新天"的气魄。其书作不但有恢弘的气势,更有纵横的潇洒,与诗意契合无间。

《赠鞠国栋老友》:"弱龄求解放,壮岁补新天。百炼酬秦火,八叉贵蜀笺。扬风年鉴著,摧雅韵书传。晚景犹堪醉,篱边菊正妍。"(已刻石于太湖碑廊)先生以热情洋溢的笔触描绘了老友鞠国栋的精彩人生,其诗其书清新典雅、潇洒自若,实在"堪醉"。诗意、书意在意象中水乳交融。

《参加苏轼在凤翔学术讨论会口占四首》(已刻石于凤翔东湖),或赞赏苏轼"匡时淑世"、"刑赏忠厚"的政绩,或追忆苏轼"至今犹润物"的遗泽,或寻觅苏轼的"文采政声",或同感于苏轼"千里秦川胜锦城"的期盼,是对苏轼的礼赞与追忆,也是先生自己心灵的激荡,豪情与慷慨之气在诗中回荡。其书作笔法严谨而笔势活泼多变,或纵或收,或藏或露,或重或轻,骨健神完,飒爽多姿而不失雄厚之气,折射出心系秦川、"不独诗文擅胜场"的抱负与激情。

《于右任麦积石窟联碑记》(已刻石于天水麦积山)记述了右老观冯国瑞《麦积山石窟志》所撰书的对联"艺并莫高窟,文传庾子山",经浩劫未知存毁,远在台北的冯国瑞之弟冯国璘与霍先生同筹将此联刻碑,几经辗转后竟复得此联真迹,终尝所愿。先生曾得右老亲传,其感激之情溢于言表,对右老书作的价值更有着深刻的体认:"于翁为一代宗师,万国景仰",此联"足与六朝绘塑争辉"。全文娓娓道来,却一波三折,跌宕回环。其用笔或藏或露或粗或细,其字形或大或小,章法密中有疏,洋洋洒洒,皆随意自然,于笔歌墨舞中得见先生之赤诚。

此类书法作品,其笔法以中锋入纸,如锥画沙,藏露互见,一波三折,纵收得体。其结字,中宫紧收,平稳中呈辐射之状,静中寓动,与其诗词所体现的波澜起伏正相一致。这是我们在他的大量书作最能体味得到的中和、儒雅之气,也是他的书作耐人寻味的魅力之所在。

"养性"之"诗书"在霍老笔下自然融为一体。诗也是书,书也是诗。

这正是古往今来一切书家、诗家所追求的最高、最完美之境界。更值得留心关照的是，先生为了达到书法作品形式美与诗、联、词境的和谐一致，在此类书法中自然融入了颜真卿的笔法笔势以增强书作雄健、浑厚的阳刚之气。《集东方朔画赞字》为我们透露了此类作品书法追求的玄机。从此类书作线条的波磔变化中又能看出先生对褚遂良笔法的精研与撷取，萧散典雅，妙趣天成。其点线如绵里裹铁，藏头护尾，力在字中，寓刚于柔，外柔内刚，其作品耐人寻味的魅力正在于此。楮墨之间更可鉴"一腔""火热"的"育才"、"兴国"大"愿"和"登高"、"行远"的千里壮志，也可见先生"愿为云里鹤，不羡酒中仙"的浪漫、洒脱、风流、倜傥的诗家情怀。先生已进耄耋之年，其"奋进天行健，宽容地好生"自勉联所体现的自强不息的进取精神与海纳百川的博大胸襟更令我辈后学高山仰止。

  说实在的，历代大学者大都无意成为书家。郭沫若讲到鲁迅的书法时曾说："鲁迅先生亦无心作书家，所遗书迹自成风格，溶冶篆隶于一炉，听任心腕之交应，朴实而不拘系，洒脱而有法度，远逾唐宋，直攀魏晋，世人宝之，非因人贵也。"无意而成，这种自然而然的心态实在太难得了。毫无功利目的地用毛笔写文章、写诗、写联，自觉不自觉地以自己的审美理解吸取古人的书法审美理念，把握中国书法的艺术规律，驾御中国书法的艺术技巧，日积月累，自然地写出具有个性的意象心线，在几十年笔耕中逐步地形成自己的书法面目，这正是鲁迅、章太炎、胡小石、吴玉如、章士钊、高二适、柳翼谋等前辈大师们所走过的治学、治艺之路。这样所创作出的书法作品才是最可宝贵的佳作。现在书家学者化的口号就是针对当下书法家的文化底蕴浅薄提出来的。对老一辈大学者来讲，书法只是"小道"，也正如于右任先生当年所教导霍先生的："有志者应以造福人类为己任，诗文书法皆余事耳。然余事亦须卓然自立，学古人不为古人所限。"霍老的书法之所以具有这样的深厚魅力，其原因正在于他是有着深厚的文化积淀的国学大师、激情满怀的诗坛泰斗，仁爱宽厚诲人不倦、桃李满天下的老园丁,正直豁达而又诙谐幽默的忠厚长者。无意成为书家而自然成了"卓然自立"的一代书法大家。其作品之文化内涵、艺术价值会随着人们艺术欣赏水平的提高不断被认识、被提升。霍老为中国文化史、中国书法史所写下的光辉灿烂的华章将永远熠熠闪光。

茹序曰:

一代文学巨擘、85岁高龄的霍松林先生将自己的诗文词联拔萃撷英,写成书法结集出版。我反复读赏,思潮泉涌,有很多话要说。

陕西师范大学校园和西安美术学院当年所在地樊川的兴国寺一样,是消逝了我青年时光的美好地方,至今都还储存着我黄金般的梦。我在陕西师范大学求学期间,正好由霍松林先生讲授古典文学,这是同学们感到异常兴奋和幸运的。先生湛然和蔼的笑容,文静而又爽达的学者风度,遍考精取、饮流怀源的富于哲理的思辨,由字词到句篇抽丝剥茧般的讲解,甚至在朗读课文时激情蕴藏在平淡之中的抑扬顿挫和带点天水口音的拖长语调,让同学们在一种特定的氛围中对课文进行思考和体味,进而作感性的直观把握。那种获得知识和开发智力的享受真是如坐春风,至今在我的印象中仍然清晰如昨。因为我当时还兼修中国古典文论和美学,所以在课余时间经常情不自禁地带着学习中遇到的疑惑向先生请教,求得指点。先生学贯中西,上世纪50年代中期出版、发表后产生广泛影响,为他赢得著名文艺理论家桂冠的《文艺学概论》教材和《试论形象思维》等论文,便是有力的证明。但其主攻方向是古典的、民族的、中国的,紧紧围绕着我们民族文化的源头与经典。其读书之广博、用功之精勤、治学之严谨和探究之深细,在我当时的感觉中,几乎无人可比。霍先生不仅以哲学家的思辨、考据家的周密与诗人的才情在古典文学研究、创作与普及方面树立了典范,而且以渊博的学识、独立的人格、丰硕的著述与卓越的教学效果,构筑了他在社会上的根基,赢得了他在海内外学术界、诗词界、教育界的崇高声望。

说实在的,我和文学结下不解之缘,以至在从事多年文学教学之后,工作几经变动,无论是从事艺术理论与美学教学,还是进行书画创作与研究,仍然一如既往地迷恋着文学并深受其滋养,都与我的恩师——霍松林先生在我生命中所灌注的恩泽是分不开的!

　　在变易不居的人世中,社会历史的某种偶然,会使一些个体的生存状态发生意外的突变。在那"大革""文化"之"命"的荒诞岁月,霍先生的二十多部学术专著和他所主编的三十多种书籍以及百余篇文章,自然成了"黑材料"库。先生屡遭批斗,长期劳改,走着一条曲折崎岖而又艰险屈辱的道路。当时我已离开师大,现在还清晰记得当年先生几次来到兴国寺我们师生会面交谈时的情景。先生身体异常虚弱,但却从未失去信念,仍然是那样雅达宽和,只是牵挂着国家的前途和命运,对弥漫在全国的疯狂和愚妄感到愤慨、不解和忧虑。当1978年冰山消融,先生获得了人身自由与工作权利,便立即走上讲台,在短短几年间招收唐宋文学专业的硕士和博士研究生,同时对以前出版的上十本书进行修订,还陆续出版了几本新著,发表了数十篇文章和百余首诗词,以顽强的劳动和创作性的智慧确证了自己的人生价值与艺术见解。使我深为感动的是,为了鼓励和策勉后学,霍先生对我的文学和书画习作倍加奖掖,为我的《书法十讲》和艺术散文集作序写评论,为我的书画作品题诗。从这些序文和诗里,我体会到先生是从中华民族大文化总体精神着眼来看待书法的。认为中国书法是"把造化与心灵相凝合,变具象为抽象,化物态为情思,具有独特的审美感染力";书法的艺术规律是"起于用笔,基于结字;成于章法,美于气韵;密处不犯,疏处不离;顾盼生姿,呼应传神;求工于一笔之内,寄情于点画之间;意象生动而蕴含深广,法度森严而变化无穷,不愧为中华民族特有的艺术瑰宝。"并且强调:"书法是一种艺术,审美功能是它的命脉所系",反对一任主观随意性的纵涂竖抹,发墨行怪。而这一切,也都体现在先生的书法作品中。因此,眼前这本《霍松林诗文词联书法选》,它的分量,它所包含的文化意蕴与人生元素,以及所提供给我们的启示,是非常凝重、实际而又深远的。

霍先生曾言:"涉足于任何学术领域,倘要做出成绩,都得练好基本功。"大凡成功的书家就不能不从笃学苦练开始,去掌握娴熟的表现技巧。霍先生幼承家学,读书临池成为他经常坚持的日课,十岁以前就开始描红、读帖,继而遍临欧、虞、褚、李、颜、柳和《兰亭序》、《圣教序》等,练好了坚实的基本功。在长期繁忙的教学、科研和理论与创作工作的同时,从未丢弃书写实践,由功力而性情,由实用而审美,由技术操作层面到心灵参与的文化态。诚如先生所说,书法是他"忙里偷闲的一种娱乐"。谢却世俗名利,既以自娱,且以娱人,在对劳苦的学者生涯的调节、娱乐和消遣中,多年来先生陆陆续续创作了大量的书法作品,为社会提供了珍贵的精神食粮,也使我获益匪浅。

东汉赵壹曾说:"有超俗绝世之才,博学余暇,游手于斯",用此来鉴证霍先生的书法,可谓恰如其分。

唐张怀瓘认为,书法家应当"身兼文墨",并且强调:"论人才能,先文而后墨",更符合霍先生的实际。

宋苏东坡提出:"书者诗之余。诗不能尽溢而为书,变而为画,皆诗之余",简直可以看作是对霍先生临池染翰的精神写照。

这,我们就不难明白:在诗坛领袖、学界泰斗之外,还有一个书法大家霍松林。他的知识学问固然令人倾心向往,而正直、豁达、谦和、宽容的性格与卓然自立的人格力量更是让人敬服。文如其人,诗如其人,书如其人。作为一位有才有学有识有德的"身兼文墨"的学者、诗人,霍先生虽然是戏笔自娱,却能识锐于内,振华于外,应目会心,自出手眼。因而笔墨之中浸润流注着的人生感悟、文采诗情、高怀雅尚和个性气质,构成了他书法作品的文化内涵与精神意蕴。这,才是中国书法艺术应当具有的深度的美。霍先生书写的都是自己的诗文词联,这是他胸中独具的山川,他把这一切转化为笔性墨情,以敏捷的矫健姿态与清劲的灵动意趣作了感性显现,书卷之气自然溢于行间,使作品具有一种蕴含深广,玩味无穷的醇正之美。

这种深度的醇正之美,外在形态相应地体现出气势浑厚、恬和淡宕、造型圆备、体态开张、劲峭健朗、堂正典雅、磊落大方等特点。由于先生的广积约取，博学善化，因而在其笔下将王的遒劲秀美、欧的谨严刚断、颜的雍容大度、柳的峭拔清丽，以及章草的险劲朴厚熔冶一炉。取法众长而又能化古为我，以情御才而才不露，既沉着稳健，又生动飞舞，各种矛盾因素在这里得到恰到好处的协调和适中。清整秀劲，快捷飞动，飘扬洒落，疏密有度，如《苍茫一画辟鸿蒙》、《海岳风华集序》、《雷简夫荐三苏碑记》；点画若屈铁，苍劲老辣，刚柔并济，奇正相依，如《题石廪峰》、《从化温泉六绝》、《黄海即兴》；浑厚祥和，意与境合，体势开阔，风度天然，如楹联《集兰亭字》、《酷暑偶得》、《香港回归联》；笔实力劲，健朗苍迈，宽绰舒展，如横幅匾额《仁泽长流》、《智灯普照》、《长松沐雨》；其中一些扇面也写得矫健玲珑，活脱飞舞，长短间隔，随行环转，含滋蕴采，显得悠然意远而又怡然自足。这正是儒雅的学者气度和诗人情怀的体现，笔墨中所流溢着的文学素养与诗情，向我们说明：真正意义上的"书卷气"，实际上来自书法家的学者化，诚所谓"笔墨佳处，机遇与造化争衡；意兴浓时，情思与诗歌齐驱"。惟其如此，方可摆脱工匠度数，由技经由艺而进乎道，机遇、造化、意兴、诗意，化为线与形而交织在飞动的节奏韵律之中，加之匠心智慧的布局，表现为活跃流贯的生命感，而成为道的显现。

  不久前我去看望霍先生，适逢先生据案挥毫，笔跃气振，满室烟云。先生驻笔问我："你现在每天大概能工作几个小时？"我顿时感到愧疚，便带点讨老师高兴而有点夸大地说："大约五六个小时吧。"先生颇感意外地笑道："这比我可是少得多了，我至少在八小时以上。"我不禁在内心赞叹："智如泉源，行可为仪表者，人之师也。"烟云供养，俾寿而康。我祝愿霍老师以健康的身体承载健康的精神，永葆青春，寿比南山。

  2006年12月5日，陕西省文史馆、省书法家协会和省诗词协会共同在陕西省政府黄楼省长办公会议室举行"霍松林诗文词联书法选座谈会"。省市文史界、书画界、诗词界名流毛锜、屈应超、骞国政、武复兴、路毓贤、雷树田、吴三大、雷珍民、赵熊、李成海、高峡等40余人应邀出席。

霍先生书法座谈会

陕西省书法家协会名誉主席、西安美术学院教授茹桂,陕西省书法家协会名誉主席、书法家吴三大,陕西省书法家协会主席雷珍民、副主席赵熊、李成海、高峡,陕西省诗词学会会长雷树田、副会长武复兴、赵安志等先后发言,对霍先生的治学、教书育人、诗词创作和书法艺术给予高度评价,认为霍先生在陕西文化界德高望重,他高尚的人格、渊博的学识、丰富的阅历、活跃的思维、高古的书法和卓著的教益,都为陕西乃至全国的文化事业发挥了不可低估的作用,一直以来都为全省诗词界、书法界、学术界、教育界、文化界等所敬重和仰慕,堪称"德艺双楷模,诗书两辉煌"。尤其值得称道的是霍先生的书法作品多为自作诗词和楹联,先文后墨,诗魂铸字,文心点化;其书作博学众家,其书风雍和大度,雄放豪迈,通达磊落,张弛有度,书风健朗,其中有颜真卿的筋带,黄庭坚的开张,何绍基的豪放,于右任的朴茂,有儒雅风流的气质之美、人性之美。

与会人士认为,霍先生的书法作品集的出版给陕西书界乃至全国书法界送来一缕清风,润泽了当前书法家浮躁的风气,为书法发展路径选择提供了正确导向,书法只有夯实厚重的国学基础,才能彰显文化之美,霍先生的书作正体现了学品和人格的力量,书如其人,朴实丰厚,拙中见巧,妙趣天成,富有精神内涵,有生命的流动之美。与会专家学者一致对霍先生多年来对陕西书法界、诗词界和文化界的教诲和指导表示衷心感谢,几乎每位发言人都起立鞠躬向先生表示敬意。省内篆刻名家、终南印社社长赵熊专门为霍先生制印"松林长寿",感谢先生给陕西书界和终南印社的支持。

霍先生在会上发言,感谢省文史馆、书协和诗词协会主办此次座谈会,感谢书画界、诗词界和各界专家专程赴会并做了热情洋溢的发言。他满怀深情回忆了自己幼承庭训,上大学后得到胡小石、陈匪石、汪辟疆等名师特别是于右任先生的直接指导与书结缘的经历,引起与会者的浓厚兴趣。霍先生表示,尽管自己的书作受到大家的肯定和好评,但是自感功力不够,多不满意,因此最初集子自名为"霍松林自书诗文词联选",既然大家鼓励,今后将勉力而为,力争在书艺上有所长进,为繁荣祖国书法艺术做一点事情。①

2007年4月26日,陕西省文联、陕西省书协、陕西省美术博物馆联合举办"邱星、霍松林、叶浓三老书法展览"。邱星先生,94岁;霍松林先生,86岁;叶浓先生,83岁。三位老人的书法展览,引起了人们很大的兴趣。展览开幕后,召开了座谈会,座谈会由省书协副主席赵熊主持,钟明善、吴三大、胡树群、杜中信、茹桂等省内著名书法家以及社会各界相关人士一百余人参加了座谈会。钟明善说:看了这三位老人的展览,有一些深刻的体会:第一,每一位老人家都有深厚的传统文化功底。第二,学到了什么叫创新。三位老人同样都是有深厚传统文化积淀的,但是写出来的字都不一样。为啥不一样?就是有个性。个性这就是创新,不是说创新就是跟古人面目全非,那是很滑稽的事情。吴三大说:今天看了三老的展览使我非常高兴,并且也使我非常震惊。我觉得老先生能够拿出

---

① 参《陕西师大报》、《霍松林诗文词联书法选座谈会举行》,网络版出处:http://xiaobao.snnu.edu.cn/bencandy.php?id=384

如此好的作品展现给我们西安的同道和群众，这是个大好事，对我们陕西书法的发展，肯定无疑地说有一个巨大的推动作用。首先，我感触很深的地方就是通过三位老先生的书法作品，我看见了他们阅历人生、历经沧桑、饱经风雨的人生过程。第二点，通过书法看到了他们的学养，我们要学什么，养什么的问题。就这一点不管是邱先生、霍先生还是叶先生也好，他们在书法作品中体现了渊博的学养的范围，非常之深，非常之厚，够我们很好地学习了，尤其是霍先生用他自己的诗文，那么长的《香港赋》情切意深，确实很感人，书法写的那么内涵，那么体味无穷。胡树群说：三老的书展具有示范性，具有导向性，对三秦书坛的方向具有导向作用，对三秦书法儿女的成长具有示范作用。三老我觉得有共同点，那就是三大：一、大德行。三老用他们八十多个春秋书写了一个德。二、大学问。三老都具有深厚的文化积淀。三、大手笔。在他们的字里行间洋溢着我们中华民族的一种精神，这种精神就是大无畏的精神。杜中信代表西安市文联、西安市书法家协会对三位老先生今天的展览表示衷心的祝贺。也感谢省文联，尤其是省书法家协会为这三位老先生第一次办的这次展览。省书协名誉主席茹桂总结说：今天这个展览意义非同一般，三老德高望重，而且书艺精湛，这个展览将对陕西书法产生一个深远的影响，一个潜在的但非常深刻的潜移默化的作用。三位老先生就像一本厚重的书，其中的内涵和精神是丰富的，仅从学术上几句话很难一下子说明白，所以值得晚辈学习和研讨，在今后的书法学习总结。①

---

① 此次活动，新闻媒体多有报道。以上文字，主要来自《中国书法家论坛》网络，网址：http://www.zgsfj.com/viewthread.php? tid = 103203&highlight = % BB% F4% CB% C9% C1% D6

二十一、终身成就奖

过完八十大寿以后,霍松林先生的各项创造性劳动并没有停止,不仅出版了书法集,还写过不少学术论文和更多的诗词作品。正因为霍先生毕生不懈地努力创作及其成就,2008年12月,他被授予"中华诗词终身成就奖"。

这个"终身成就奖",是中华诗词学会主要针对诗词创作而设立的一个奖项。

霍先生的诗词创作开始于他的少年时代。收入《唐音阁诗词集》的第一首诗是写于1937年秋的《卢沟桥战歌》:"侵华日寇愈骄矜,救亡大计误和亲。东北已陷热河失,倭骑三面围平津。燕台西南三十里,宛平城外起妖氛"。"七七深宵巨炮吼,永定河畔贪狼奔";"伟哉我守军,爱国不顾身。寸步不让寸土争,直冲弹雨摧枪林","守军有多少?区区只一营。竟使强虏心胆裂,一夕丢尽大和魂。"最后自豪地宣称:"朝阳仍照汉乾坤,谁谓堂堂华夏真无人!"表现了抗战必胜的坚强信念。

可以看出,霍先生的诗词创作,从一开始就与国家的安危紧密相连。他少年时期写的抗战作品,还有《哀平津,哭佟赵二将军》、《闻平型关大捷,喜赋》、《惊闻南京沦陷,日寇屠城》、《八百壮士颂》、《喜闻台儿庄大捷》、《偕同学跑警报》、《欣闻日寇投降》等等。在这些诗里,诗人歌颂为国捐躯的将军,谴责日寇的暴行,欢呼抗战的胜利,"'中国不会亡',歌声传四方","颂歌传四方:'中国不会亡'",诗人的心声与民族的精神融而为一,有如一声声振奋人心的号角,令人感奋,催人向上。正因为霍先生的这些作品,1995年纪念抗战胜利50周年,中国作家协会特将他列名于"抗战时期老作家"名单中,颁赠"以笔为枪,投身抗战"的奖牌。

任何一个民族、任何一个朝代,知识分子总是本民族精神领域的代表。他们的心态,最能体现本民族的精神状态;他们的追求,最能代表本民族的价值取向。在中国,知识分子表现自己心声最便捷的方式就是文学创作,尤其是体制短小、传播便捷的诗词创作。而优秀的知识分子,总能将自身的经历与时代风云的变幻相结合,将自己的心声与民族的精神相融合。因而,中国历史上曾经出现了诸如杜甫等伟大的诗人,用自己的诗笔记录民族的灾难、社会的变迁,代万民发心声,为时代做诗传。霍

国务委员马凯向霍先生颁奖

2008年12月,"中华诗词终身成就奖"颁奖合影

先生的创作,就是继承了这一优秀传统,诗人的丹心,始终与时代的脉搏一起跳动。这一点,仅从他诗作的题目中就能看得出来,如前述抗战诸诗作,如《解放次日自南温泉到重庆市》、《"文革"书感》、《"文革"中潜登大雁塔》、《悼念周恩来总理》、《元旦试笔》、《自蜗居搬入教授楼最高层,地接杏园,雁塔、终南皆在眼底》、《悼念小平同志八首》、《告别老三峡》、《沁园春·赞引大入秦》、《珠海市》、《听介绍深圳创业史》、《迎香港回归》、《迎澳门回归》、《参加教育部审稿会,偶吟两绝》、《教师节书怀》、《清远主持首届中华诗词大赛》、《赴京参加国家文科基地评审会,喜赋小诗六首》,还有他那篇大气磅礴、脍炙人口的《香港回归赋》,等等。可以看出,在诗人的笔下,自己的经历,总是与时代的变化、与国家的文化建设等等重大事件联系在一起的,而诗人自己无论经受怎样的委屈或挫折,又总是对前途充满信心的,如《元旦试笔》一首这样写道:"此心常似艳阳红,浮想联翩兴不穷。赞枣讥桃宁有罪?驱蚊伏虎竟无功!覆盆撞碎头虽白,插架焚残腹未空。形象思维终解放,吟鞭欣指万花丛。"在这首诗里,诗人回顾了自己因写诗、著《打虎的故事》、提倡形象思维等事件所受的迫害,抒发了乌云散去、国家步入正轨后的喜悦心情,其实是浓缩了一代知识分子普遍经历过的一个时代,而"形象思维终解放,吟鞭欣指万花丛"这样兴奋的心情表白,与诗人另一首诗中所写的"时代风云越汉唐,应有鸿篇凌百代"(《陕西诗词学会成立放歌》)一样,也形象真实地展现了一代知识分子意气昂扬、豪迈奔放的真实心态。

霍先生的诗词作品,字里行间充盈着真实、饱满、充沛的感情。

霍先生刚上中央大学时,把自己中学时代的诗作呈交朱东润教授请教。朱先生仔细看了他的作品后说:"你的诗感情厚。只有感情厚,才能成为大诗人,杜甫便是榜样。"

霍先生诗作的"感情厚",首先体现为爱祖国、爱人民。读他的几十首抗战诗和其他吟咏国计民生的诗,便不能不被其浓郁的激情所打动。钱仲联先生在《唐音阁吟稿序》里就这一特点给予高度评赞:"忧时感事,巨构长篇,含咀昌黎以入少陵,此其所以为豪杰之士也。"

霍先生的诗词作品中，洋溢着浓郁的亲情。如早年在中央大学读书期间写的思念双亲的诗作："长江滚滚到天明，入耳常疑渭水声。客里思亲频有梦，庭帏夜冷不胜情"；"北雁南来月正明，遥传慈父唤儿声。旧衾儿已添新絮，为慰高堂念子情"；"夜夜梦高堂，白发垂两肩。积雪迷天地，倚门眼欲穿。惊呼未出口，忽隔万里天。感叹还坐起，揽衣涕汍澜"，天伦至性，感人至深。

父母之情外，霍先生的诗词作品中，也有着对妻子儿女深深的关切之情，如60年代写劳改期间的"雪暴风狂忆上营，窑中灯火倍温馨"等诗作。灾难年月，尚有如此温馨的亲情。此后处境好转，诗人对子女的关切之情更是与日俱增。子女考上了大学，他写诗祝贺；儿子赴东洋讲学，他写诗勉励。对相濡以沫、共同生活了半个多世纪的妻子，霍先生的诗中更是多次涉及，80岁高龄时，还作有《金婚谢妻》七首，传为佳话。2009年夏，霍先生88岁（虚龄89岁），从不请保姆的夫人有一天冒大雨出门买馒头，不慎滑倒，头磕在水泥台阶上，伤势十分严重，送医院急救。两个月后再次住院。手术之前，霍先生写诗抚慰："雕龙树蕙闯难关，赢得声名四海传。佳偶岂无仙鹤寿？良缘更比钻石坚。儿曹创业争拔萃，孙辈游学各冒尖。莫谓一跌爬不起，春回大地看花繁。"（《喜庆钻石婚之际，老妻跌伤住院，诗以慰之》）让人感叹不已。

家人之外，霍先生的诗词作品中，也充满了对老师、对朋友、对学生、对大众的一腔深情。他的诗中，涉及陈匪石等先生的作品，总是充满了一个学生对老师的感激之情。他自己的学生获学位，他总要写诗祝贺，并亲笔写成条幅送与学生。而对朋友的怀念关切之情，更是在在皆是，如《过益阳怀亡友胡念贻》一首："同学南雍夜对床，熟闻乡里话桃江。西风吹泪桃江过，邻笛凄迷暮雨凉。"情景交融，感人至深。对普通民众，他也是真诚地关切，早年写给父亲的诗中就有这样的篇章："鹑衣破屋雪霜明，几处流民呵冻声。广厦长裘儿有愿，本仁陈义治人情。"直承诗圣博大之情怀。

霍先生的诗词作品，气势大，境界大，格调高。

霍先生是唐诗研究的专家。他对唐诗是如此的喜爱,以至于自己的书斋都取名为"唐音阁",而唐诗一个重要的特征就是意境雄阔,气象不凡,所以,霍先生自己的诗词作品也深得个中真髓,请看他的《首届唐诗讨论会在西安召开,海内学人,纷纷应邀,喜赋拙诗相迓》七律的前四句:

> 终南突兀接天阊,唐代文明举世尊。
> 学海珠玑光简册,诗坛星月耀乾坤。

终南苍苍,天宇茫茫,乾坤浩渺,星月灿烂,气象是何等的雄浑,意境是何等的阔大!再如他的诗《偕中国韵文学会诸公登岳阳楼》:"喜共无双士,来登第一楼。馀寒随雾散,初日际天浮。碑镌中兴颂,帆扬四化舟。凭栏何限意,放眼看潮流。"不仅气势不凡,更具豪迈的情怀与高昂的格调。

写实之作如此,怀古之作亦然,且看《茂陵怀古》:

> 旌旗十万映朝霞,大汉天声震海涯。
> 炟赫武功青史著,风流文采艺林夸。
> 已知治国须多士,何用求仙罢百家?
> 王母不来银阙远,茂陵终古绕寒鸦。

自古以来,茂陵怀古之作多不胜数,此诗立意高远,压倒群雄。古人赋诗填词,讲"拙重大"。此诗首联,深得拙重大之义;而尾联更是涵盖古今,韵味悠远。

这种大气,这种远韵,我们在一些体制短小的绝句中也同样能感觉得到。

20世纪90年代,霍先生应邀赴日本讲学,到京都,游岚山。京都常年难得见到晴朗的天气,而彼时却晴空万里,更助游兴。陪同的日本友人高兴地说:"京都也欢迎霍先生光临,特意请来了这样好的天气。"霍

先生也十分高兴,口占一绝:

> 京都迎我祝皇天,磨洗晴空格外蓝。
> 更把层林着意染,红黄碧绿绣岚山。

唐人韩愈诗中曾有"长安雨洗新秋出"之句,宋人柳永词更说"对潇潇暮雨洒江天,一番洗清秋",笔力刚劲,深得后人称赞。霍先生此诗,比之柳七词,更显气韵饱满、格调高昂。其第三句尤显笔力万钧、别出胜境。当代著名学者吴世昌先生《论词的读法》一文谈到诗词创作时曾颇有感慨地说:"谁说今人作词就不能胜过前人?"霍先生自己《八十述怀七律二十首》中亦说"承前启后开新宇,应有鸿篇胜古人"。不仅"鸿篇",即便是这种即兴小诗,比之唐人诗章,亦毫不逊色。

像这样笔力千钧的作品,还可以举出霍先生为西安钟楼撰写的楹联为例:

> 八水绕西都,自轩圣奠基而后,周龙兴,秦虎视,汉振天声,唐昌伟业,猗欤盛哉!赖雍土滋根,繁荣华胄,历五千载治乱兴衰,古国犹存,继往开来张正气;
> 四关通异域,迫清廷败绩以还,俄蚕食,日鲸吞,英驱海舰,美纵骄兵,呜呼危矣!喜延河秣马,再造神州,集十亿人经营创建,新风蔚起,图强致富展宏猷。

一幅楹联,与前几首诗词作品一样,同样的是大气磅礴,气象恢宏,深沉典雅。

霍先生不是一个专业诗人,也无意做专业诗人。他的《八十述怀七律二十首》曾这样写道:

> 未酬壮志鬓先斑,已届姜公钓渭年。

>四海奇书思遍览，千秋疑案待重勘。
>
>高歌盛世情犹热，广育英才志愈坚。
>
>假我韶光数十载，更将硕果献尧天。

  这首诗，表明了诗人的志向，也记述了他平时的工作。作诗之外，霍先生更主要的工作是研究学问，教书育人。20世纪40年代从中央大学毕业以来，霍先生一直在高等学校工作，曾历任陕西师大中文系名誉主任、古籍整理研究所所长、文学研究所所长、文学院名誉院长、教授、博士生导师，兼任国务院学位委员会第二届学科评议组成员，全国哲学社会科学"七五"规划委员会委员，中国唐代文学学会副会长兼秘书长，中华诗词学会副会长、名誉会长，中国杜甫研究会会长、名誉会长，纽约四海诗社名誉社长，日本明治大学客座教授、香港学术评审局专家顾问、陕西诗词学会会长、陕西省政协常委、《唐代文学研究年鉴》主编、《杜甫研究论集》主编、《文学遗产》编委等职。毕生致力于文艺理论与中国古典文学的教学与研究。对他而言，研究和教学，是主要的职业和工作，他只是"馀事做诗人"。但这个"馀事"却并不含糊。当年霍先生向于右任翁请教诗文书法，于说："有志者应以造福人类为己任，诗文书法，皆馀事耳。然馀事亦须卓然自立，学古人而不为古人所限。"用这句话来评价霍先生的诗词创作，亦是十分贴切。

  "馀事做诗人"，却能把诗词写得这样有生气、有境界，除过上述几个因素之外，还有一个重要的原因就是霍先生始终具有匡时淑世、致富图强的时代使命感和民族责任感，因而始终有一种永不气馁的精神，有一种蓬勃向上的豪迈情怀。请看这样的诗句：

>打砸狂飙势日增，凌霄雁塔尚崚嶒。
>
>幽囚未觉精神减，放眼须攀最上层。
>
>   ——《"文革"中潜登大雁塔》

  泾河曲似九回肠,河畔伶俜牧羝羊。
  戴帽难禁风雨恶,挥鞭敢斗虎狼狂?
  雪中抖擞松含翠,狱底沉埋剑有光。
  不信人妖竟颠倒,乾坤正气自堂堂。

——《劳改偶吟》

  坑馀逢盛世,劫后庆佳辰。
  绛帐弦歌美,杏坛雨露新。
  树人师乃贵,强国教堪珍。
  桃李芳菲遍,神州处处春。

——《教师节书怀》

  日丽风和气象新,群芳各自显丰神。
  栽培莫叹园丁苦,试赏千红万紫春。

——《题陕师大畅志园》

  无论处于什么样的境地,心中总是保持着这样一种昂扬向上的情怀、一种绝不气馁的精神。这种心态、这种人生观,正是支撑诗人战胜一切人间困难的精神支柱,也是其诗作始终能充满活力的根源。

  1989年,霍先生的《唐音阁吟稿》出版。钱仲联教授作序。钱先生作为学界前辈、吟坛耆宿,对霍先生的诗词作品给予了高度的评价。其实,早在此前的1982年,读过霍先生诗词作品的众多学界名流都作诗评价了霍先生的作品。如陈迩冬、苏渊雷、朱金城、羊春秋诸先生。

  陈迩冬先生《题松林老兄〈唐音阁诗抄〉》诗曰:

  一阁连天水,唐音继汉讴。
  南东多绮丽,西北自高遒。
  盟会执牛耳,群贤仰马头。
  归来霍去病,不愧冠军侯。

此后又不断有学界者宿题诗,如山西大学姚奠中教授《读〈唐音阁诗词集〉》诗曰:

> 秦陇青云士,文章一世雄。
> 盈门桃李艳,高唱振唐风。

1991年,霍先生的《唐音阁诗词集》在台湾出版。此集收录作者1937年至1990年创作的诗词联700多首,繁体直排,分平装、精装两种,书前除钱仲联先生的序外,又增加了刘君惠、程千帆先生的序,书后有台北冯国璘、姚蒸民两位先生写的跋。

2000年,河北教育出版社又出版《唐音阁文集》五种,其中一种为《唐音阁诗词集》。该集前后除此前诸序及跋外,又增加了纽约成应求先生、新加坡张济川先生、日本学者棚桥篁峰的序跋以及诸先生的题咏。

成应求先生《集杜赠松林教授》诗曰:

> 道为诗书重,如公复几人。
> 声华当健笔,文雅见天伦。
> 破的由来事,行高不污尘。
> 平生树桃李,直取性情真。

张济川先生《读〈唐音阁诗词集〉怀松林教授》诗曰:

> 太乙干云引领望,骊龙何处莽苍苍。
> 厘经久佩颜师古,绛帐尤钦马季常。
> 璀璨流金知毓秀,甘香喷玉见琼浆。
> 地灵人杰今犹昔,一卷诗成大纛扬。

棚桥篁峰先生《读〈唐音阁吟稿〉呈霍老》诗曰:

> 语妙情真意境雄，五洲硕彦仰词宗。
> 京都讲学传诗教，桃李常怀化育功。

袁第锐先生《〈唐音阁诗词集〉再版奉题二首》诗曰：

> 巴渝曾见学而优，每向吟坛识唱酬。
> 驰骋中原探碧海，文宗今日仰秦州。
>
> 神州寂寞莫邪沉，风雨如磐暗士林。
> 晓起独看华岳秀，唐音阁里听唐音。

2000年，北京图书馆出版社又出版了《当代名家诗词集·霍松林卷》，发行3000册。

霍先生的诗集不断出版，新作也不断涌现。在新的作品中，也不断出现新的气象。从这些作品中，可以感受到耄耋之年的霍先生也焕发着新的青春。他的诗集中有这样的诗句：

> 新人歌唱新时代，应有新诗胜杜韩。
> ——《贺陕西省诗词学会暨长安诗社成立》

> 时代风云越汉唐，应有鸿篇凌百代。
> ——《陕西诗词学会成立放歌》

> 承前启后开新宇，应有鸿篇胜古人。
> ——《八十述怀七律二十首》

这既是霍先生对当代诗坛的期望，也是霍先生对自己的要求。

2008年12月20日，由中华诗词学会主办的"中华诗词终身成就奖"颁奖大会暨五位诗家作品集首发式，在北京全国政协礼堂隆重举行。这是新中国成立以来,首次颁发的最高规格的传统诗词奖项。霍先生与孙轶青、叶嘉莹、刘征、李汝伦等四位先生一起,荣获"中华诗词终身成就奖"。国务委员兼国务院秘书长马凯向他颁发了金质华表奖杯。

对霍先生的颁奖词:

霍松林,中华诗词学会名誉会长,1921年生,甘肃天水人,是当代古典文学权威学者、著名诗人、词赋家、文艺理论家,是中华诗词学会的重要发起人和创建者之一。

长期以来,霍松林先生担任陕西师范大学教授、博士生导师,国务院学位委员会学科评议委员、中国古文论学会名誉会长、杜甫诗歌研究会会长,主要著作有《文艺学概论》、《文艺散论》、《唐音阁吟稿》、《霍松林诗词集》等。1997年创作《香港回归赋》驰誉海内外,有"一代鸿文"之美称。他与时俱进,率先垂范,倡导以新声韵写诗,为推动中华诗词创新发展产生了广泛而深远的影响。他甘为人梯,教书育人,是桃李满天下的诗词大师。为表彰他在诗词创作和理论建设上的杰出成就,经中华诗词学会二届五次常务理事会研究决定,授予"中华诗词终身成就奖"。

霍先生代表五位获奖诗家作了情真意切、语重心长的发言。

伴随着"中华诗词终身成就奖"的颁发,五位诗家作品集首发式也同时举行。由中华诗词学会图书编著中心和北京中华典籍图书编著中心共同编辑出版的《中华诗词文库》正式发行。第一批出版有五部,分别是霍松林、孙轶青、刘征、李汝伦、马凯等先生的诗词作品集。

中华诗词学会顾问周笃文先生代表中华诗词学会,对五位诗家的作品集做了介绍。对霍先生作品集的介绍是:

《霍松林诗词集》是霍松林先生的诗集。作为古典文学权威学者、著名诗人、词赋家、文艺理论家,他的这部诗集凡十三卷,词一卷,共一千二百余首。时间跨度七十余年,见证了中华民族现代抗日救亡、艰辛建国以及改革开放的全过程,可说是历史的实录。

松林先生袭芬家学,少有夙慧。中学时代即主编刊物,发表诗作。其《卢沟桥战歌》、《平型关大捷》、《南京屠城》诸作悲愤激昂,发扬蹈厉,名动当时。1946 年考入中央大学(按,应为 1945 年),师从汪辟疆、陈匪石、胡小石诸先生专攻文史诗词,学益精进。时陪诸老雅集,深得于右任诸公器许,有西北奇才之目。综览全集,凡诗友交游、人生际遇、民族圣战、时局屯艰以及改革新貌、山河美景、和谐壮图——生动精彩现于笔端。针砭时弊,赞助休明,何其壮也。千帆先生以为"松林之为诗,兼备古今之体,才雄而格峻,绪密而思清"堪为当代吟坛茹古涵今、新机勃发之突出代表。此书之问世,必将对当代吟坛产生重要影响。

新出版的《霍松林诗词集》,共分十三卷,前十二卷为诗,末卷为词,凡一千二百余首,按写作顺序排列。最后有两个附录,附录一为《香港回归赋》,附录二为楹联。全书前后有钱仲联、刘君惠、程千帆、成应求、张济川诸先生的序及姚奠民、冯国璘、棚桥篁峰等先生所写的跋。

钱仲联先生序曰:

秦陇之间,仰禀东井,是为艮乡。天水、平凉、庆阳诸郡,蟠冢之山,神禹导漾所自;麦积、崆峒、仙人崖,雄奇峭异,与岱、嵩埒,士生厥壤,俊伟倜傥,秀茂挺逸。然僻处笃远,不事表襮,与中原及兑方声气暌阻。而当朱明之世,李梦阳以雄杰之才,主盟坛坫;清之仲世,诗人吴镇即为小仓所心折。至于叔季,尚有以诗歌高视一方,如任其昌、任承允诸家;而孤芳只以自赏,音响寥寂,采风者憾焉。迨轮轨棣通,自西徂东,行卷缥囊,一邮传可负之而趋。怀才之伦,遐穷亥步,负笈于吴楚之间者有之矣,吾友霍君松林其人也。

松林之为人,能文、能书、能倚声、能研说部、能雕文心,而尤长于诗。继其昌先生再传衣钵,实大声宏。自其少年攻读于中央大学时,胡小石、柳翼谋、卢冀野、罗根泽诸先生各以一专雄长桀敖,松林俱承其教而受其益。而于诗尤得精髓于汪方湖,于词则传法乳于陈匪石。师弟镞砺,恬吟密咏,情深而文明,志和而音雅,乃若不类秦陇间魁垒尚气之士所为者。余尝叹百年以来,禹域吟坛,大都不越闽赣二宗之樊,力蕲欬唾与之相肖。金陵一隅,尤为赣派诗流所萃。松林独取其长而不为所囿,忧时感事,巨构长篇,层见迭出,含咀昌黎以入少陵,此其所以为豪杰之士也。

至松林为词,出入清真、白石间,映丽多姿,一扫犷悍之习,一如其诗之卓绝。抑久习吴风,与结为构,乃能柔其拗怒而稍殊其陇右之音也欤!

仞岁以来,松林都讲长安大庠。长安,固李唐诗人掉鞅之地也;至宋而少衰。终南、太华之气,郁久而后泄,松林乃及其时而出焉。其诗之雄伟壮阔,自辟户牖,启来轸以新途,将毋收功实者,终在于西北乎!吾于松林觇之矣。

余识松林也晚。比岁文会频参,探讨之时遂多,于松林之人之诗之词,乃深有所解会。今松林以其唐音阁诗词稿相示,诏为引喤。余挟其全帙,泛舟于五湖烟水之间,倚棹朗吟,秋菊春兰,对之若一敌国矣。

戊辰孟春八十叟钱仲联序于吴趋

刘君惠先生序曰:

1989年冬,霍松林教授以《唐音阁吟稿》相贻。唐音阁者,千帆为松林所题之斋名,以示松林诗之蕲向也。松林游嵩山少林寺有"巨钟重铸振唐音"之句,尤昭昭然自明本志矣。松林之标举唐音,在《吟稿》中累累申其旨趣:"须抒虎虎英雄气,要鼓泱泱大国风",此松林所以颂唐音也;"论文今始窥三昧,管晏经纶稷契心",此松林所以尊李杜也;"翡翠兰苕虽可爱,还需碧海掣鲸人",此松林之审美观,亦其诗境也;"立志仍须追稷契,传薪岂必效黄陈",此松林对诗歌发展史之卓识也。举此数端,可以概见唐音阁诗学之指归矣。

近百年来,中华诗坛为闽赣二宗所风靡。松林游金陵久;金陵者,赣宗诗风之所萃也。而松林之诗,雄奇骏发,能出闽赣窠臼外。无盘空硬语,无絙幽凿险语。"传薪岂必效黄陈",盖灼然见苦吟之无益,且与时代精神不侔也。松林之诗,劲健而充实,坦荡而不矜持,大气磅礴而控纵自如,情与景融而理趣盎然,善出新意,自成一家,韩昌黎所谓能自树立、不因循者。

松林之词,大声镗鞳,小声铿訇,富豪情奇气,而以疏宕出之。调高而思深,言近而旨远,有一唱三叹之音矣。陈廷焯论近代词人:"豪放则嫌其粗,婉约则病其纤。"松林之词,不莽不纤,自饶逸致,赋手文心,为倚声家开一境,亦如其诗之能自树立、不因循者。

1948年,予长重庆南林学院。越一年,辞归成都。1949年秋,松林与陈匪石先生继主南林讲席,未获一面也。1987年中华诗词学会于北京成立时始晤松林,握手欣愉,叹相见之晚也。读《唐音阁吟稿》,见松林之游踪多与予同,松林之交友多与予同。旧游历历,如温昔梦,不谓已如隔世事也。松林壮心未已,犹欲为中华诗歌开创新风。矍铄哉!是翁也。吾将十驾以相从矣。

庚午孟春七十八叟刘君惠序于成都

程千帆先生序曰:

庚午仲春,卧疴小斋,适同门友霍松林以所撰《唐音阁吟稿》见寄。余虽数读松林诗,而今乃见其全,颇恨夙昔相知之未尽,因作笺称之。君复书以为溢美,且戏曰:"吾固乐闻。屈子不云乎:高余冠之岌岌兮,亦余心之所善也。诚如是,子盍为我序之?"余大笑,因忆数十年前,彭泽汪方湖先生以诗律教授南雍,及门者以千百数。松林与余实从之游,虽年次有后先,而刻意竞病,盖未始有别。先生深通流略之学,转以其法治诗,故于历祀作家,莫不尚论其流派,剖析其同异,而于文心之曲折、风格之迁变,尤三致意焉。诸生既信受师说,粗解吟咏,每出其稿以求诲迪。先生则博隆雅教,总领众流,各依其才性之所宜,授以则效前贤之道,初不欲其类已。故门下诸子渊源虽一,致力乃殊其方,宋雅唐风,皆斐然卓然有以自树立。松林之为诗,兼备古今之体,才雄而格峻,绪密而思清,而其得意处,即事长吟,发扬蹈厉,殆不暇斤斤于一字一句之工拙。或者遂以为与先师异趣,不知此正其善体先生之意,善承先生之教也。余以心脏病废学有年,何敢妄论松林之诗,今独取其不学即所以学先师之微旨,发明数语,庶几世之读君诗者,亦知方湖家法固如是云。

庚午年四月初吉,学弟程千帆谨序

成应求先生序曰：

盖闻成纪桥山,人文肇始；关中岐下,王气所钟。唯其郅治之隆,丕显弦歌之盛。康衢击壤之谣,七月凿冰之什,载在简编,播之笙诗,尚已！汉唐而下,代有闻人。若夫长庚入梦,解贺监之金龟；西江渑肠,助王生之妙墨。莱公勋业,动杏花斜日之思；二曲清操,懔麦秀黍离之痛。信乎地灵人杰,蔚关陇之雄风；玉振金声,见炎黄之正道。振古如兹,于今维炽。

松林教授先生,嫖姚华冑,词赋名家；承显学于南雍,张高标于北地。中丁浩劫,弥坚松柏之操；晚际明时,丕展鲲鹏之志。膺博导之冰衔,擅人师之重望。汪洋千顷,黄叔度之风仪；奖掖多方,郭林宗之藻鉴。化行多士,悬绛帐于名都；业有专精,炳青箱之世泽。芸香溢于鸿案,濠南征述作之勤；超宗殊有凤毛,海外续弦歌之雅。

而先生琴书之暇,寄意微吟,岁月如流,遂成巨帙。综观全集,信无愧于青春作赋,早著锋芒；白首行吟,更征识力。卢沟战火之歌,沪渎壮士之颂；极执戈报国之忱,显投笔从戎之志。金陵城之血债,实深九世之仇；花园口之横流,岂只千村之哭。凡此虽云少作,已兆清才。

已而负笈秦州,掷笺吟社。既请益于乡贤,复扬葩于凤铎。吟怀弥健,好句疑仙。若夫踵寒山拾得之风,别寄情于禅趣；介坡老放翁之寿,更尚友于古贤。诵葩什而兴怀,俯玉泉而忆旧,井然章法,显见师承。譬诸美玉精金,或有俟乎大匠；然而裁云剪月,殆无愧于良工。

及其恣书剑之清游,得江山之力助。翔步上序,希踪达道。承诗法于方湖而不囿于江西之垒;求倚声于匪石而取径于北宋之清。每每一篇出手,享誉青溪;百尺竿头,蜚声白下。紫金山登高之什,得昌黎之奥衍而兼其清新;玉烛新思归之吟,有耆卿之明快而益以厚重。游仙十首,取冬郎之绮丽而出诸真挚之情;海桑长诗,类元白之铺陈而参以排奡之势。信所谓多师为师、不似而似者也。

追乎晚岁,蔗境弥甘,豪情不减。虽则黄杨厄闰,曾经世昧之千尝;然而赤手骑鲸,聿证诗家之三昧。诸如嬴政屏王,才人临宇,见史笔之森严;鸾凤枳棘,奴仆旌旄,浇书生之磊块。石林记景光之妙,茂陵知感慨之深。赴泰书感之什,于淡远处见深沉;寄李记趣之篇,于诙谐中寓奇崛。是皆以赤子之心,运白描之笔,状难言之景,写不尽之情。唐音之旨,胥在是已!司空表圣有言:"情之所至,妙不自寻,遇之自天,泠然希音。"先生诗作,所好者道,进乎技矣。

应求湖湘末学,坎壈馀生。结习难忘,时亲楮墨。喜读新篇,敢矜同调。用遵雅嘱,遥献芜辞。是为序。

丁丑仲夏宁乡潘成应求谨识于纽约寓所,时年八十有三

张济川先生序曰:

余与松林尊兄缔交有年矣,虽天各一方,然燕京粤桂川汉盛会,亦常把晤言欢。而最令人萦怀者:盖往年应广东中华诗词学会之约,作深圳、清远、惠州、罗浮之游,时余携新加坡国立大学校外系诗班诸生暨新声诗社弟子多人同行。珠海途中,女弟子姚少华因慕霍翁道德文章,娓娓清谈请益。而兄窥知其意,乃嘱其携来妙句索对,姚女往返传笺,虽一时游戏文字,而益增友谊。今姚女辞世数载,而兄与我健在,宁无感焉!1996年马来西亚怡保山城诗社拟主办第六届全球汉诗研讨大会,呈余核准,乃由星马寄发请柬,名家云集;松林兄固一代宗师,且与余交厚,料其必天马行空,欣然莅会。然会期已届,未闻好音。会后忽接华函,始知请柬

误投他处,被扣多日。余深感不安,因请兄来星讲学畅叙,而兄复有东瀛之游,未能应邀,相聚复何日也!

今岁初秋,闻大著《唐音阁诗词集》增订重版,为之大喜。"唐音阁"斋名,乃程千帆先生题赠霍兄者,盖以其盛唐音韵词章之美复见于今日也。唐音阁诗词初集,仲联、千帆、迓冬、渊雷诸名公皆倾心赞誉,余昔曾获赠一册,读之亦豁然开朗,爱不忍释。盖霍兄为人方正,固恂恂儒者,初不知其笔下风云、胸中丘壑,若此其雄奇壮阔、幽邃深秀也!况交游既广,阅历亦丰,赤子之心更跃然纸上。其诗其词,不特声情并茂,抑且熔铸万象、牢笼百态,诚少陵之诗史、时代之强音也。

吾中华屡受列强侵略,执柄者又多祸国殃民,每一忆及,悲愤不已。今者贤能主政,大展鸿图,上下协力,百废俱兴。香港回归,澳门踵至,国家民族,已跻身于世界富强之林。洵宜抒健笔,谱华章,鼓浩然之正气,振大汉之天声;中华诗词,必将随中华民族之振兴而再创辉煌。霍兄其勉乎哉!是为序。

戊寅中秋张济川序于新加坡全球汉诗总会

姚蒸民先生跋曰:

唐音阁诗六卷、词一卷,天水霍松林教授之心路历程,亦国家近半世纪来之沧桑写照也。举凡师友交游、人生际遇、民族圣战、世局艰屯,可以兴观群怨者,无不纪之以吟;其题材之广、寓意之深、行踪之远、丁变之巨,古今诗人殆罕出其右者。曩余就学南雍,主修政治之余,尝从陈师匪石治词学,得以同门之雅,获交松林,固已叹其诗宗老杜而兼昌黎,不为同光体裁所囿;至其词之追碧山而溯清真,以承匪石师之法乳,则自惭有所弗及。未几,同游羊城,分袂渝州,音书阻绝,垂四十年。不意今春展转获赠是集,诵之至再,更深叹故人之才情风格,足以衍派开宗。因忆于右公在日,颇以松林之未随东渡为惜。老友成惕轩教授于松林之思念尤深,誉为西北奇才,盼能序其吟稿。余获是集时,惕轩已于客岁夏至日归道山，终不得偿其夙愿，夫岂天耶！兹者，冯国璘学兄分其退休金之所得，将在台再版是集，以敦乡谊，兼弘诗教。躬逢其盛，爰为之跋，藉申怀念敬佩之忱。

  黄帝纪元四千六百七十九年庚午秋 姚蒸民 谨跋

冯国璘先生跋曰：

  唐音阁主霍松林教授与余同里，昔年同客金陵，攻读于国立中央大学，虽所修学科不同，仍常相往来，且蒙时以佳作见示。余不能诗，而喜读诗。每读其作，无不悠然神往。其中以《思亲二十韵》一篇，读之至再，不忍释手，至今犹保存于书箧中。

  松林家学渊源，禀赋甚高。肄业中文系，才华出众，深获文学院名教授胡小石、汪辟疆、陈匪石诸先生赏识，期许甚殷。金陵为人文荟萃之区，每逢重九登高或天文台雅集，莅会者皆诗坛一时豪英，松林虽在学，仍常被邀参加，为当日最年轻之诗人。革命元老于右任先生尤爱其才，时约谈诗至深夜。今则松林蜚声中国文坛多年，而先生早归道山，缅怀往事，诚不禁感慨系之。大陆巨变之际，余随右老来台，松林以道阻未克同行，从此音书隔绝，忽忽四十余年矣！两岸开放后，松林隔海寄来唐音阁吟稿。故人情重，感何可言！病中读竟，惜其版本全采横行，字体又小，且多简笔，阅读十分费力，与四十年前流行之诗集迥殊，顿生在台再版之念，拟以繁体字直行印行，以保存中华文化固有之风貌。商诸在台老同学姚蒸民教授，深以为然，姚亦松林之旧识也。此后书信往返数阅月，松林亦略道及直行印行之优点，得闻在台再版之议，欣然赞同，并与夫人胡主佑教授连夜改写繁体本寄余，复承蒸民于百忙中检出多种诗集版本，参酌设计，乃得完成斯愿。

  唐音阁吟稿刊诗六卷、词一卷，雄伟壮阔，扣人心弦，不惟道尽作者数十年来个人之际遇与感受，亦为中国半世纪以来之风云巨变留下见证。集中充满民族大义，师友深情，亦富人生哲理；为抗日胜利而欢呼，为兄弟阋墙而忧戚；历"文化大革命"劳改之百般折磨，叹十年被囚之光阴虚掷；第仍寄希望于新曙光之来临，而思无悉所生。此则充分流露出中国文人之忠爱情操，与夫贫贱不移威武不屈之高风亮节。昔人谓"亘古男儿一放翁"，余谓松林为近代诗坛之奇男子，海内诸君子，读其吟稿者，谅必有同感焉。

庚午年秋天水冯季子国璘谨识

棚桥篁峰先生跋曰：

　　霍松林先生是享有世界声誉的诗人和诗歌理论家，我早就读过他的学术著作和诗词作品。1987年3月，我和先生在西安初次相识，请教了关于汉诗的若干问题，给我的汉诗研究开拓了新的视野。此后，我多次访问西安，在诗词理论的研究上继续得到先生的关怀和指点。先生的精深理论和人格力量给我的汉诗研究以莫大的支持和鼓舞。

　　我认为当今诗歌已经迎来了它历史上的一个很大的变革期，处在这个时期，霍先生就对我们显得特别重要。先生的诗词理论和作品，已经成为世界诗人的奋斗目标。

　　有三千年悠久历史的中华诗词，不仅是中华文化的一个大支柱，而且也是处于领导地位的中华文明的召唤，同时也给亚洲汉字文化圈的人们带来很大的影响。特别是我们日本人，最喜爱唐诗，并把它作为自己的诗歌典范继承下来。1996年在日中友好汉诗协会成立十周年之际，我特邀霍先生访问日本，并举办了讲演会，印发了先生的许多诗词作品。先生的讲演和诗词作品使众多日本诗人深受启迪和教益，给日本的汉诗发展以极大的积极影响。

　　我最近又一次访问西安，碰巧霍先生新编的《唐音阁诗词集》正待付梓，我有幸通读，十分振奋。祝愿它早日问世，为汉诗的繁荣和发展发挥巨大作用。

　　亚洲文化国际交流会会长、日中友好汉诗协会理事长棚桥篁峰其实，不只是诗词创作，在学术研究、教书育人等各个方面，霍先生也都在做着超越前贤、超越自己的努力。因而，由中华诗词学会设立、国家领导人颁发的"终身成就奖"虽然是针对诗词创作而颁发，而霍先生在教学、科研等方面，不也同样取得了终身成就么？90岁的高龄，依然在招收、指导着博士研究生，依然在撰写学术论文。所以，一个月以后，霍先生又荣获"改革开放30年·陕西高等教育突出贡献奖"（评委会特别奖），他也是获该项殊荣的惟一获奖人。两个月以后，线装本《唐音阁集》由北京线装书局出版发行。再三个月以后，"霍松林、刘征线装文集出版座谈会"在北京聚仙堂举行。中央文史研究馆馆长、北京大学国学研究院院长袁行霈，故宫博物院院长郑欣淼，中华诗词学会名誉会长刘征，中华诗词学会代会长郑伯农，中华诗词学会顾问周笃文、杨金亭等先生出席会议。郑伯农先生发言说霍老与刘老是当今诗坛名副其实的大家，他们的诗集受到了广大读者的一致称道。袁行霈先生发言说，霍先生是名播海内外的理论家、文学史家，他的诗词有着深厚的传统功底，有着鲜明的时代特征，有着一代大师的风范。郑欣淼先生说，霍先生与刘先生同是学者型的诗人，霍先生人品诗品俱佳，是公认的一代诗坛泰斗。周笃文先生更对霍先生诗词之外的修养也颇多赞誉。①

领奖归来，夜幕已经降临。霍先生的书房里，那盏追随了他几十年的8瓦的小台灯，又发出了温馨而柔和的光亮……

---

① 参中华诗词学会网新闻（网址：http://www.zhscxh.com/newsshow.asp?articleid = 208）及《中国诗词年鉴》2009年号之《记事》。

附:霍松林先生著作系年

胡主佑 辑

1937 年

给前方抗日将士的慰问信(散文)

《陇南日报》1937 年 9 月(初、高中阶段在《陇南日报》、《天水青年》、《甘肃民国日报》及其他报刊发表新诗、散文、论文很多,除数年前由一位研究者寄来两首新诗的复印件和抄件有报刊名称及年月日外,其他皆无法查找。现将能记得题目、刊物及大致时间者择要列出,其他从略。)

锄头给我,你拿枪去!(新诗)

《陇南日报》1937 年 10 月。

卢沟桥战歌(七古)

此诗及此后抗战诗词,因解放初在老家找到抄本,幸得保存,俱收入《唐音阁诗词集》,被选入《中国抗战诗词精选》、《卢沟桥抗战诗词选》、《重庆艺苑》、《甘肃文献》(台北)等书刊,以下不注。

哀平津,哭佟赵二将军(七古)

闻平型关大捷,喜赋(七古)

八百壮士颂(七古)

1938 年

"五四"与青年(论文)

《天水青年》1938 年 5 月号。

移竹(七古)

惊闻南京沦陷,日寇屠城二首(五律)

喜闻台儿庄大捷(七古)

夏日喜雨(七绝)

惊闻花园口决堤(五律)

哀溺民(五古)

1939 年

汉奸的脸谱(散文)

《陇南日报》1939 年 5 月 2 日第 4 版。

偕同学跑警报(五律)

自霍家川赴天水县城(五古)

1941 年

琐记(专栏)

《陇南日报》1939 年至 1942 年连载。

紫燕吟(新诗)

《陇南日报》1941 年。

旅夜(七绝)

去吧,辛勤的园丁(散文诗)

《甘肃民国日报》1941 年 10 月 6 日《生路副刊》。

打更声(新诗)

《甘肃民国日报》1941 年 11 月 27 日《学生园地》。

拟寒山拾得三首(五古)

1942 年

《风铎》发刊辞

《陇南日报》1942 年 5 月 5 日。从此时起,主编《陇南日报》文艺副刊《风铎》近两年,发表新诗、散文多篇。

春末咏怀(五古)

苦旱(七绝)

久旱喜雨(五律)

莺啼序·寄友人(词)

收入《中国当代诗词选》,江苏文艺出版社1986年版。

1943 年

屈原啊!你还活着(新诗)

《陇南日报》1943 年 6 月《风铎》。

痴儿(七绝)

题《吊古战场文》(七绝)

偶成(七绝)

大同银行储蓄部开幕征诗,因赋(五古)

麦积山道中(七绝)

仙人崖道中(七绝)

石门(七绝)

浴佛前一日晨偕强华宝琴由街子口出发,午后登麦积山,遍游诸佛窟,日暮始下山,诗以纪之,得六十四韵(五古)

1944 年

读《诗三百》十六首(五古)

《陇铎》1946 年第 2 期。

洛阳、长沙先后沦陷,感赋(五律)

放翁生日被酒作(五古)

象棋研究社征诗,写寄三首(七绝)

1945 年

月夜书感二首(五律)

收入《江河集》,甘肃人民出版社1984年出版。

收入《中国当代诗词选》,江苏文艺出版社1986年版。

怀友(五古)

寄友诗三十韵(七古)

寒夜怀人(五古)

游佛公峤,呈同游诸友(七古)

风起云涌,电闪雷鸣,而雨泽不至(五律)

送丁恩培入蜀参加高考(七古)

通渭旅夜(七绝)

欣闻日寇投降(七古)

自兰州返天水,车攀山道,颠簸有如摇篮,昏昏入睡,觉时已抵华家岭矣。荞麦开花,遍野飘香,口占一绝(七绝)

月夜怀友(五律)

读《十八家诗抄》,因怀强华(五律)

过留坝(七律)

过马道(七绝)

山村小景(七绝)

望剑阁七十二峰(五古)

借宿重庆大学三层楼教室,阴雨连绵,凭栏有感(七绝)

重阳自函谷场访友归,山巅小憩,适成登高之举(七绝)

由磁器口溯嘉陵江赴柏溪中大分校,舟为浪欺,险象环生,口占一绝(七绝)

中央大学柏溪宿舍,以竹竿稻草为主要建筑材料,共四座,每座容三四百人,其少陵所谓"广厦"者非欤?戏为一律(五律)

自兰州至重庆(散文)

《政潮》1945年10月28日。

题新购伦敦版《拜伦全集》(五古)

梦中得"已挟泰山超北海,还携明月跨南箕"之句,足成一律(七律)

遣怀四首(五古)

1946 年

杜甫在秦州(论文)

南京《中央日报》1946 年 10 月 8 日《泱泱》副刊第 239 期。

杜甫与严武(论文)

南京《中央日报》1946 年 10 月 22 日《泱泱》副刊第 254 期。

杜甫与严武(续前,论文)

南京《中央日报》1946 年 10 月 23 日《泱泱》副刊第 255 期。

杜甫与李白(论文)

南京《中央日报》1946 年 11 月 20 日《泱泱》副刊第 282 期。

杜甫与李白(续前,论文)

南京《中央日报》1946 年 11 月 21 日《泱泱》副刊第 283 期。

论杜诗中的诙诡之趣(论文)

南京《中央日报》1946 年 12 月 4 日《泱泱》副刊第 296 期。

论杜诗中的诙诡之趣(续前,论文)

南京《中央日报》1946 年 12 月 5 日《泱泱》副刊第 297 期。

杜甫与郑虔(论文)

南京《中央日报》1946 年 12 月 17 日《泱泱》副刊第 309 期。

杜甫与郑虔(续前,论文)

南京《中央日报》1946 年 12 月 18 日《泱泱》副刊第 310 期。

鸡鸣寺古伤心人题壁诗(散文)

南京《中央日报》1946 年 12 月 20 日《泱泱》副刊第 312 期。

端节忆旧(七律)

晨出阻雾(五律)

月夜偕友人游城南公园,得夜字三首(五古)

应强华之邀,自天水赴郑州,汽车抛锚于娘娘坝,望月抒怀(五律)

关中(七律)

自陕州乘慢车,晚抵硖石驿遇雨,驿无旅馆,乃于车上枯坐达旦(五古)

次日晨雨止而车不能行,乘客乃冲泥至观音堂,扶老携幼,想见离乱时光景(五古)

二十日抵郑州,而强华已于三日前赴沪矣(五古)

谒子产祠(五古)

七月三十一日晨八时离郑,车行特慢,下午四时始抵荆隆宫,闻前路有阻,止焉(五古)

开封旅夜暴雨(七古)

八月初抵南京,入中央大学(五律)

接家书,后附家君诗,敬和元韵四首(七绝)

题灵谷寺塔前与友人合影(七古)

此诗及以下1949年5月前诗词,多发表于南京《和平日·今代诗坛》,此后不注。

青玉案——用贺梅子韵,时中原战火又起(词)

收入《中国当代诗词选》。

卜算子——大地寂无声(词)

点绛唇——倦卫星瑶琴(词)

高阳台——宝殿灯昏(词)

以上三首,收入《湖湘诗萃》创刊号。

鹧鸪天——柳外楼高(词)

木兰花——梦归(词)

鹧鸪天二首——居南京古林寺作(词)

八声甘州——登豁蒙楼(词)

八声甘州——北极阁踏月(词)

1947年

论杜甫的创体诗(学术论文)

南京《中央日报》1947年1月2日《泱泱》副刊第325期。

论杜甫的创体诗（续前）

南京《中央日报》1947年1月3日《泱泱》副刊第326期。

杜甫论诗（上，学术论文）

南京《中央日报》1947年1月17日《泱泱》副刊第340期。

杜甫论诗（中）

南京《中央日报》1947年1月18日《泱泱》副刊第341期。

杜甫论诗（下）

南京《中央日报》1947年1月19日《泱泱》副刊第342期。

丁亥九日陪诸公登钟山天文台六十一韵（五古）

南京《中央日报》1947年10月10日《泱泱》。

别强华（七古）

泊马当对岸（七古）

发马当（七古）

以上三篇，载《陇铎》1947年第1期。

遣怀四首（五古）

月夜（五律）

贫农（五古）

二友诗柬无怠天水、强华郑州（五古）

雪夜醉歌（七古）

雪后同易森荣登北极阁（五律）

守岁同强华，时自沪来京度春节（七律）

玉蝴蝶——永夜碧霄如洗（词）

收入《中国当代诗词选》。

登鸡鸣寺豁蒙楼（七律）

收入《五四以来诗词选》河南大学出版社1987年版。

水调歌头——中秋夜偕友人泛北湖（词）

收入《中国当代诗词选》。

高阳台——东坡生日作(词)

《和平日报》1947年12月《今代诗坛》。

玉烛新——霜风吹客袖(词)

收入《中国当代诗词选》。

过秦楼——转烛光阴(词)

大酺——和清真(词)

瑞龙吟——豁蒙楼和清真(词)

浪淘沙慢——匪石师和清真,嘱余续声(词)

八声甘州——记扬鞭并马上高台(词)

鹊踏枝——恼乱闲愁何处着(词)

寂寞之旅(散文)

《陇铎》1947年第9期。

1948年

上元前二日青溪社集,分韵得牵字(七律)

南京《和平日报》1948年2月25日《今代诗坛》。

赠邓宝珊将军四首(七律)

南京《中央日报》1948年4月28日《泱泱》副刊。

陪邓宝珊王新令汪辟疆诸先生游灵谷寺(七律)

南京《和平日报》1948年5月2日《今代诗坛》。

戊子九日集小仓山,冀野师次徐旭日重阳套曲原韵,余亦继作(散曲套数)

南京《中央日报》1948年10月14日《泱泱》第629期。

敏求斋随笔——李渔论诗赋古文须求新

南京《和平日报》1948年3月9日《和平副刊》。

戊子九日集小仓山(七古)

南京《中央日报》1948年10月21日《泱泱》副刊第629期。

敏求斋随笔——袁枚论吐故纳新

南京《和平日报》1948年3月10日《和平副刊》。

敏求斋随笔——论温柔敦厚说

南京《和平日报》1948年3月11日《和平副刊》。

敏求斋随笔——老杜诗注

南京《和平日报》1948年3月12日《和平副刊》。

敏求斋随笔——后山诗评

南京《和平日报》1948年3月18日《和平副刊》。

敏求斋随笔——后山送内诗

南京《和平日报》1948年3月24日《和平副刊》。

敏求斋随笔——后山诗谶

南京《和平日报》1948年3月27日《和平副刊》。

敏求斋随笔——南施北宋

南京《和平日报》1948年3月30日《和平副刊》。

敏求斋随笔——评吴梅村

南京《和平日报》1948年3月31日《和平副刊》。

敏求斋随笔——梅村歌行

南京《和平日报》1948年4月1日《和平副刊》。

敏求斋随笔——评钱牧斋

南京《和平日报》1948年4月6日《和平副刊》。

敏求斋随笔——牧斋诗

南京《和平日报》1948年4月7日《和平副刊》。

敏求斋随笔——方湖师论治目录学

南京《和平日报》1948年4月10日《和平副刊》。

敏求斋随笔——方湖师论近代诗

南京《和平日报》1948年4月13日《和平副刊》。

敏求斋随笔——口吃贻笑

南京《和平日报》1948年4月14日《和平副刊》。

敏求斋随笔——集兰亭字联

南京《和平日报》1948 年 4 月 15 日《和平副刊》。

敏求斋随笔——龚芝麓诗评

南京《和平日报》1948 年 4 月 20 日《和平副刊》。

敏求斋随笔——卢德水评诗

南京《和平日报》1948 年 4 月 24 日《和平副刊》。

敏求斋随笔——元遗山评诗

南京《和平日报》1948 年 4 月 25 日《和平副刊》。

敏求斋随笔——杜甫与杜五郎

南京《和平日报》1948 年 4 月 27 日《和平副刊》。

敏求斋随笔——洪亮吉论黄仲则

南京《和平日报》1948 年 4 月 30 日《和平副刊》。

敏求斋随笔——论黄仲则诗

南京《和平日报》1948 年 5 月 1 日《和平副刊》。

敏求斋随笔——清初词家

南京《和平日报》1948 年 5 月 4 日《和平副刊》。

敏求斋随笔——高密诗派

南京《和平日报》1948 年 5 月 8 日《和平副刊》。

敏求斋随笔——巩仲至等清明诗

南京《和平日报》1948 年 5 月 12 日《和平副刊》。

敏求斋随笔——竹垞词

南京《和平日报》1948 年 5 月 14 日《和平副刊》。

敏求斋随笔——元遗山挽李屏山

南京《和平日报》1948 年 5 月 19 日《和平副刊》。

敏求斋随笔——殷岳诗

南京《和平日报》1948 年 5 月 20 日《和平副刊》。

敏求斋随笔——记成惕轩

南京《和平日报》1948 年 5 月 22 日《和平副刊》。

敏求斋随笔——方回论变体

南京《和平日报》1948年5月24日《和平副刊》。

敏求斋随笔——陶诗重字、仲长统诗文

南京《和平日报》1948年5月25日《和平副刊》。

敏求斋随笔——老杜状月诗

南京《和平日报》1948年5月26日《和平副刊》。

敏求斋随笔——五七言难易

南京《和平日报》1948年5月28日《和平副刊》。

奉次辟疆师灵谷寺茗坐韵（七律）

南京《和平日报》1948年9月20日。

送王新令前辈赴甘青宁临察使任（七古）

南京《和平日报》1948年9月25日。

思亲二十韵（五古）

送强华回沪（七律）

观棋（七绝）

清明（七律）

寄侄（五律）

无端（七律）

闻鸡（七绝）

至日（五律）

腊八（七律）

食脍（七绝）

访东坡遗迹不得（七绝）

牛塘桥杂诗三首（七绝）

喜持生至（七律）

浣溪沙——春入桃腮晕素涡（词）

摸鱼子——上巳访方湖师不值（词）

满庭芳——织女（词）

望海潮——惕轩嘱题藏山阁读书图（词）

沪上谒墨巢翁（七律）

收入《江河集》。

满江红——病疟和匪石师立秋韵（词）

收入《中国当代诗词选》。

1949 年

随于右任先生自沪飞穗,机中作（七律）

荔枝湾吃荔枝同冯国璘（七绝）

星期日陪于右任先生园中消暑（七绝）

次韵奉酬匪石师见赠二首（五律）

寄山中故人（七律）

渝州火,和匪石师（七绝）

孔某（七律）

将赴南林学院（七绝）

雨夜（五律）

倒和原韵酬惕轩（五律）

南泉六咏（五绝）

拟游仙诗十首（七绝）

南泉杂诗十四首（七绝）

夜读集放翁诗句（七绝）

南泉书怀示主佑五首（七律）

瓶中梅竹,主佑嘱赋（七绝）

读主佑《慰母篇》（五古）

归计不售,口占一绝（七绝）

游虎啸口同主佑（七古）

收入《岳麓诗词》第 6 期。

解放次日自南温泉至重庆市（七律）

收入《中国当代诗词选》。

南泉杂咏二首(七律)

收入《五四以来诗词选》,河南大学出版社1987年出版。

寄怀仲翔先生,时任兰州大学教授兼中文系主任(七律)

台城路——新令丈返里,旋又回京喜赋(词)

菩萨蛮二首——绕池杨柳(词)

满庭芳——寒杵敲愁(词)

东风第一枝——春雪和梅溪(词)

应天长——匪石师自重庆寄示和清真之作,依韵奉怀(词)

龙山会——入户鸡声讶(词)

满江红——登玩珠峰,用白石平声韵(词)

1950 年

穆济波教授嘱题《海桑集》(七古)

离渝前夕呈匪石师,次送别原韵(七律)

济波先生以诗饯行,次韵酬谢(七律)

别南温泉(七绝)

庚寅六月三十日寅时得子(七律)

汪剑平先生以《书怀》诗见赠,次韵奉酬二首(七律)

城南行饭同主佑(五律)

1951 年

初登大雁塔(五古)

收入《雁塔诗词选》。

"五四"诗歌运动(论文)

《西北大学校刊》1951年"五四"专号。

1954 年

评《谈白居易的写作方法》(论文)

《光明日报》1954年1月9日。

收入《文学遗产选集》第1辑。

试论《红楼梦》的人民性（论文）

《光明日报》1954年3月27日《文学遗产》。

收入作家出版社《〈红楼梦〉问题讨论集》第4集。

金圣叹批改《西厢记》的反动意图（论文）

《光明日报》1954年5月21日《文学遗产》。

收入人民文学出版社《元明清戏曲研究论文集》第2集。

略谈《三国演义》（论文）

《语文学习》1954年11期。

收入作家出版社《〈三国演义〉研究论文集》。

1955年

典型问题商榷（论文）

《新建设》1955年3月号。

关于典型问题商榷（论文）

《新建设》1955年6月号。

《新建设》1955年7月号。

胡风的"真实的现实主义"批判（论文）

收入西安师院《教学与研究文辑》。

批判阿垄的诗歌理论（论文）

《人民文学》1955年8月号。

《新华月报》1955年10月号转载。

收入天津文联编辑、出版《批判胡风集团文艺思想第三集》。

评新版《西厢记》的版本和注释（论文）

作家出版社《〈文学遗产〉增刊》第1辑。

1956 年

过张茅(七古)

略谈《西游记》(论文)

《语文学习》1956 年第 2 期。

收入作家出版社《〈西游记〉研究论文集》。

略谈《莺莺传》(论文)

《光明日报》1956 年 5 月 20 日《文学遗产》。

试论形象思维(论文)

《新建设》1956 年 5 月号。

收入上海文艺出版社 1978 年出版《形象思维问题参考资料》第 1 集。

结论必须根据事实(论文)

《光明日报·文学遗产》120 期。

收入作家出版社《〈文学遗产〉选辑》第 1 辑。

朱光潜对文艺的特征把握住了一些什么东西(论文)

《延河》1956 年 12 期。

1957 年

文艺学概论(自著)

陕西人民出版社 1957 年出版。

此书原为著者讲授《文艺学》及《文学概论》课程时所编的讲义,1954 年被选为全国高等院校交流讲义,1955 年以后又作为函授讲义打印和铅印多次。1956 年修改后交出版社出版。全书共分 4 编,25 章,94 节。论述了文学的对象、形象、典型、阶级性、党性、人民性、民族性、社会作用、内容和形式、主题思想、人物、环境、情节、结构、语言、文学的种类和创作方法等问题,全国不少高校,曾选作教材或主要参考书。

《西厢记》简说(自著)

作家出版社 1957 年出版。1961 年又经过修订,由中华书局出版。

本书对我国古典戏曲名著《西厢记》故事的产生和发展,作了介绍,其中着重分析了作品中的戏剧冲突和人物形象,指出《西厢记》的主要思想和艺术成就,以及作者的思想倾向及其局限性,也谈到了《西厢记》在文学史上的影响,并批判了封建统治者及其文人对它的诬蔑或歪曲。

过曲阜(五律)

登青岛回澜阁(七律)

大港晚眺(七绝)

黄海即兴(七绝)

自上海回西安车中作(七古)

《元白诗选》中的几个问题(论文)

《光明日报》1957年3月31日《文学遗产》。

谈《儒林外史》(论文)

《语文学习》1957年第10期。

收入中华书局上海编辑所出版《古典文学作品解析》下辑。

诗的形象与诗人(论文)

《延河》1957年5月号。

批判冯雪峰文艺思想(论文)

《人民文学》1957年12期。

收入《社会主义现实主义论文集》,上海文艺出版社1958年出版。

1958年

《诗的形象及其他》(自著)

长江文艺出版社1958年出版。

创造性的继承传统,大力发展革命现实主义和革命浪漫主义相结合的文艺创作(论文)

《延河》1958年8月号。

收入《文艺报》编辑部出版的《论革命现实主义和革命浪漫主义相结合》

谈误解古典文学作品的几个例子(论文)

《光明日报》1958年5月4日《文学遗产》。

1959年

白居易诗选译(自译)

百花文艺出版社1958年7月第1版,此后多次重印。

为了探索新诗的民族形式,也为了使我国的古诗能够普及并永远流传,试用现代汉语和新诗形式翻译古典诗歌。本书精选白居易诗一百余首,按讽谕诗、闲适诗、感伤诗、杂律诗四类排列,分别编年,先列译诗,后附原诗及注释。

诗后附译白居易的重要诗歌论文《与元九书》,亦附原文及注释。

书前有近三万字的前言,对白居易的生平、时代、作品、理论及其对后世的影响,作了详明的介绍和评论。

从几篇小说看两结合(论文)

《人文杂志》1959年第1期。

西昆派与王禹偁(论文)

《人文杂志》1959年第5期。

论嵇康(论文)

《人文杂志》1959年第3期。

"五四"文学革命中两条道路斗争(论文)

《延河》1959年5月号。

漫谈中学古典文学教学问题(论文)

《〈广播教学〉集刊》1959年9月号。

1960年

林嗣环的《口技》(论文)

《语言文学》1960年第2期。

谈《醉翁亭记》的教学(论文)

《语文学习》1960年第2期。

王若虚反形式主义的文学批评(论文)

载《〈文学遗产〉增刊》第7辑。

论赵翼的《瓯北诗话》(论文)

载《〈文学遗产〉增刊》第9辑。

叶燮的反复古主义诗歌理论(上)(论文)

《光明日报》1960年5月5日《文学遗产》。

叶燮的反复古主义诗歌理论(下)(论文)

《光明日报》1960年5月12日《文学遗产》。

论梅尧臣诗歌题材、风格的多样性(论文)

载《〈文学遗产〉增刊》第11辑。

论苏舜钦的文学创作(论文)

载《〈文学遗产〉增刊》第12辑。

1961年

古典散文的范围问题(论文)

《光明日报》1961年5月21日《文学遗产》。

在争鸣中改进思想(论文)

《西安晚报》1961年6月。

大雁塔的诗(《长安诗话》专栏)

《西安晚报》1961年6月15日。

大雁塔的诗(续)

《西安晚报》1961年6月16日。

谈虎(杂文)

《光明日报·东风》1961年7月13日。

谈虎(续)

《光明日报·东风》1961年7月15日。

谈岳阳楼记(论文)

《光明日报·文学遗产》1961年7月23日。

收入《笔谈散文》,百花文艺出版社1964年出版。

抗旱诗话(杂文)

《陕西日报》1961年8月17日。

1962年

《滹南诗话》校注

人民文学出版社1962年5月北京第1版,1963年5月北京第2版,此后,多次重印。

与胡主佑合作。列入《中国古典理论批评专著选辑》丛书,与《六一诗话》、《白石诗话》合订。书前有两万字的前言,对原著作了比较全面的评论。

打虎的故事(自著)

少年儿童出版社1962年4月第1版,1979年第2次印刷,1981年第3次印刷,1983年第4次印刷,是该社《中国古典小丛书》中的一种。作者从所接触到的一千多条有关老虎的材料中精选出十八篇改写而成。前面有一万多字的前言。每一篇后,都有富于哲理意味的评论。前言和书中的许多篇,全国各报纷纷转载,儿童文学家魏金枝撰《打虎精神赞》高度评价,载《人民日报》。

论文艺风格的多样性(论文)

陕西省委《思想战线》1962年2月号。

杜甫的《夏日李公见访》

《西安晚报》1962年4月19日。

王粲《七哀诗》

《西安晚报》1962年5月12日。

在古典教学中贯彻毛泽东文艺思想的体会——纪念《讲话》发表二十周年(论文)

《延河》1962年5月号。

枣树的赞歌(杂文)

《光明日报·东风》1962年6月7日。

唐打猎(儿童文学)

《西安晚报》1962年6月9日。

话说打虎(散文)

《中国青年报》1962年6月22日。

话说打虎(续)

《中国青年报》1962年6月23日。

《长安道》和《长安有狭斜行》

《陕西日报》1962年7月2日。

古代长安歌谣

《陕西日报》1962年8月10日。

南山诗

《陕西日报》1962年8月22日。

谈蚊(杂文)

《光明日报·东风》1962年8月28日。

收入广东人民出版社1979年出版《随笔》第2集。

义鹘颂——谈杜甫的《义鹘行》

《光明日报·东风》1962年10月18日。

爱国心切谱壮词——谈辛弃疾《破阵子》

《光明日报·东风》1962年10月。

尺幅万里——杜诗艺术漫谈(论文)

载《〈文学遗产〉增刊》第13辑。

关于《三滴血》(散文)

《陕西日报》1962年7月。

四月下旬连得喜雨(七律)

赴骊山道中三首(七绝)

骊山杂咏七首(七绝)

题蔡鹤汀兄弟夫妇画展四首(七绝)

《陕西日报》1962年1月1日。

题孙雨廷先生《壶春东府》四首(七绝)

收入《洞庭诗选》,1983年洞庭湖文学杂志社出版。

雨廷先生出谜语"帽子",余打"戴高乐"(七绝)

收入《诗词曲联入门》,湖南科教语言音像出版社1990年版。

1963年

《瓯北诗话》校点

人民文学出版社1963年2月出版,1981年9月第2次印刷,此后多次重印。列入人民文学出版社丛书《中国古典文学理论批评专著选辑》。原著是清代著名学者、诗人赵翼的论诗专著,共12卷,对李白、杜甫、韩愈、白居易、苏轼、陆游、元好问、高启、吴伟业、查初白等唐宋元明清各代的重要诗人作了精辟的评论,并附有陆游的年谱及有关考证资料,是历代诗话中的重要著作。校点者以《清诗话》本为底本,用寿考堂、湛贻堂等《瓯北全集》本校勘、标点,并写了近万字的后记,对原著作了扼要评介。与胡主佑合作。

十四届国庆献辞六首(七律)

《西安晚报》1963年10月1日。

柳宗元的《童区寄传》

《延河》1963年第3期。

1964年

古人勤学的故事(自著)

天津人民出版社1964年出版。

此书中的若干篇,是六十年代初响应周总理狠抓"三基"、大练"基本功"的号召而写的。当时的《西安晚报》曾辟《奋勉集》专栏陆续发表。天津人民出版社出版前又增写多篇,每篇先排改编的故事,后附改编所根据的古文及注释。书前有八千字左右的前言。

胜利七场政委王无逸老友寄示生产建设兵团左齐政委《读胜利七场生产捷报》七律,因次原韵祝贺(七律)

新疆军区建设兵团《生产战线》1946年10月17日。

延安革命纪念馆内有战马遗体,意态如生,感而有作(五律)

同彭铎、持生谒杜祠次彭兄原韵(七律)

减字木兰花——登《为人民服务》讲话台(词)

正确地对待文学遗产(评论)

《延河》1964年第6期。

古文漫谈三题

陕西师范大学《科学研究论文选辑》1964年卷。

1965年

别邓宝珊先生(五律)

骂皇帝?还是爱皇帝?——对海瑞《治安疏》的剖析(论文)

《光明日报》1956年12月26日。

哪个阶级的"古为今用"?(论文)

陕西师范大学1965年《科学研究论文选辑》。

1968年

潜登大雁塔三首(七绝)

1970年

放逐偶吟四首(七律)

收入纽约美东中华诗友会会刊《海外艺丛》。

泾河杂咏(七律)

收入《五四以来诗词选》。

收入《海外艺丛》。

狗年除夕(七律)

1971 年
劳改偶吟二首(七律)
"文革"书感(七律)

1972 年
寄明儿二首(七律)
浪淘沙·示明儿(词)
寄光、辉两儿二首(七律)

1976 年
悼念周恩来总理二首(五律)
《陕西日报》1977 年 1 月 7 日。
寄秋岩苏州,求画梅(七绝)
《文学报》1982 年 4 月 29 日"作家书画"栏。

1977 年
元旦试笔(七律)
收入《中国当代诗词选》。
春节回天水,与友人夜话(七律)
纽约美东中华诗友会会刊《海外艺丛》。
清明书感二首(五律)
《岳麓诗词》总第 3 期。

1978 年
荀子《劝学》解析、庄子《庖丁解牛》解析
以上两篇,见陕西师范大学自印《中国古代文学作品选讲》第 1 册。

王之涣《登鹳雀楼》解析、崔灏《登黄鹤楼》解析、杜甫《自京赴奉先县咏怀五百字》解析、杜甫《北征》解析、柳宗元《敌戒》解析

以上五篇,见《中国古代文学作品选讲》第 2 册。

苏轼《刑赏忠厚之至论》解析、陆游《示儿》解析、范成大《催租行》解析、元杂剧《李逵负荆》解析。

以上四篇,见《中国古代文学作品选讲》第 3 册。

形象思维第一流——读毛主席《贺新郎·读史》

《西安晚报》1978 年 9 月 13 日。

郭克画枇杷、梅花两幅见寄,各题一绝(七绝)

鹧鸪天——万里鹏程片隙过(词)

收入《中国当代诗词选》。

水天同教授回兰州讲学,冒雨来访,赋诗送行(七律)

收入《当代诗词》总第 7 期。

1979 年

《原诗》、《诗说晬语》校注(自著)

人民文学出版社 1979 年出版。

此书为《中国古典文学理论批评专著选辑》丛书中的一种。叶燮的《原诗》用文学发展的眼光论诗,穷流溯源,对诗歌的继承、创新以及创作规律等重大问题,提出了精辟的见解,是我国古典文学理论的杰作。《说诗晬语》的作者沈德潜是叶燮的学生。他的论诗著作,可与《原诗》共读。长篇前言对原著的优缺点作了深入细致的分析和评论。

从杜甫的《北征》看"以文为诗"(论文)

《人文杂志》1979 年第 1 期。

缅怀先烈促四化——喜读叶副主席新作

《西安晚报》1979 年 4 月 26 日

柳宗元《永州八记》选讲

上海《语文学习》1979 年第 2 期。

柳宗元《永州八记》选讲(续)

上海《语文学习》1979年第3期。

"情动于中而形于言……"(论文)

《思想战线》1979年第3期。

读《茅屋为秋风所破歌》

《南京大学学报》1979年第3期。

再谈林嗣环的《口技》

《陕西教育》1979年第3期。

诗的"直说"及其他——对毛主席给陈毅同志谈诗的一封信的理解(论文)

《陕西师范大学学报》1979年第3期。

彻底解放文艺生产力(评论)

《延河》1979年第1期。

重谈形象思维——与郑季翘同志商榷(论文)

《陕西师范大学学报》1979年第4期。

挽郑伯奇同志(七律)

《陕西日报》1979年2月18日。

《当代诗词》总第7期。

友好歌声播五洋三首——赠日本京都学术代表团(七绝)

《西安晚报》1979年5月22日。

水调歌头——悼念周总理(词)

《西安晚报》1979年1月8日。

收入《湖湘诗萃》创刊号。

滇游杂咏十二首(七绝)

《云南日报》1979年4月1日。《滇池》1979年第2期、第3期连载。

《桂林诗词》第1集。《飞天》1982年6月号。

石林行(七古)

广州《诗词集刊》1983年第1期。

收入《岳麓诗词》总第 5 期。

昆明遇南雍同学(七绝)

收入《岷峨诗稿》第 8 期,巴蜀书社 1987 年出版。

成都谒武侯祠(七律)

游草堂口占(七绝)

参加中国文学艺术工作者第四次代表大会感赋(七律)

《五四以来诗选》,河南大学出版社 1987 年出版。

登慈恩寺塔,怀江南友人(七绝)

《解放日报》1982 年 1 月 13 日。

《岷峨诗稿》总第 8 期,巴蜀书社 1987 年。

1980 年

勤学苦练的故事(自著)

陕西人民出版社 1980 年出版,1981 年第二次印刷,1982 年第三次印刷。在长篇《前言》之后,编排四十篇作品,有关古人治学的典型事例,都包括其中。

提倡题材、形式、风格的多样化是我国古代诗论的优良传统(论文)

《古代文学理论研究》第 2 辑,上海古籍出版社 1980 年出版。

杜甫《石壕吏》赏析

《陕西师范大学学报》1980 年第 1 期。选入人民文学出版社《唐诗鉴赏集》,题为《其事何长,其言何简》。《名作欣赏》1981 年第 2 期转载。中央广播电台广播后收入《阅读与欣赏》第 6 册,题为《藏问于答,独辟蹊径》。

从一首"偷春格"的诗谈起

《长安》1980 年第 1 期。

马总赠日本僧空海离合诗

《长安》1980 年第 4 期。

白居易《长恨歌》赏析

《陕西教育》1980年第6期。选入上海教育出版社《唐诗赏析》。

"宫市"与卖炭翁

《长安》1980年第7期。

见山楼说诗

载《人文杂志》丛刊《文丛》，1980年出版。

说王湾《次北固山下》

《光明日报》1980年10月22日。

"沙堤"与"官牛"

《长安》1980年第8期。

说温庭筠的《商山早行》诗

《长安》1980年第9期。

白居易《琵琶行》赏析

《陕西教育》1980年第10期。

自蜗居搬入教授楼最高层，地接杏园，雁塔、终南，皆在眼底，喜赋(七律)

《岳麓诗词》总第16期。

《岷峨诗稿》第5期，巴蜀书社1987年出版。

全国红学会在哈尔滨友谊宫召开，口占一绝(七绝)

《黑龙江日报》1980年7月23日。

《厦门文艺》1981年第3期。

同舒芜、周绍良乘群众游艇夜泛松花江(七律)

日本《吟咏新风》昭和62年9月号。

纽约美东中华诗友会会刊《海外艺丛》。

东湖即兴(七律)

《厦门文艺》1981年第3期。

日本《吟咏新风》昭和62年9月号。

赤壁留题(七绝)

《赤壁文艺》1981年第1期。

《厦门文艺》1981年第3期。

念奴娇——庚申初冬游赤壁,次东坡韵(词)

《中国当代诗词选》。

《岳麓诗词》1984年试刊号。

《湖湘诗萃》创刊号,岳麓书社1984年版。

《厦门文艺》1981年第3期。

1981年

文艺散论(自著)

中国社会科学出版社1981年出版。收入著者"文化大革命"前所写的学术论文二十多篇。论嵇康、王禹偁、苏舜钦、梅尧臣等篇,属于作家论范畴。《情动于中而形于言》、《诗的"直说"及其他》、《诗与散文的完美结合》、《从杜甫的〈北征〉看"以文为诗"》、《文中有诗》、《必创前古所未有而后可传世》、《尺幅万里》、《形象思维第一流》、《重谈形象思维》、《提倡题材、形式、风格的多样化是我国古代诗论的优良传统》等篇,则结合创作实践,探索我国传统文学理论的民族特点,其目的在于建立具有中华民族特色的马列主义文艺理论。

白居易诗译析(自著)

黑龙江人民出版社1981年出版,1982年再版,在著者五十年代出版的《白居易诗选译》的基础上改写而成,抽去数篇,增加十多篇,保留篇目的译文和原作的注释;都作了大幅度的修改。每篇先译文,后附原作及注释,最后对原作作艺术分析,出版社作为新书,精装出版。曾获黑龙江出版局1981年出版物荣誉奖。又与《文艺散论》等书一起,获陕西省社联荣誉奖。

说李商隐《马嵬》等三首诗

《唐代文学》第1期,1981年西北大学学报丛刊号。

"诗述民志"——孔颖达诗歌理论初探(论文)

《古代文学理论研究》1981年第1期,上海古籍出版社1981年出版。

论莫泊桑短篇小说的艺术特色(论文)

《山西师范学院学报》1981年第1期。

《莫泊桑中短篇小说赏析》用为序言,此书陕西人民出版社1984年出版。

说杜甫《无家别》

收入《唐诗鉴赏集》,人民文学出版社1981年出版。

反阉党的战歌——论《五人墓碑记》及其他(论文)

《人文杂志》1981年1期。

说白居易的《卖花》

《长安》1981年第1期。

在纪念吴敬梓诞生280周年学术讨论会上的发言

载吴敬梓诞辰280周年纪念专刊《吴敬梓研究》。

关于《柏梁台诗》

《陕西教育》1981年第1期。

说白居易《轻肥》

《长安》1981年第3期。

如何看待《西厢记》中的"才子佳人"(论文)

《文艺报》1981年第1期。

"意馀于象"一例——说王维《终南山》

《文艺理论研究》1981年第4期。

诗园摘艳

《群众艺术》1981年第5期。

说杜甫的《月夜》

《长安》1981年第5期。

白居易的《昆明湖》与《杜陵叟》

《长安》1981年第5期。

祖咏的《终南望馀雪》

《长安》1981 年第 5 期。

谈《巴黎油画记》

全国语文教学法研究会《教学通讯》文科版 1981 年第 5 期。

说杜荀鹤《再经胡城县》

《名作欣赏》1981 年第 5 期。

《明人小品选》序

《理论研究》1981 年第 5 期。

镇江师专《教学与进修》1982 年第 1 期转载。

贾岛《寻隐者不遇》

《长安》1981 年第 10 期。

说苏轼的《江城子》

《陕西教育》1981 年第 1 期。

十八院校合编古文论教材审稿在重庆召开,公推余任主编,因赋小诗,赠与会同志(五律)

《岷峨诗稿》总第 11 期,巴蜀书社 1988 年出版。

与主佑及中大校友陈君游沙坪坝,遂至松林坡,口占三绝(七绝)

南宁《昆仑诗刊》1982 年号。

《岷峨诗稿》总第 8 期,巴蜀书社 1987 年出版。

于济南参加全国第二次《红楼梦》学术讨论会,会间游泰山,欣赋两绝(七绝)

《红楼梦学刊》1982 年第 1 期,百花文艺出版社 1982 年版。

题醉翁亭(七绝)

题宝宋斋,中有苏东坡书《醉翁亭记》刻石(七绝)

访全椒吴敬梓故居(七绝)

《徐州报》1981 年 10 月 24 日。

首届《水浒》学术讨论会在武昌召开,应邀参加,喜赋绝句五首(七绝)

《水浒争鸣》特辑,武汉师范学院学报编辑部 1982 年版。

南宁《昆仑特刊》1982年卷。

黄山三题(七绝)

访母校南京中央大学旧址(五律)

东湖长天楼屈原研究座谈会口占(七绝)

1982年

西厢述评(自著)

陕西人民出版社1982年出版。此书在作家出版社和中华书局出版的《西厢记简说》的基础上改写而成,后附修订《后记》。出版社作为新书,列入《戏曲理论丛书》出版。

文艺学简论(自著)

中国社会科学出版社1982年出版。此书以著者五十年代中期出版的《文艺学概论》为基础,抽掉若干章节,增加若干章节,对保留的章节也作了大幅度的修改和补充,故出版社作为新书出版。中国社会科学院文学研究所当代文学研究室编著、中国社会科学出版社1985年出版的《新时期文学六年》在总结新时期文艺理论的基本建设工作时,对此书给予突出的地位进行评价,说它"论证扎实,例证丰富,对文艺内在规律的探讨颇见功力,也十分引人注目"。

含蓄一例——说杜甫《曲江》二首

《文艺理论研究》1982年第1期。

含蓄蕴藉,寄托遥深——说张九龄《感遇》诗

《名作欣赏》1982年第1期。

说杜甫的《宿府》

中华书局《文史知识》1982年第2期。

治学经验谈

《江海学刊》1982年第2期。

谈一些学习经历

《沈阳师范学院学报》1982年第2期。

一篇对"宫市"的控诉书

《教学通讯》1982年第3期。选入中州书画社《古典文学名篇赏析》第2辑。

论白居易的田园诗(论文)

《陕西师范大学学报》1982年第3期。

《燕丹子》成书时代及在我国小说发展史上的地位(论文)

《文学遗产》季刊1982年第4期。

要加强对唐诗的研究(论文)

《光明日报》1982年4月22日。

润物细无声——说杜甫《春夜喜雨》

《陕西日报》1982年5月13日。

说杜甫《送郑十八虔贬台州……》

《陕西日报》1982年5月20日。

《咏华山诗选》序

见陕西人民出版社1982年出版《咏华山诗选》。

曲折深婉,余味无穷——说李商隐《夜雨寄北》

《陕西日报》1982年7月22日。选入中州书画社《古典文学名篇赏析》。

深入浅出,情深意远——说白居易《邯郸冬至夜思家》

《陕西日报》1982年8月12日。

大度汪汪似海溟——回忆邓宝珊先生(散文)

《团结报》1982年11月27日。

从《山石》看韩诗的本色(论文)

《光明日报》1982年12月21日,中央广播电台广播,广播稿收入《阅读与欣赏》。

"根情、苗言、华声、实义"——一个现实主义的诗歌定义(论文)

《古代文学理论研究》第4辑,上海古籍出版社1982年出版。

首届唐诗讨论会在我校召开,海内学人,纷纷应邀,喜赋拙诗相迓

(七律)

《当代诗词》第 2 期,花城出版社 1982 年出版。

《昆华诗刊》第 1 集。

《唐代文学论丛》总第 5 集,陕西人民出版社 1984 年出版。

《丝绸之路诗词选》,新疆青少年出版社 1987 年出版。

香港《嘉讯》第 19 期,1982 年 9 月 25 日出版。

选入纽约四海诗社编印《全球当代诗词选》上下卷合订本,1990 年纽约版。

唐诗讨论会杂咏(七绝)

收入《当代诗词》第 2 期。

收入《昆仑诗刊》1982 年卷。

成都杜甫研究学会第二届年会在浣花草堂召开,因事不克赴约,写寄三绝(七绝)

收入《当代诗词》第 4 集。

收入《岷峨诗稿》第 14 集。

赠丘良任先生(五律)

《当代诗词》总第 7 期。

谒杜公祠书感,次苏仲翔先生韵(七律)

《唐代文学论丛》总第 5 辑。

选入纽约《海内外》1984 年 10 月第 12 期。

辽宁省第四次红学讨论会于棒棰岛举行,应邀参加,海滨即目,吟成四绝(七绝)

收入《大连师专学报》1982 年增刊。

棒棰岛宾馆楼顶闲眺(七律)

《洞庭湖诗选》,洞庭湖文学杂志社 1983 年出版。

日本《吟咏新风》昭和 62 年 9 月号。

纽约《海内外》1984 年 10—12 期。

洛阳杂咏八首(七绝)

《洛阳日报》1982年9月23日。

收入《当代黄河诗词选》,河南人民出版社1988年版。

同主佑游嵩山少林寺(七律)

收入《少林寺诗选》,河南人民出版社1984年版。

少林寺立雪亭书感(七古)

收入《少林寺诗选》。

题嵩阳书院(五律)

收入纽约《海内外》1984年10—12期。

主持郑大研究生答辩毕,漫游开封(五律)

收入纽约《海内外》1984年10—12期。

题汤阴岳飞纪念馆(七律)

收入《汤阴岳飞纪念馆题咏集》。

升杰来信言家乡近况(七绝)

收入《陇上吟》,甘肃人民出版社1989年出版。

题茹桂《书法十讲》(七律)

见《书法十讲》,陕西人民美术出版社1986年出版。

读张慕槎《雁荡吟》(七律)

读李国瑜近作二首(七绝)

参加教育部《中国历代著名文学家评传》审稿会,偶吟小诗二首(七绝)

赠于植元教授(七律)

王达津师寄诗见怀,赋小诗奉酬(七律)

诗贵情真——董晴野诗集序

《天水文学》1991年第1期。

西和马氏族谱序

维谦诗草序

不知津草庐诗存序

1983 年

唐诗鉴赏辞典(领衔撰稿)

上海辞书出版社 1983 年出版,多次重印,印数已逾百万册。撰稿五十多篇。

唐代文学研究年鉴·1983 年卷(主编)

陕西人民出版社 1984 年出版。此系中国唐代文学学会会刊,分十多个栏目,反映唐代文学 1982 年研究概况。

"独上高楼望大荒"——说柳宗元诗

《名作欣赏》1983 年第 1 期。

学习马克思的治学精神——纪念马克思逝世一百周年(论文)

《陕西师范大学学报》1983 年第 1 期。

使"握军要者切齿"的诗

《陕西日报》1983 年 3 月 31 日。

说陆游《剑门道中遇微雨》

《陕西师范大学学报》1983 年第 2 期。

山色不言语——说王质的《山行即事》

中华书局《文史知识》1983 年第 7 期。

英雄人物看今朝——《〈沁园春〉词话》序

见《〈沁园春〉词话》,陕西人民出版社 1983 年出版。

苏诗例释(论文)

《文史哲》1983 年第 6 期。

陆诗鉴赏两题

《山西师范学院学报》1983 年第 4 期。

酬日本文化研究所所长大井清教授(七律)

日本《吟咏新风》昭和 58 年新春号。

纽约《四海诗声》第 2 辑,纽约四海诗社编印。

《洞庭诗选》,洞庭湖文学杂志社 1983 年编印。

中国古代文学理论会在广州珠岛宾馆召开,喜赋三首(七律)

广州《诗词集刊》1983年第3期。

祝骊山学会成立,并贺《骊山古迹名胜志》出版(七律)

《西安晚报》1983年10月5日。

《骊山古迹名胜志》扉页。

青海文学学会成立,会长聂文郁教授驰书索诗,赋此祝贺,并题文集(七律)

《青海文学学会论文集》,青海人民出版社1984年出版。

参加岳麓诗社雅集,住湘江宾馆,喜赋(七律)

《岳麓诗词》总第3期。

《岳麓诗声》1985年第1期。

纽约《海内外》1984年10—12期。

《长沙市文艺作品丛书·诗词卷》。

随诗社诸公渡湘江,游岳麓山,遂至岳麓书院小憩,诸公多吟诗作书,因赋一律以纪之(七律)

《岳麓诗声》1985年第1期。

《长沙市文艺作品丛书·诗词卷》。

南岳杂咏六首(五绝)

《武陵诗词》,中国文联出版公司1987年出版。

纽约《海内外》1984年10—12期。

题衡阳回雁峰四首(七绝)

广州《诗词集刊》1984年第1期。

陪内子至澧县访旧居二首(七绝)

《武陵诗词》,中国文联出版公司1987年出版。

纽约《海内外》1984年10—12期。

长沙开会讲学期间,便中游南岳,凌绝顶、下山已岁暮矣。乘特快列车返陕,车中过元旦,口占一绝以抒豪情(七绝)

广州《诗词集刊》1984年第1期。

赴广州参加中国古代文学理论会,三日抵达,适遇大雨(七绝)

寄李汝伦三首(七律)

酬三馀轩主人(七绝)

车中杂咏五首(七绝)

酬庄严教授见赠二首(七绝)

酬田翠竹先生见赠(七绝)

酬南岳诗社社长羊春秋教授见赠(七律)

船山书院留题(七古)

过宁乡花明楼(七绝)

1984 年

唐宋诗文鉴赏举隅(自著)

人民文学出版社 1984 年出版，1986 年第二次印刷。分六十多个专题，对近一百篇唐宋诗文名作的艺术蕴含作了多角度、深层次的阐发。不少刊物，发表了罗宗强、吴功正等专家的长篇评论。有些篇章，港台及国外刊物多有转载。

唐代文学研究年鉴·1984 年卷(主编)

陕西人民出版社 1984 年出版，此卷分"一年研究情况综述"、"一年论文摘要"、"一年学术活动"、"国外研究动态"等十多个栏目。

全国唐诗讨论会论文选(主编)

陕西人民出版社 1984 年出版。从首届全国唐诗讨论会收到的近百篇论文中精选 33 篇，并写前言和后记。

唐诗探胜(主编)

中州古籍出版社 1984 年出版，与林从龙共任主编，组织海内专家数十人撰稿，体现了唐诗研究新成果。

题《黄河诗词》(七绝)

《郑州晚报》1984 年 6 月 5 日。

《当代黄河诗词选》，河南人民出版社 1988 年版。

黄河游览区抒怀(七律)

《当代诗词》总8期、9期合刊,花城出版社1986年版。

《当代黄河诗词选》。

登郑州二七烈士纪念塔(七律)

《郑州晚报》1984年5月30日。《当代诗词》总8期、9期合刊。

《郑州年鉴》建国四十周年增刊。《当代黄河诗词选》。

浙游杂咏九首(七绝)

《湖湘诗萃》第1期,湖南文艺出版社1986年出版。

祝洛阳大学学报创刊(七绝)

《洛阳大学学报》创刊号。

题雁北师专学刊(七律)

《雁北师专》第2期,1984年9月1日。

登应县木塔(七律)

收入《当代诗词》总12期。

选入日本《吟咏新风》,昭和62年9月号。

游五台(七律)

收入《当代诗词》总13期。

重游兰州二首(七律)

《甘肃日报》1984年8月21日。

《陇上吟》,甘肃人民出版社1989年出版。

《丝绸之路诗词选》,新疆青少年出版社1987年版。

《当代八百家诗词选》,浙江大学出版社1990年版。

宁卧庄消夏(五律)

收入《陇上吟》、《丝绸之路诗词选》。

自敦煌乘汽车至古阳关,缅想丝绸之路,口占一律(五律)

收入《丝绸之路诗词选》。

赠兰州裴慎医师(五律)

《岳麓诗词》总第3期。

祝中国韵文学会成立(七绝)

《湖南日报》1984年11月28日。

收入《湖湘诗萃》第2期。

登长沙天心阁(五律)

《长沙市文艺作品丛书·诗词卷》。

日本《吟咏新风》昭和62年9月号。

偕中国韵文学会诸公登岳阳楼(五律)

《长沙市文艺作品丛书·诗词卷》。

寄叶嘉蒙教授(五律)

黄河摇篮曲(七古)

别张挥之(七绝)

游云冈石窟(五律)

游悬空寺(五律)

赠蔡厚示教授(五律)

满庭芳——国庆三十五周年献词(词)

《陕西师范大学学报》1984年10月10日。

水调歌头——登岳阳楼(词)

《光明日报》1984年6月23日。

收入《岳阳楼大修征集作品选》。

收入光明日报出版社1985年出版《〈东风〉旧体诗词选》。

"断代"的研究内容与非"断代"的研究方法(论文)

载《唐代文学研究年鉴》,陕西人民出版社1984年出版。

中天月色好谁看——说杜诗《宿府》

载《古典诗词名篇鉴赏》。

清明时节话清明(散文)

《陕西日报》1984年4月5日。

减字木兰花四首——西湖抒情(词)

载《词学》第7辑《词苑》栏,华东师范大学出版社1989年出版。

绝妙的讽刺小品。

《名作欣赏》1984年第1期。

江湖夜雨十年灯

《文史知识》1984年第2期。

阳春召我以烟景

《旅游天地》1984年第2期。

论于右任诗的创新精神（论文）

《人文杂志》1984年第5期。

论诗中用数字

《唐诗探胜》，中州古籍出版社1984年出版。

《唐诗探胜》前言

宋诗鉴赏二题

《辽宁大学学报》1984年第5期。

感、视、听觉的交替与综合（论文）

纽约《海内外》1984年10—12期。

1985年

唐代文学研究年鉴·1985年卷（主编）

陕西人民出版社1985年出版。分十多个栏目，全面反映了1984年唐代文学研究概况。

野火烧不尽——说白居易《赋得古原草送别》

《文史知识》1985年第1期。

关于练基本功（治学经验谈）

《文史哲》1985年第1期。

《中国历代诗歌类编》序

河南教育出版社1988年出版。

《教学通讯》1985年第1期。

《中州书林》，1986年9月5日。

王绩诗小议

《夜读》1985年第3期。

金坛段玉裁纪念馆落成(七律)

收入《岳麓诗词》总第7期。

赠马生宏毅(五古)

收入《渭滨吟草》。

登黄鹤楼(七律)

《光明日报》1985年5月12日。

日本《吟咏新风》,昭和62年9月15日出版。

兰州晚报创刊五周年(七绝)

载《兰州晚报创刊五周年纪念》。

收入《陇上吟》。

采石太白楼诗词学会成立感赋(七古)

《太白楼诗讯》1985年总第4期。

《岳麓诗词》总第12期。

林则徐二百周年诞辰,有感于戍新疆事,偶吟八句(七律)

载福州市编印《纪念林则徐诗词特辑》。

收入《福建诗词》第1集,福建教育出版社1989年版。

寄题许慎纪念馆(七律)

《岳麓诗词》总第7期。

第三届《水浒》讨论会在秦皇岛召开(七绝)

《秦皇岛日报》1985年8月29日。

收入《耐庵学刊》,江苏大丰县施耐庵研究会编印。

山海关抒怀(七律)

《秦皇岛日报》1985年8月29日。

《东坡赤壁诗词》1985年第3期。

《岳麓诗词》1989年第3期、第4期合刊。

得端砚(五律)

《岷峨诗稿》第11期。

赠周兆颐四首(七绝)

《飞天》1986年第1期。

陕西人民出版社成立三十周年(七律)

载《陕西人民出版社成立三十周年》。

读《于右任诗集》十首(七绝)

收入《于右任诗歌萃编》,陕西人民出版社1986年出版。

寄李易(七古)

《岳麓诗词》总第10期。

友人嘱题狱中诗草(五古)

题红茶山房煮茗图,次原韵二首(七绝)

全国外语院系汉语研究会在西安召开,应邀出席开幕式,赋诗祝贺(七律)

酬日本坂田新教授五首(七绝)

楼观台杂咏五首(五绝)

1986年

白居易诗选译(自译)

百花文艺出版社1986年出版。在1958年版的基础上作了较大幅度的修改,后加《修订本后记》。

中国古代文论名篇详注(主编)

上海古籍出版社1986年出版。此系高校文科教材。受国家教委委托,按主编责任制要求,组织十六院校有关教师编写,最后认真细致地修改了全部书稿。

中国近代文论名篇详注(主编)

贵州人民出版社1986年出版。此书与《中国古代文论名编详注》配套,受国家教委委托,组织十七院校有关教师编写,最后修改、审定全部书稿。

中国古典文学(主编)

陕西人民教育出版社1986年出版。此系自修大学中文专业教材，全书共44讲，先在《陕西教育》连载，后应读者要求整理出版。

唐代文学研究年鉴·1986年卷（主编）

陕西人民出版社出版。

中国古典文学声情掇萃（主编）

扬子江音像出版社1986年出版。这套教学磁带共十盘，与林从龙共任主编，精选有代表性的诗、词、曲共五十八首，各有精练的讲解。原作由专家吟诵，讲解词由著名播音员红云、方明播讲。吟诵原作时，配以历史名曲，以渲染原作的意境。其讲解词，又汇编为《古诗词曲欣赏》，由河南教育出版社出版。

日出江花红胜火——说白居易词

《中文自学指导》1986年第1期。

《村行》浅析

《文艺学习》1986年第2期。

说李贺《雁门太行》

《唐都学刊》1986年第2期。

《意境·风格·流派》序

广东人民出版社1986年出版。

《书法十讲》序

陕西人民出版社1986年版。

玉辇何由过马嵬——马嵬诗漫谈（散文）

收入《汉唐文史漫论》，陕西人民出版社1986年出版。

说李白《金陵酒肆留别》

《中文自学指导》1986年第11期。

《郭沫若史剧理论研究》序

《人文杂志》1986年第6期。

《九僧》、《寇准》、《梅尧臣》、《苏舜钦》、《李觏》、《文同》、《王令》、《杨万里》、《范成大》、《四灵》、《徐玑》、《徐照》、《翁卷》、《赵师秀》、《朱

熹》、《文天祥》、《汪元量》、《郑思肖》、《林景熙》等二十篇(作家评传)

载《中国大百科全书·中国文学卷(一)》,中国大百科全书出版社1986年出版。

摘除白内障,双目复明(七律)

《岷峨诗稿》第6期,巴蜀书社1987年出版。

武鸣伊岭岩杂咏九首(七绝)

《伊岭岩诗稿》,广西民族出版社1987年版。

《南宁风光诗词选》,广西民族出版社1990年版。

《洞庭诗词选》第4辑。

黄河游览区杂咏二首(七绝)

《当代诗词》总8期、9期合刊,花城出版社1986年版。

《当代黄河诗词选》,河南人民出版社1988年版。

题罗国士神农架山水长卷(七古)

见《罗国士书画集》,陕西人民美术出版社1988年版。

祝河南黄河诗社成立(五古)

载《黄河诗社成立大会纪念册》。

祝日中友好唐诗协会机关杂志《一衣带水》创刊(七律)。

日本京都《一衣带水》创刊号。

茂陵怀古(七律)

《光明日报》1987年6月14日。

《丝绸之路诗词选集》,新疆青少年出版社1987年出版。

《当代八百家诗词选》,浙江大学出版社1990年版。

《岷峨诗稿》第9期,巴蜀书社1988年版。

《中华诗词年鉴》1988年版。

霍去病墓(七律)

《岷峨诗稿》第9期。《当代八百家诗词选》。《丝绸之路诗词选集》。

李夫人墓前书感(七律)

《岷峨诗稿》第 9 期。

题秦陵兵马军阵展览(七绝)

《岷峨诗稿》第 9 期。

教师节书怀(五律)

《东坡赤壁诗词》1986 年第 4 期。《渭南教研》1987 年第 4 期。《文化周报》1986 年 10 月 1 日。

赴泰车中书感五首(五古)

双目复明,登岱放歌(七律)

高元白教授出示于右任翁祭其先德高又宣先生文,快读数过,题诗七首(七绝)

丙寅暮春全国唐代文学学会第三次讨论会于洛阳召开,适逢牡丹花会,喜赋(七律)

赠程莘农教授(七律)

贺阎明教授新居落成(七律)

1987 年

《西厢》汇编(自编)

山东文艺出版社 1987 年精装出版。汇集各种《西厢》及有关《西厢》故事来源的代表作,并写长篇前言,对所收作品逐一评介。

唐代文学研究年鉴·1987 年卷(主编)

陕西师范大学出版社 1987 年出版。

古文鉴赏辞典(顾问、领衔撰稿)

江苏文艺出版社 1987 年出版。

宋诗鉴赏辞典(领衔撰稿)

上海辞书出版社 1987 年出版。

中国文学史自学考试大纲(参编)

华东师范大学出版社 1987 年出版。与章培恒、金启华、郭预衡四人合写,本人完成先秦、两汉、魏晋南北朝部分。

《吊屈原》论析

《河北师范学院学报》1987年第1期。

《古代戏剧赏介辞典·元曲卷》序

《陕西师范大学学报》1987年第1期。

徐昌图《临江仙(饮散离亭)》赏析、辛弃疾《定风波(少日情怀)》赏析、辛弃疾《鹧鸪天(晚日寒鸦)》赏析、辛弃疾《醉太平(态浓意远)》赏析、辛弃疾《锦帐春(春色难留)》赏析、辛弃疾《满江红(莫折荼蘼)》赏析、辛弃疾《满江红(两岸崭岩)》赏析

以上七篇,见《宋词鉴赏辞典》,北京燕山出版社1987年出版。

杜甫《咏怀五百字》等译诗四篇(古诗今译)

见《唐诗今译集》,人民文学出版社1987年出版。

《陈子昂评传》序

西北大学出版社1987年出版。

跟踪春风的脚步

《光明日报》1987年3月24日。

辛弃疾和韵词中的佳作(论文)

《古典文学知识》1987年第4期。

关于《唐诗小史》

《博览群书》1987年第9期。

《西安晚报》1987年5月30日。

漫谈自学

《育才报》,1987年9月9日、16日连载。

收入《名家谈自学》,兰州大学出版社1988年出版。

唐诗概况——《中国历代文学名篇欣赏·唐诗卷》前言

贵州人民出版社1987年出版。

《文学社会理论研究》序

《人文杂志》第5期。

《古代文学史语词辞典》序

四川人民出版社 1987 年出版。

谈王安石《答司马谏议书》

《中文自学指导》1987 年 12 月号。

《魏晋三大思潮论稿》序

陕西人民出版社 1987 年出版。

祭黄帝陵文(四言韵文)

收入《黄帝祭文集》,西北大学出版社 1991 年出版。

自学——成才的必由之路

《陕西日报》1987 年 2 月 18 日。

湖北安陆李白纪念馆落成(七古)

《岷峨诗稿》第 7 期,巴蜀书社 1987 年版。

南雍老同学易森荣来访,话旧终宵(七律)

《岳麓诗词》总第 9 期。

贺《人文杂志》创刊三十周年(七律)

《人文杂志》1987 年第 1 期。

贺中华诗词学会成立(五古)

载《中华诗词特辑》。《岷峨诗稿》第 6 期。

与日本第一次日中友好汉诗访华团联欢,即席题赠四首(七绝)

日本京都《一衣带水》3 号。

天水市国画在西安展出(七绝)

《陕西日报》1987 年 3 月 19 日。

收入《陇上吟》,甘肃人民出版社 1989 年版。

美籍甘肃人袁士容女士归国祭扫黄陵,与余相遇桥山,畅叙乡谊(七律)

《岷峨诗稿》第 13 期,巴蜀书社 1989 年版。

《广西诗词》,广西人民出版社 1989 年版。

丁卯端阳节在京成立中华诗词学会,国内外与会者近五百人,赋诗纪盛(七律)

《广西诗词》。《中华诗词特辑》。

新常德颂(五律)

《湖南诗词》,湖南文艺出版社 1989 年版。

《长沙市文艺作品丛书·诗词卷》。

题华锺彦教授《五四以来诗词选》(七律)

见《五四以来诗词选》,河南大学出版社 1987 年版。

收入《广西诗词》。

游桃花源二首(七绝)、索溪峪观奇峰(七绝)、索溪峪夜起(七古)、游黄龙洞(七绝)、游常德德山柱水(七古)

以上诸篇,收入《武陵诗词》。

游十里画廊(七绝)

收入《长沙市文艺作品丛书·诗词卷》。

宝峰湖放歌(七古)

自书,刻于常德诗墙。

《光明日报》1987 年 9 月 13 日。

《长沙市文艺作品丛书·诗词卷》。

赞民兵发现黄龙洞(七绝)

《长沙市文艺作品丛书·诗词卷》。

应明治大学客员教授之聘,自上海飞东京、喜赋小诗(七绝)

《岷峨诗稿》第 10 期。《当代八百家诗词选》。

《中华诗词年鉴·1989 年版》中国民间文艺出版社出版。

日本《福井新闻》昭和 63 年 9 月 5 日。

赠日本明治大学(七律)、参观静嘉堂文库二首(七绝)

《岷峨诗稿》第 10 期。

日本《福井新闻》昭和 63 年 9 月 5 日。

东京(七绝)、名古屋日本中国学会遇门人马歌东(七绝)

《岷峨诗稿》第 10 期。

日本《福井新闻》昭和 63 年 9 月 8 日。

奈良中秋夜望月(七绝)、重阳节离日飞沪(七绝)

《岷峨诗稿》第 10 期。

日本《福井新闻》昭和 63 年 9 月 5 日。

按：日本讲学期间所作诗多首，由福井大学前川幸雄教授用日语翻译，并加解说，发表于昭和 63 年 9 月 5 日—8 日《福井新闻》，先刊原诗，接着是译诗，最后是解说。

赠东洋文库(七绝)、亚细亚文化会馆楼顶观东京夜景(七绝)、赠岩崎富久男教授四首(七绝)、赠信州大学英语教授桥本功(七绝)、赠西岗晴彦教授四首(七绝)

1988 年

中国古典小说六大名著鉴赏词典(主编)

华岳文艺出版社 1988 年出版。任主编，组织人力，设计框架，撰写前言。

唐代文学研究年鉴·1988 年卷(主编)

陕西师范大学出版社 1988 年出版。

元曲鉴赏词典(参编、顾问)

中国妇女出版社 1988 年出版。

古汉语虚词用法辞典(参编)

陕西人民出版社 1988 年出版，为编写者之一，参加编写工作达三年之久。

白居易评传

载《中国古代文论家评传》上册，中州古籍出版社 1988 年出版。

《童区寄传》等五篇古文赏析

收入《中学古文鉴赏手册》，江苏文艺出版社 1988 年出版。

白居易《忆江南》词三首赏析

收入《唐宋词鉴赏词典·唐五代北宋卷》，上海辞书出版社 1988 年出版。

辛弃疾《破阵子(醉里挑灯)》赏析

收入《唐宋词鉴赏词典·南宋辽金卷》，上海辞书出版社 1988 年出版。

王禹偁《村行》等十二篇赏析

收入《历代名篇赏析集成》（上、下），中国文联出版公司 1988 年出版。

王若虚评传

载《中国古代文论家评传》下册，中州古籍出版社 1988 年出版。

中国古典诗歌中的喜剧意识（论文）

《喜剧世界》，1988 年创刊号。

白居易诗歌理论的再认识（论文）

《河南社联》1988 年 2 月号。

研究韵文，开创一代新诗风（论文）

《中国韵文学刊》创刊号。

漫谈古诗今译（论文）

《陕西日报》1988 年 2 月 29 日。

"遭世罔极，乃殒厥身"

收入《楚辞鉴赏集》，人民文学出版社 1988 年出版。

普救寺里说《西厢》（散文）

《山西日报》1988 年 4 月 24 日。

李贺《雁门守太行》鉴赏

收入《古代文学作品鉴赏》，上海古籍出版社 1988 年出版。

《宋词三百首今译》序

《博览群书》1988 年第 6 期。

最近十年唐诗研究（在日本东京公开演）

收入日本明治大学《外国人研究者讲演录》，1988 年 3 月东京版。

漫谈传统文化

《太原日报》1988 年 9 月 26 日。

关于传统文化与古典文学的思考

《西安晚报》1988年11月7日。

题张謇《送王生毕业归天水》诗卷(七古)

《甘肃日报》1989年6月15日。《渭北吟草》第5辑。《仇池诗草》1989年卷。

台湾作家王拓自美国归祭扫黄陵,邵燕祥赠以七律,毕朔望约余同和(七律)

《岷峨诗稿》第13期。《当代诗词》总第15期。

纽约四海诗社编印《全球当代诗词选集》。

贺陕西省诗词学会成立(七律)

《陕西省诗词学会成立大会纪念专辑》。

读《晚霁楼诗》、怀秦州诗友(五律)

收入《陇上吟》。

题仇池诗草(五律)

见仇池诗社1989年编印《仇池诗草》。

游晋祠四首(七绝)

《岷峨诗稿》第15期。

长安诗词学会成立放歌(七古)

《西安晚报》1988年10月。

题《红楼梦》人物馆(五律);挽刘锐教授(七律);于右任书法流派展览(七律);搬家三首(七绝);戊辰仲秋,有亮,一珠结婚。至此,三儿一女俱得佳偶,喜赋长句,以贺以勉(七律);题江海沧《法门寺印谱》(七古);祭天水伏羲庙文

1989年

唐音阁吟稿(自著)

陕西人民出版社1989年出版。收入作者自1937年至1988年所作诗词近六百篇,诗六卷,词一卷。钱仲联教授作序,自作《后记》,陈匪

石、陈迹冬、苏渊雷教授题词。

李白诗歌鉴赏(合著)

上海教育出版社1989年出版。与尚永亮合作,选李白各体诗一百五十多首作简明的解析,本人写长篇前言。

中外文学名著缩编本丛书(主编)

未来出版社1989年起陆续出版。

中外散文名篇鉴赏辞典(领衔撰稿)

安徽文艺出版社1989年出版。

金元明清词鉴赏辞典(领衔撰稿)

南京大学出版社1989年出版。

中外爱情诗鉴赏辞典(领衔撰稿)

江苏教育出版社1989年出版。

柳宗元诗文赏析集(参编、顾问)

巴蜀出版社1989年出版,为《中国古典文学赏析丛书》之一。

邓千江《望海潮》等词鉴赏文多篇

收入《金元明清词鉴赏辞典》,江苏古籍出版社1989年出版。

陈与义《早行》、梅尧臣《鲁山山行》赏析

收入《中国古代山水诗鉴赏辞典》,江苏古籍出版社1989年出版。

韩愈《山石》赏析(论文)

收入《古代诗歌精萃鉴赏辞典》,北京燕山出版社1989年出版。

论刘邦的《大风歌》(论文)

《蒲峪学刊》1989年第1期。

论李调元《诗话》

《四川师范学院学报》1989年第1期。

《李调元诗话评注》序

重庆出版社1989年出版。

论《宋词举》及其他——怀念匪石师(散文)

《文教资料》1989年第3期。

《儒林外史》前言

岳麓书社 1989 年出版。

杜甫《咏怀五百字》赏析(论文)

《名作欣赏》1989 年第 1 期。

《屈原集注》序

陕西人民出版社 1989 年出版。

《中外文学名著缩编本丛书》序

未来出版社 1989 年版。

贺陕西省楹联学会成立(五古)

《对联》1989 年号。

寄李般木乌鲁木齐三首(七绝)

《长安诗词》创刊号。

春游大雁塔四首(七绝)

《岷峨诗稿》第 15 期。

己巳暮春参加郑州黄河游览区诗会,观牡丹园,登大禹岭,赋呈与会诸公(七律)

《岷峨诗稿》第 17 期。

赠黄河诗社诗人、泡沫塑料厂厂长田培杰君(五律)

《中华诗词》第 1 辑,中国民间文学出版社 1990 年版。

陕西省考古研究所成立三十周年纪念(七律)

见考古研究所 1989 年所刊。

雁塔区《民间文学集成》出版志贺(五律)

见《民间文学集成》。

题《宝玉石信息》(七绝)

载《宝玉石信息》1989 年 11 月 30 日。

游药王山抒怀三首(七绝)

《孙思邈研究》创刊号。

题《兰州古今诗词选》(七律)

见《兰州古今诗词选》,甘肃人民出版社1990年出版。

应邀主持南京大学,南京师范大学博士论文答辩,重游金陵(七绝);登南城门楼,观西安书法艺术馆所藏珍品(五律);南城门楼西安书法艺术馆联(楹联)答厚示见责(七绝);终南印社成立十周年(五古);自西安赴广西,车过中州作(七绝);端阳节二首(七绝);无怠嘱题王少兰怀飞楼山水画册二首(七绝);贺天水诗书画院成立(七律)

西安钟楼长联

已刻制悬挂。

《陕西日报》1989年5月6日。《岷峨诗稿》第18期。

西安松园联

已刻制悬挂。

药王山孙思邈纪念馆联

撰联并书,已刻制悬挂。

复江树峰教授书

《中国文化报》1989年11月5日第4版。

1990年

唐代文学研究年鉴,1989、1990合辑(主编)

广西师范大学出版社1991年出版。

关汉卿作品赏析集(主编)

巴蜀书社1990年出版。

古代咏花诗词鉴赏辞典(顾问、领衔撰稿)

吉林大学出版社1990年出版。

先秦汉魏六朝诗鉴赏辞典(领衔撰稿)

三秦出版社1990年6月出版。

古代爱情诗词鉴赏辞典(领衔撰稿)

辽宁大学出版社1990年出版。

中国古代爱情诗歌鉴赏辞典(参编、顾问)

安徽黄山书社 1990 年出版。

中国古代诗歌欣赏辞典（领衔撰稿）

汉语大词典出版社 1990 年出版。

元好问《黄钟人月圆·卜居外家东园》二首解析、关汉卿《南吕一枝花·不伏老》解析、白朴《双调沉醉东风·渔夫》解析、马致远《般涉调耍孩儿·借马》解析、张养浩《中吕山坡羊·潼关怀古》解析、睢景臣《般涉调哨遍·高祖还乡》解析

以上六篇，收入《元曲鉴赏辞典》，上海辞书出版社 1990 年版。

崔珏《鸳鸯》赏析、崔佑《鸡雏》赏析、李郢《孔雀》赏析、吴融《燕雏》赏析、王绂《花上白头翁》赏析、贯休《莺》赏析、徐寅《鹊》赏析

以上七篇，收入《花鸟诗歌鉴赏辞典》，中国旅游出版社 1990 年出版。

《古代咏花诗词鉴赏辞典》序

吉林大学出版社 1990 年出版。

《山水花鸟词译解》序

陕西人民美术出版社 1990 年出版。

《风雨楼诗稿》序

陕西人民出版社 1990 年出版。

《润金书屋词稿》序

陕西人民出版社 1990 年出版。

《读者之友》1990 年 1 月第 37 期。

《诗国沉思》前言

中国文联出版公司 1990 年出版。

漫谈中华诗歌传统的继承和创新（论文）

收入《诗国沉思》。

古代文学研究的重要开拓——评王锺陵著《中国中古诗歌史》

《学术月刊》1990 年第 10 期。

总结经验，发扬优秀传统（论文）

《中华诗词》第 1 辑,中国民间文学出版社 1990 年出版。

《中国古代诗歌鉴赏》序

浙江大学出版社 1990 年出版。

《语文美育教学导向与实践》序

陕西人民教育出版社 1990 年出版。

读国璘兄台北书,怅触往事,吟成九绝,却寄(七绝)

《岷峨诗稿》第 18 期。

陕西师范大学学报创刊三十周年(七律)

《陕西师范大学学报》1990 年第 2 期。

超然兄来函嘱题《阅读与写作》,因忆旧游,吟成八句(七律)

《阅读与写作》1990 年第 5 期。

首届海峡两岸元曲研讨会在石家庄召开,因事未能赴邀,写寄小诗四首(七绝)

《河北师范学院学报》(元曲研究专号)1990 年第 2 期。

应顾问之聘,赴凤翔参加苏轼研讨会,畅游东湖,苏轼纪念馆负责人索书,即题四绝(七绝)

已刻碑四块,立于馆内。又载《岷峨诗稿》第 19 期。

钓鱼台(七绝);周公庙(七律);门人邓小军、尚永亮、程瑞钊俱获博士学位,设宴谢师,口占四句以赠(七绝);金缕曲——国璘兄自台北寄于右任先生像及自书诗(词);中国唐代文学学会于南京召开国际学术会议,四海名流毕集,喜赋(七律);偕唐代文学国际学术讨论会诸公游扬州,登平山堂小息(七律);游兰亭,主人索书,因题一绝(七律);题浙江临海市郑广文纪念馆(七律);与中外学者同展郑虔墓《七律》;登赤城(七绝);入天台(七绝);登天台望远(七绝);游天台山至方广寺茗坐(五古);观石梁飞瀑(歌行);隋梅宾馆过夜(七绝)

以上各首,载《陕西省老年大学诗词集》创刊号。

1991年

唐音阁诗词集

台北百骏文化事业有限公司1991年出版。收1937—1990年诗词联七百多首，繁体直排，分平装、精装两种，纸张、版式、装帧甚精美。前有钱仲联、刘君惠、程千帆三先生序（钱序墨迹制版），后有台北老友冯国璘、姚蒸民两先生跋。

唐代文学研究年鉴·1991年卷（主编）

广西师范大学出版社1992年出版。

中国历代诗词曲论专著提要（主编）

北京师范学院出版社1991年出版。

万首唐人绝句校注集评（主编）

山西人民出版社1991年出版。

共二百七十万字，精装，上、中、下三巨册。先写样稿，指导研究生校注，逐篇修改，历时数年始完成。自撰长篇前言。

《小学语文讲读课文板书设计》序

陕西师范大学出版社1991年出版。

《中国风俗大辞典》序

中国和平出版社1991年出版。

漫谈绝句和绝句鉴赏

《唐都学刊》1991年第4期。

《文学鉴赏录》序

《咸阳师专学报》1991年第4期。

《延河》1992年第12期。

《陈尧佐诗辑佚注析》序

巴蜀书社1991年出版。

辛未人日国璘自台北来电话贺年（七律）

偕王维学会诸公游辋川三首（七绝）

游蓝田，经女娲庙至水陆庵观泥塑（七绝）

题天水师范校史展览室(五律)

孟夏参加《当代诗词》创刊十周年纪念会(五古)

清远市游览(五律)

游霞山宿飞霞洞(七绝)

题霞山飞来寺(七绝)

登松峰极顶,小立松峰亭(七绝)

翠亨村谒中山先生故居二首(七绝)

珠海市(七绝)

蛇口市二首(七绝)

听介绍深圳创业史(五绝)

游深圳"锦绣中华"(七律)

自深圳至惠州(七绝)

游惠州西湖怀东坡(七绝)

吊朝云二首(七绝)

游罗浮山(七绝)

罗浮山会仙桥口占(七绝)

每年所作诗词,多发表于《当代诗词》等国内外各诗刊,不再注。

1992 年

唐诗精选评注

江苏古籍出版社 1992 年出版。此系《名家精选古典文学名篇》丛书中的一种。作家小传稍详,每篇诗后有注释品评,多次重印。

唐代文学研究年鉴·1992 年卷(主编)

广西师范大学出版社 1993 年出版。

中国古代戏曲名著鉴赏辞典(主编)

中国广播电视出版社 1992 年出版。

唐诗与长安

《文史知识》1992 年 6 期。

怀念辟疆师

《古典文献研究(1989—1990)》,南京大学出版社1992年出版。

《中国名胜诗联精鉴》序

山东友谊书社1992年出版。

《垦稼秆诗词》序

《天水学刊》1992年第2期。

《陆游读书诗译注》序

陕西人民教育出版社1992年出版。

《延安吟》序

陕西旅游出版社1992年7月出版。

《古今名联选评》序

中州古籍出版社1992年出版。

汩汩流出的清泉——《青春诗雨》序

《陕西师范大学报》1992年4月5日第3版。

爱国诗词鉴赏五篇

载《爱国诗词鉴赏辞典》,南京大学出版社1992年出版。

爱情诗词鉴赏五篇

载《爱情诗词曲鉴赏辞典》,湖南教育出版社1992年出版。

《麦积山石窟志》序

台北国亚印刷企业有限公司1992年出版。

《当代诗词点评》序

中州古籍出版社1992年出版。

漫谈中华诗歌传统的继承与创新

《旧瓶·新酒·辩护词——当代诗词研讨文集》,广东人民出版社1992年出版。

赠空军后勤某部(七律)

甄瑞麟教授嘱题诗集(七律)

中华书局创立八十周年(七律)

西北师范大学学报创刊五十周年(五古)

题方磊纪游诗画集(七绝)

赠某书家(五绝)

主持雁塔题诗盛会(七律)

阳台种花(七绝)

登陈子昂读书台(七绝)

老年节感怀(七律)

清远主持首届中华诗词大赛六首(七绝)

题金海藏画(七古)

长延堡村首届书画展(七绝)

偶成(七绝)

纽约四海诗社惠寄名誉社长聘书(七律)

赠湖州王一品笔庄(五律)

忆麦积山一首题《石窟艺术》(七律)

题《论诗之设色》后(七绝)

耀县药王山联

自书,已刻制悬挂。

1993 年

历代绝句精华鉴赏辞典(主编)

陕西人民出版社 1993 年出版。自撰长篇前言,详论绝句的起源、种类、艺术特色及艺术鉴赏。撰稿、定稿、编排,颇费心血。

《唐代文学的文化精神》序

台北文津出版社 1993 年出版。

《中国史官文化与史记》序

台北文津出版社 1993 年出版。

论诗的设色

《江海学刊》1993 年第 5 期。

《林从龙诗文集》序

中州古籍出版社1993年出版。

《梅棣庵诗词》序

《教师报》1993年3月21日。

要选,就得有眼力

《语文学习》1993年9期,上海教育出版社出版。

《金榜集》序

学苑出版社1993年出版。

柳宗元散文鉴赏五篇

载《中外散文诗鉴赏大观》第3卷,漓江出版社1993年出版。

《羲皇故里楹联选》序

甘肃人民出版社1993年出版。

《雁塔题名作品选》序

奥林匹克出版社1993年出版。

"鸡"人天相

《西安晚报》1993年2月5日。

《警坛忠魂》序

陕西人民出版社1993年出版。

《诗词曲声韵手册》序

上海辞书出版社1993年出版。

《从政古鉴》序

陕西人民教育出版社1993年版。

韩马二君邀游渼陂(七古)

长安农民艺术节(七绝)

谒司马迁墓(七律)

题中学生刊物《七彩虹》(七绝)

题舒心斋(五律)

天水海外联谊会成立(七律)

赠旅台老同学某将军(七绝)

赠麦积山风景名胜管理局(七绝)

于右任为麦积山撰书对联刻石立碑(七律)

偕故里诸友游南郭寺(七律)

南郑陆游纪念馆落成(七律)

重游汉中(五律)

登拜将坛(七绝)

城固张骞纪念馆(七绝)

《书法教育报》创刊(五古)

天水秦城区伏羲庙太极殿联

自书,已刻制悬挂。

1994 年

古代言情赠友诗词鉴赏大观(主编,撰写前言,撰稿)

陕西人民出版社1994年出版。

中外文学名著通俗本丛书(主编)

共20种,未来出版社1994年出版。

宋诗三百首评注(与胡主佑合著)

岳麓书社1994年出版。

感情的提纯和思想的闪光

《文艺报》1994年1月22日。

《学术论文写作导论》序

陕西人民教育出版社1994年出版。

《当代女子诗词选》序

福建人民出版社1994年出版。

论刘邦的《大风歌》

《中国韵文学刊》1994年第1期。

论中华诗歌的艺术魅力

《中华诗词》1994年第1期。

论中华诗歌的现实意义

《中华诗词》1994年第2期。

《关汉卿研究》序

台北文津出版社1994年出版。

《佛教禅学与唐代诗歌研究》序

南平市长联

《八闽联讯》第3期,1994年9月。

《文艺民俗美学》序

陕西人民出版社1994年出版。

于右任麦积石窟联碑记

自书,已刻碑立于天水麦积山石窟前。碑文刊于《中国楹联报》1994年4月26日。

《日本汉诗三百首》序

陕西师范大学出版社1994年出版。

《一秀斋诗文选》序

中州古籍出版社1994年出版。

题陕西师大畅志园(七绝)

又题校园(五绝)

题西安事变灞桥风雪图(七绝)

题萧君花鸟写意册(五古)

题区丽庄画狮虎(七绝)

题区丽庄画孔雀(七绝)

题淄博市赵执信纪念馆二首(七绝)

次子有明应日本信州大学教授之聘东渡讲学四首(七绝)

西铭画春华秋硕图见赠(七古)

题《献给孩子》丛书(七绝)

武陵诗社建社十周年(七律)

中国杜甫研究会在河南召开,赋呈与会诸公二首(七律)

赴京参加国家文科基地评审会六首(七绝)

赴广州主持"李杜杯"诗词大赛终评(七律)

题梦芙仁弟诗集(七律)

从化温泉次厚示韵二首(六言绝句)

从化温泉新沐次人寿韵(五绝)

1995 年

唐宋诗词三十家丛书(主编)

山西古籍出版社 1995 年出版。写序,参与韦应物、李贺、杜牧、李商隐、苏轼、黄庭坚等诗词选注工作。

学者自选散文精华(合著)

与季羡林、张中行、金克木、杨绛、黄秋耘、徐迟、何满子八人合著,本人入选十一篇散文。太白文艺出版社 1995 年出版。

唐诗精品(附历代诗精品)

与霍有明合著,时代文艺出版社 1995 年出版。

《杜甫研究》序

中州古籍出版社 1995 年出版。

杜甫研究会开幕词

《杜甫研究》第 1 卷。

《晚霁楼诗词选》序

《胡西铭画集》序

陕西旅游出版社 1995 年出版。

《汉末士风与建安诗风》序

台北文津出版社 1995 年出版。

《唐诗风流佳话》序

岳麓书社 1995 年出版。

《镜海吟》序

澳门《华侨报》1995年6月12日。

缅怀往昔话读书

澳门《华侨报》1995年7月24日、28日、8月21日连载。

论诗歌创作的设色艺术

澳门《华侨报》1995年4月3日、17日连载。

《梦翰诗词抄》序

中国妇女出版社1995年出版。

《陕西诗词》发刊词

《陕西诗词》创刊号,1995年8月1日。

《中华诗词》1996年第2期。

司马迁的家学与《史记》体现的王道观、士道观——《史记今译》序

《鹿鸣集》序

《中华诗词》1995年第4期。

《毛选选楷书杜甫秦州杂诗》序

紫禁城出版社1995年出版。

反映建设者的劳动、生活和理想

《光明日报》1995年5月9日《东风》。

《中华文学鉴赏宝库》序

陕西人民教育出版社1995年出版。

张九龄《感遇》鉴赏

张九龄《湖口望庐山瀑布水》鉴赏

孟郊《游子吟》鉴赏

孟郊《游终南山》鉴赏

孟郊《秋怀》鉴赏

李商隐《夜雨寄北》鉴赏

李商隐《隋宫》鉴赏

李商隐《马嵬》鉴赏

杜牧《阿房宫赋》鉴赏

王禹偁《对雪》鉴赏

王禹偁《村行》鉴赏

关汉卿《南吕一枝花·不伏老》鉴赏

张养浩散曲二首鉴赏

睢景臣《般涉调哨遍·高祖还乡》鉴赏

以上各篇,收入《中华文学鉴赏宝库》。

乙亥元旦全家欢聚(七律)

有明回西安度假后又东渡讲学(七律)

棚桥篁峰五十次访华纪念(七律)

主持"鹿鸣杯"诗赛终评三首(七绝)

游江心屿(五律)

登池上楼(七绝)

雁荡纪游五首(七绝)

大龙湫观瀑与诗友合影二首(七绝)

赠记者刘荣庆(七律)

赠兰州书法家(七绝)

护城河品茗垂钓(七绝)

题《中华诗词学会人名辞典》(七律)

北京遇天水老乡各赠小诗三首(七绝)

题胡迎建《江西诗话》三首(七绝)

题马兰鼎为余画牡丹(七绝)

偕内子南游讲学呈澳门诗友(七律)

梁披云词丈过访(七律)

登澳门松山灯塔(七律)

游澳门路环岛(五律)

天水玉泉观三清殿联

自书,已刻制悬挂。

天水南郭寺卧佛殿联

自书,已刻制悬挂。

天水卦台山伏羲庙碑记

自书,已刻石立碑。

1996年

辞赋大辞典(主编)

江苏古籍出版社1996年出版。

《中国古典诗学原型研究》序

台北文津出版社1996年出版。

评吴功正著《六朝美学史》

《文学评论》1996年第3期。

落落乾坤大布衣——与《中国书法》记者谈于右任

《中国书法》1996年第4期。

《当世百家律诗选》序

香港金陵书社出版公司1996年出版。

《历代艳体诗歌精萃》序

华夏出版社1996年出版。

《偷闲集》序

陕西旅游出版社1996年出版。

《二妙轩帖》前言

《天水文学》1996年第3期。

《杜少陵律法通论》序

《中华诗词》1996年第4期。

开疆拓土纪新元

《陕西师范大学学报》1996年第1期。

《长岭集》序

陕西人民出版社1996年出版。

意新语工,直面人生

《三秦都市报》1996年1月8日第3版。

《当代少数民族诗人论》序

四川民族出版社1996年出版。

题《书乡杂志》(七绝)

乙亥除夕(七律)

《中国书法》杂志李廷华过访二首(七绝)

赠摄影家魏德运(五绝)

重游桃花园二首(七绝)

游石门夹山寺五首(七绝)

其中一首已刻于常德诗墙。

自常德乘轮船至岳阳(七绝)

重游君山(七绝)

重上岳阳楼二首(七绝)

赠陕报老记者吉虹(五律)

赠福建侨乡安溪县凤山公园(七绝)

自西安飞重庆机中作二首(七绝)

参加第九届中华诗词研讨会五首(七绝)

重庆朝天门码头候船二首(七绝)

朝天门发船(七绝)

巫山神女(七绝)

秭归谒屈原祠(五律)

游宜昌三游洞(五律)

告别老三峡(七古)

天水影印《二妙轩帖》(五律)

题《当代女子诗词三百首》(七绝)

诗词吟诵家陈炳铮为余少作《青玉案》谱曲(七绝)

天水杂咏七首(五绝)

赴日本京都参加日中友好汉诗协会创立十周年盛典(七律)

参加墨水篁峰吟咏会创立二十周年盛典(七律)
棚桥、小吉陪游岚山诸胜五首(七绝)
棚桥、小吉陪游京都北山诸胜六首(七绝)
留别棚桥二首(七绝)
怀小吉四首(七绝)
重访信州大学四首(七绝)
有明寓庐家宴二首(七绝)
离松本回国,有明送至名古屋机场(七绝)
台湾国际赋学会未成行,寄台湾亲友十首(七绝)

1997年

新选新注唐宋八大家书系·韩愈卷
与霍有明合著,中国工人出版社1997年出版。

论唐人小赋
《文学遗产》1997年第1期。

《李成海书画篆刻集》序
陕西人民美术出版社1997年出版。

李白《春夜宴诸从弟桃李园序》鉴赏等鉴赏文六篇
收入《古文鉴赏辞典》,上海辞书出版社1997年出版。

诗国起雄风
《中华诗词》1997年第3期。

香港回归赋
《韵文学刊》1997年第1期。此赋北京《光明日报》、香港《大公报》及各省市数十家报刊先后发表;手书稿收入人民出版社主办,刘朝晖主编的大型书画集《世纪之光》,为第1卷,人民出版社1997年出版。

读书的回忆
《当代百家话读书》,广东教育出版社1997年出版。

《裴医师诗选》序

甘肃人民出版社1997年出版。

《潘成诗联点评》序

美国中华楹联学会印。

《高峡书宋词》序

陕西人民美术出版社1997年出版。

忆于右任先生在广州

香港《大公报》1997年10月11日《大公园》。

迎牛年(七律)

悼念小平同志八首(七律)

迎香港回归二首(七律)

自书,刻于深圳"锦绣中华"碑林。

收入《锦绣中华回归颂诗碑》,河南美术出版社1998年出版。

俊卿画竹以迎香港回归(五律)

赴广州主持"回归颂"诗词大赛终评(七绝)

女杰唐群英赞(歌行)

访于右任先生故里二首(七绝)

题《中华当代绝句精选》(五古)

汤峪宾馆新浴赠同游(七绝)

昆明杂咏三首(七绝)

观黄果树瀑布,祝诗赛成功(七绝)

《江海学刊》创刊四十周年(五律)

孙彦玉曲江安灵苑长联

自书,已刻制悬挂。

1998年

元曲精华(主编)

巴蜀书社1998年出版。

《金代前期词研究》序

陕西师范大学出版社1998年出版。

《海岳风华集》序

浙江文艺出版社1998年出版。

三原于右任纪念碑文

已刻石立碑。

《太华图》及诸家题咏

《于右任研究》，于右任研究会1998年印。

高举邓小平理论伟大旗帜,开创吟坛新局面

《开创社会主义诗词新纪元——全国第十届中华诗词研讨会论文选》，云南人民出版社1998年出版。

《中华诗词》1997年第6期。

《晚唐诗风研究》序

黑龙江人民出版社1998年出版。

《历代五绝精华》序

新文化出版社1998年出版。

关于李商隐《夜雨寄北》的理解

《宝鸡文理学院学报》1998年第3期。

雷简夫荐三苏纪念碑文

自书,已刻碑立于合阳文庙院内。

《当代诗词手迹选》序

河南美术出版社1998年出版。

《中华当代边塞诗词精选》序

宁夏人民出版社1998年出版。

天水诗圣碑林序

自书,已刻石嵌于天水南郭寺碑亭。

蒋蔚奎得奇石,酷肖于右任先生神态(四言诗)

贺广东中华诗词学会成立十周年二首(七律)

张应选先生筹建于右任纪念馆落成(七绝)

赠陕西青年篆刻家(七绝)

自北京飞西安,凭窗望云(七古)

题包君书法《菜根谭百题》(七绝)

寄家乡亲友(七绝)

清明祭帝喾陵(七绝)

赠鞠国栋老友(五律)

题《生命系列摄影集》(七古)

赞新疆生产建设兵团(七律)

石河子诗会(五律)

天山雪莲(七绝)

游天池(七律)

游吐鲁番葡萄沟(七绝)

吐鲁番白杨(七绝)

交河古城(七绝)

访亚洲地理中心(五律)

登乌鲁木齐红山眺远楼(五律)

彭德怀将军百周年诞辰五首(七绝)

题傅嘉仪《髯翁名号印谱》(七古)

题《故园情思》

十一届三中全会二十周年感赋二首(七律)

1999 年

唐宋名篇品鉴(自著)

中国社会科学出版社1999年出版。

近五十年寰球汉诗精选(主编)

三秦出版社1999年出版。

中华诗词鉴赏辞典(领衔撰稿)

中国妇女出版社1999年出版。

唐宋名篇朗诵经典(主编)

未来出版社1999年出版。

纪念"五四"运动,振兴中华诗词

《中华诗词》1999年第3期。

"世纪颂"获奖作品述评

《中华诗词》1999年第4期。

杜甫与偃师

《运城高专学报·社会科学版》1999年第1期。

论素质教育与诗词教学

《诗词进校园论文集》,华中理工大学出版社,1999年出版。

《新时期大学生诗词选》序

天马图书有限公司1999年出版。

《"世纪颂"大赛获奖作品集》序

天马图书有限公司1999年出版。

超越历史困境的尝试

《书品》1999年第5期。

《当代吟坛》序

湖南文艺出版社1999年出版。

封台山伏羲庙记

《天水日报》1999年3月22日,已刻碑。

《中国铁路诗词选》序

中国铁路出版社1999年出版。

全国第十一届中华诗词研讨会开幕词

《春风早度玉关外》,新疆人民出版社1999年出版。

全国第十二届中华诗词研究会闭幕词

《中华诗词》1999年第6期。

《天水名人》序

甘肃人民出版社1999年出版。

《古代文史论集》序
山东大学出版社1999年出版。
己卯元旦试笔二首(七绝)
赠西安自动化健康检查中心(七绝)
鸡铭
甘肃诗词学会换届(五律)
赠银行家随礼(七绝)
示天航小孙孙(五古)
题观赏石展览(七绝)
春登大雁塔(七律)
题王治邦阿房宫长卷(七绝)
题匡一点《当代律随》(七绝)
赠钟明善教授(五律)
张君画八松图祝寿(七古)
题王耀《南郭寺艺文录》(五律)
张李文物书画腊八联展(七绝)
贺厚示庆云新婚(七律)
金婚谢妻七首(七律)

2000年

历代好诗诠评
中国社会科学出版社2000年出版。
唐音阁论文集
河北教育出版社2000年出版。
唐音阁诗词集
河北教育出版社2000年出版。
唐音阁鉴赏集
河北教育出版社2000年出版。

唐音阁随笔集

河北教育出版社2000年出版。

唐音阁译诗集

河北教育出版社2000年出版。

唐音阁影记

河北教育出版社2000年出版。

唐音阁杂俎

上海书店出版社2000年出版。

盛唐文学的文化透视(合著)

与傅绍良合著,陕西师范大学出版社2000年出版。

杜甫研究论集(主编)

天马图书有限公司2000年出版。

《20世纪陕西书法篆刻集》序

陕西人民美术出版社2000年出版。

试作"新声新韵"七律的感想

《中华诗词》2000年第3期。

《百年词精选》序

韩文阐释献疑

《文学遗产》2000年第1期。

怀念匪石师

《中华学府随笔·走近南大》,四川人民出版社2000年版。

《于右任书法大字典》序

世界图书出版公司2000年出版。

《邱星书法集》序

陕西人民美术出版社2000年出版。

《名句掇英》序

《紫玉箫》二集序

怀念天水(散文)

《天水日报》2000年4月8日。

题茹桂画梅四首(七绝)

贺从龙荣华西湖新婚(七律)

赞迈向新世纪诗书画联展(七绝)

题《诗咏阴平》(七绝)

题王治邦百鹤祝寿长卷(七古)

题胡文龙书集(七绝)

题王广香花鸟画(七绝)

从龙荣华偕游开封清明上河园

八十述怀二十首(七律)

挽赵朴老

《光明日报》2000年6月22日《文荟副刊》。

慈恩寺山门联

慈恩寺大雄宝殿联

成纪殿长联

自书,已刻制悬挂。

大款诗人钱明锵西湖别墅门联

评吴功正《唐代美学史》

《文学评论》2000年第4期。

论素质教育与中华诗词进校园

《东南大学学报》(哲学社会科学版)2000年第3期。

《古诗名句掇英》序

《古典文学知识》,2000年第6期。

首届《水浒》学术研讨会在武汉召开,喜赋七绝五首

《水浒争鸣》第6辑——《2000年水浒学会年会暨学术研讨会论文集》。

2001 年

我的学习经历和体会

《陕西师范大学继续教育学报》2001 年第 1 期。

谢长安画家张君以八松图祝寿

《诗刊》2001 年第 2 期。

2002 年

试论词的创新——关于创作"自由词"的浅见

《中华诗词》2002 年第 1 期。

奥旗含笑选北京(自由词)

《中华诗词》2002 年第 1 期。

霍松林治学录

《淮阴师范学院学报》(哲学社会科学版) 2002 年第 1 期。

题北大荒书法长廊

题诗咏阴平

蓝田猿人

读李锐《庐山会议纪实》

以上四篇见《中华诗词》2002 年第 3 期。

《元稹集编年笺注》序

《苏州科技学院学报》(社会科学版) 2002 年第 4 期。

绝句"易作而难工"

《中华诗词》2002 年第 4 期。

2003 年

古典文学与素质教育

《陕西师范大学学报》(哲学社会科学版)2003 年第 1 期。

简论近体诗格律的正与变

《文学遗产》2003 年第 1 期。

《柳笛集》漫议

《徐州师范大学学报》(哲学社会科学版)2003年第1期。

简论近体诗格律的正与变

《中华诗词》2003年第4期。

简论近体诗格律的正与变(续)

《中华诗词》2003年第5期。

新声新韵:

偕主佑有亮一农天航度假

《继续教育学报》创刊百期

中央大学百年校庆

贺袁第锐先生八十荣寿

贺钱仲联先生九十荣寿

森荣老友八秩寿庆

赵仲材先生八十寿庆

题戴盟先生诗集

西安日报、晚报建社创刊五十周年

兰州龙园落成喜赋

山西赵鼎诗友患肺癌诗以慰之

赠《苦太阳》作者庞瑞林

尽心嘱题《当代青年诗词选》

江城画群驴见赠报以三绝

题茹桂画梅四绝 蓝田猿人

游香积寺

题北大荒书法长廊

题《诗咏阴平》

题乡友随笔集

题王澍老友《王屋山房诗文集》

题王治邦阿房宫长卷

题徐义生诗画集

《中华诗词》2003年第10期。

何金铭《乐在傻等》序

《杜牧文学成就与思想研讨会论文集》2003年。

《邱星作品集》序

《杜牧文学成就与思想研讨会论文集》2003年。

2004年

试作新声新韵律绝的体验和感想

《中华诗词》2004年第1期。

《中国诗歌理论史》序

《徐州师范大学学报》(哲学社会科学版)2004年第3期。

论《孟子》、《庄子》中的孔子形象(合著)

《兰州大学学报》(社会科学版)2004年第4期。

诗圣颂——为偃师杜甫纪念馆作

《苏州科技学院学报》(社会科学版)2004年第4期。

2005年

评徐宗文著《三馀论草》

《文学评论》2005年第6期。

杜甫卒年新说质疑

《文学遗产》2005年第6期。

2006年

《三馀诗词选》序

《中华诗词》2006年第1期。

《诗经文学阐释史》(先秦—隋唐)序

《湖北师范学院学报》(哲学社会科学版)2006年第1期。

纪念抗日战争胜利六十周年

《文化月刊·诗词版》2006年第1期。

试论王绩诗文的独特意蕴(合著)

《山西大学学报》(哲学社会科学版)2006年第3期。

《鹏翔无疆——〈庄子〉文学研究》序

《长江学术》2006年第3期。

纪行诸赋的启迪,五言古风的开拓——杜诗杂论之一

《文学遗产》2006年第4期。

古阳关

游兰州碑林

登三台阁

登嘉峪关城楼

题《百年情景诗词》

题南京陇上柳山水画集

以上诗篇见《中国韵文学刊》2006年第4期。

论王安石的晚年禅诗(合著)

《兰州大学学报》(社会科学版)2006年第6期。

丙戌清明恭谒黄帝陵

西安钟楼

游兰州五泉山公园

登三台阁

游兰州碑林

以上诗篇见《中华诗词》2006年第9期。

2007年

评陈文新主编的十八卷本《中国文学编年史》

《文学评论》2007年第1期。

龙岩海峡诗词笔会赠台湾诗友

海峡诗会诸公游冠豸山泛石门湖

以上诗篇见《中华诗词》2007年第2期。

《青春集》自序

《长江学术》2007年第4期。

沁园春·十七大颂

《中华诗词》2007年第5期。

元结的山水诗与山水游记刍议

《甘肃社会科学》2007年第5期。

状难写之景 含不尽之情——说温庭筠《商山早行》

《中华活页文选》(教师版)2007年第5期。

商山四皓祠

西安钟楼

游兰州五泉山公园

以上三篇见《中华诗词》2007年第5期。

鹧鸪天·贺中华诗词学会成立20周年

《中华诗词》2007年第6期。

山红涧碧纷烂漫——说韩愈《山石》

《中华活页文选》(教师版)2007年第7期。

寄兴遥深 结体省净——说张九龄《感遇》二首

《中华活页文选》(教师版)2007年第10期。

重修紫云楼记

《世界博览》(看中国)2007年第10期。

2008年

玉老九秩荣寿,次晓川兄原玉恭贺

《中国韵文学刊》2008年第2期。

《中华诗词》2008年第5期。

全民救灾谱新声:救灾　哀悼　重建

《诗选刊》(下半月),2008年第4期。

《中华诗词》2008年第7期。

"六一风神"垂典范——说欧阳修《伶官传序》

《中华活页文选》(教师版)2008年第7期。

八声甘州·北京奥运颂

改革开放三十周年喜赋

以上两篇见《中华诗词》2008年第7期。

欲申炯戒赋阿房——说杜牧《阿房宫赋》

《中华活页文选》(教师版),2008年第10期。

2009年

八八生日,看"神七"直播感赋

贺钱谷融老友九秩荣寿

贺天水书画院成立

《中华诗词》2009年第1期。

词美而意深——读范仲淹《岳阳楼记》

《中华活页文选》(教师版)2009年第4期。

霍松林诗词选

《诗选刊》(下半月)2009年第5期。

散曲三首:

[仙吕]一半儿·己丑团年

[正宫]叨叨令·己丑元旦放炮

[自度曲]团圆赞

以上三首见《中华诗词》2009年第6期。

文雄四海仰龙门

《今传媒》2009年第12期。

几点说明：

一、1937年—1990年部分，是按照中国作家协会陕西分会创联部的要求编成的，载《陕西文学界》(季刊)1992年第2期，此次略有补充。解放前部分，因报刊被毁(如《陇南日报》)或不准查阅复印，固然挂一漏万；解放后部分，因"文化大革命"抄家及作者懒于收检，也极不完备。

二、担任主编，有的还写了序，但只是一般地组稿、审稿，未参加撰写，也未作重大修改的著作，均未列入。如《语言文学丛书》、《中外文学名著缩编丛书》中的各种著作等等。

三、因某种需要而两人联名发表，署第一作者，但只是指导别人撰写，修改程度较小的论著，亦未列入。如《韩偓年谱》(《陕西师范大学学报》1988年、1989年连载)、《论中国传统诗歌的文化精神》(《江海学刊》1989年第1期)、《论宋诗》(《文史哲》1989年第2期)、《两种思维的冲突与史学家的苦闷》(《人文杂志》1989年第1期)、《屈原生年榷论》(《吉林师范学院学报》1988年第3期、第4期合刊)、《天人感应与神秘思维》(《陕西师范大学学报》1989年增刊)、《苏舜钦评传》、《文天祥评传》、《赵孟頫评传》、《蒋士铨评传》(前四篇俱见山东教育出版社出版《中国历代著名文学家评传》)等。这些论著的著作权悉归执笔者。

后记

　　一年多以前，在霍先生的书房里，西安出版社社长张军孝先生先后两次当面向我约稿，要我写一部《霍松林先生学术评传》。这让我既感动又惭愧。惭愧的是，为霍先生写学术评传，这应该是我们做学生的份内的事，却让并非霍门弟子的张先生最先想到了。惶恐之余，赶忙着手搜集材料，开始撰写。因为自己琐事繁杂，水平又有限，最终写成了这个样子。

　　《评传》中的生平等材料，大都取自霍先生的一些自述类著作，以及其他一些媒体采访文章，如霍先生的《自传》、《影记》、《学术研究的简要汇报》、《谈一些学习经历》、《八十述怀二十首》、《唐音阁随笔集》、《青春集》等。当然，还有一些是我"近水楼台先得月"，得自霍先生平时授课或闲谈时的口述。至于学术类的内容，主要是我自己拜读霍先生著作的体会，也参考了其他一些文章，如陈志明先生的《霍松林的文艺理论研究述评》等。由于自己水平有限，对这一类内容，唯恐理解不深、评价过低。而这样的过失在行文中又在所难免，这使我这个做学生的更觉惭愧惶恐。

　　《评传》初稿完成后，曾遍奉同门诸学长请教，得到了他们的热心帮助，尤其是邓小军教授、徐子方教授、王素美教授、刘怀荣教授、刘生良教授等，都提出了不少中肯的意见。所以，这部《评传》虽然由我执笔，而其实凝聚着我们同门师兄弟的心血。

　　书后的附录《霍松林先生著作系年》，其中2000年以前的著作系年都是师母胡主佑教授多年精心辑录的，我们补充了少量2000年以后的内容。

感谢霍先生提供资料并时时指导,感谢袁行霈先生、林岫先生慨然题签,感谢西安出版社的朋友们。

明年9月,是霍先生的九十华诞,学校将举行隆重的庆祝活动。谨以此书
——献给恩师九十大寿!

刘锋焘
2009年10月

在此书付梓前一个月,出版社社长张军孝先生向96岁高龄的徐中玉先生致专函求序,徐先生欣然允诺,让我们都很高兴。徐先生与霍先生早年都毕业于国立中央大学中文系。徐先生比霍先生早毕业数年。数十年来,二位先生交往频繁,交情莫逆。徐先生此次亲笔作序,一方面体现着二位先生之间深厚的友谊,同时也为本《传》增色不少。为此,我们向徐先生表示衷心的感谢。

2010年9月,锋焘补记

图书在版编目(CIP)数据

霍松林先生学术评传/刘锋焘著.—西安:西安出版社,2010.8

ISBN 978-7-80712-680-5

Ⅰ.①霍… Ⅱ.①刘… Ⅲ.①霍松林—评传 Ⅳ.①K825.6

中国版本图书馆 CIP 数据核字(2010)第 167797 号

霍松林先生学术评传

出 版 人:张军孝
责任编辑:陈 凡 朱 艳
出版发行:西安出版社
社　　 址:西安市长安北路56号
电　　 话:(029)85253740
邮政编码:710061
网　　 址:www.xacbs.com
印　　 刷:西安新华印务有限公司
开　　 本:787mm×1092mm　1/16
印　　 张:21.50
字　　 数:299 千
版　　 次:2010 年10 月第1 版
　　　　　 2010 年10 月第1 次印刷
ISBN 978-7-80712-680-5
定　　 价:40.00 元

△本书如有缺页、误装,请寄回另换。